Steve Flowers & Bob Stahl
Weites Herz, gelassener Geist

Steve Flowers & Bob Stahl

Weites Herz, gelassener Geist

Wie Achtsamkeit und Mitgefühl
uns helfen, Gefühle von Minderwertigkeit,
Unzulänglichkeit und Scham zu überwinden

Übersetzt von Peter Brandenburg

Arbor Verlag
Freiburg im Breisgau

© 2011 Steve Flowers und Bob Stahl
© 2012 der deutschen Ausgabe: Arbor Verlag GmbH, Freiburg

Die Originalausgabe erschien unter dem Titel:
Living with your heart wide open: how mindfulness and compassion can free you from unworthiness, loneliness and shame – first published in the United States by New Harbinger Publications

Alle Rechte vorbehalten

1. Auflage 2012

Titelfoto: © plainpicture/Jeanene Scott
Lektorat: Lothar Scholl-Röse
Fachlektorat: Mihrican Özdem
Druck und Bindung: Kösel, Krugzell
Hergestellt von mediengenossen.de

Dieses Buch wurde auf 100 % Altpapier gedruckt und ist alterungsbeständig.
Weitere Informationen über unser Umweltengagement
finden Sie unter www.arbor-verlag.de/umwelt.

www.arbor-verlag.de

ISBN 978-3-86781-072-2

Inhalt

	Vorwort	7
	Einleitung	9
1	Die Fiktion des Ich	19
2	Die Entscheidung darüber, wie man die Dinge sieht	47
3	Achtsamkeitspraxis	77
4	Hinter den Vorhang des Selbst schauen	101
5	Selbstmitgefühl	127
6	Liebende Güte	149
7	Authentisch werden	175
8	Erwachen zu Weisheit und Mitgefühl	203
	Quellen	225
	Literaturangaben	233
	Die Autoren	237
	Danksagung	239

Vorwort

Die größten Wahrheiten geraten allzu oft in Vergessenheit. Dieses Buch ruft eine Wahrheit in Erinnerung, die für unser Glück zentral ist. Wenn wir unser verängstigtes und verletzliches Herz nicht annehmen können, können wir unsere Welt nicht lieben. Traurigerweise sind wir uns selbst oft Feind. Unzählige Male haben mir Menschen von ihrer schmerzlichen tiefen Überzeugung erzählt. Sie sagen: „Etwas ist an mir zutiefst falsch", „Ich fühle mich nicht wert, geliebt zu werden." Eine Frau formulierte ihren Schmerz so, dass es mich wirklich erschüttert hat: „Ich bin eine Schande", sagte sie mit einer Mischung aus Ekel und Kummer.

Dieses Wort für „Schande" – „disgrace" – bedeutet, dass sich jemand außerhalb des Stroms oder eines Zustandes der Gnade (grace) befindet. Es spricht die Seele an, die daran leidet, dass sie sich unzulänglich, voll Scham und isoliert fühlt. Wenn man sich mit strengen Werten und mit Abneigung traktiert, verliert man den Zugang zu seiner eigenen, von Natur aus gegebenen Intelligenz, und man ist von seiner angeborenen Fähigkeit zu Zärtlichkeit und Offenheit abgeschnitten. Alles, wonach wir uns sehnen – Intimität mit anderen, innerer Friede, das Gefühl, ganz lebendig zu sein –, ist dann unerreichbar.

Weites Herz, gelassener Geist stellt einen althergebrachten, doch äußerst lebendigen Weg vor, auf dem wir unser zentrales Leiden durch Selbstablehnung heilen können. Steve Flowers und Bob Stahl haben beide langjährige Erfahrung mit Meditation und sind sehr fähige Achtsamkeitslehrer. Mit großer Klarheit und mit tiefem Mitgefühl stellen sie die Prinzipien und Übungen der Achtsamkeitsmeditation auf eine Weise vor, die einladend und zugänglich zugleich ist. Sie zeigen mit ihren Lebensgeschichten, dass tiefes emotionales Heilen möglich ist. Ihre Übungen und die Formen der Meditation ermöglichen, sich unmittelbar innerer Transformation zuzuwenden. Für jeden, der entschlossen ist, sich aus der Trance der Wertlosigkeitsgefühle herauszubegeben und sich zu öffnen, kann dieses Buch zu einem geschätzten Freund und Führer werden. Mögen diese Lehren Ihnen helfen, wieder in den Strom der Gnade einzutreten und die Freiheit Ihres erwachten Herzens zu realisieren.

TARA BRACH

Autorin von *Mit dem Herzen eines Buddha*

Einleitung

Wir Menschen führen oft Gespräche mit uns selbst über uns selbst. Was wir zu uns sagen, ist selten freundlich. Wir sind oft wertend und sogar grausam. Es ist so, als hörten wir einen kritischen Sportreporter, der unaufhörlich kommentiert – unsere Leistung, unsere Erscheinung, unsere Gedanken, unser Leben im Ganzen. Er ist selten still. Er kommentiert alles, was wir tun oder nicht tun. Aber spricht jemand anders auch so mit uns? Wir schenken diesem kritischen und voreingenommenen Kommentator Glauben und hören ihm aufmerksam zu, auch wenn er jeden Tag viel Negatives einfach nur wiederholt und einen ganz elend macht. Wir lassen zu, dass dieser Erzähler unsere Lebensgeschichte erfindet und definiert, wer wir sind. Aber dieses immerzu bewertende Selbst – oder auch der innere Kritiker – ist das wirklich unser Selbst? Existiert der Kommentar, oder auch nur das, was er beschreibt, nicht etwa nur in unserem Kopf?

Der Kommentar erzeugt ein Selbstgefühl. Dieses Selbstgefühl nennen wir das narrative *Selbst,* also das Selbst, *das auf den Geschichten über das eigene Leben beruht.* Dies ist nicht nur das Selbst, das Sie mit Ihren Selbstgesprächen erzeugt haben und mit ihnen weiter aufrechterhalten, es ist sehr wahrscheinlich das Selbst, mit dem Sie sich identifizieren. Das Ergebnis ist, dass Ihre Lebenserfahrung auf Selbstreferenz beruht – das heißt, sich letztlich selbst als selbst hergestellte Erfahrung voraussetzt – und dass Ihre Lebenserfahrung auf Gewohnheiten der Persönlichkeit beruht, die Ihnen vertraut sind, aber Sie auch davon abhalten, eine tiefere und ausgedehntere Erfahrung von ihrem wahren Selbst zu machen. Das auf Geschichten beruhende Selbst ist eine Falle des Denkens. Es ist nicht das, was Sie sind.

Wenn Sie sich wertlos oder unzulänglich fühlen, sind Sie in dieser Denkfalle und teilen mit sehr vielen anderen, die auch in ihren selbst gemachten Gefängnissen gefangen sind, eine irrige Vorstellung: dass man überhaupt ein festes und stabiles Selbst hat. Denn wenn man das Selbst untersucht, mit dem man sich zu identifizieren gelernt hat, wird man finden, dass es weit weniger Substanz hat, als man angenommen hat. Wer ist dieses Selbst? Besteht es aus Ihren Gedanken, Ihren Ideen, Ihren Überzeugungen? Oder besteht es aus Ihren Emotionen, Gewohnheiten, Verhaltensweisen oder der persönlichen Geschichte? Könnte es in Ihren typischen Stimmungen oder persönlichen Eigenheiten bestehen?

Wie ist es mit Ihrem Körper? Sind Sie Ihr Körper? Sie nennen ihn „mein Körper", aber wenn Sie ihn in seinen Einzelheiten betrachten, entdecken Sie, dass „Sie" da schwer zu finden sind. Nehmen Sie zum Beispiel ein Auto. Man nennt ihn vielleicht einen Ford, aber wenn man ihn auseinandernimmt, ist der Ford nirgendwo zu finden. Identifikation mit dem Körper kann viel Leiden verursachen. Er ist den Launen der Bewertung ausgesetzt. Man kann seine Größe, Form, Farbe oder sein Geschlecht falsch finden. Er kann einem zu schwach, zu behaart oder nicht genug behaart sein. Solche Bewertungen oder Urteile haben ihren Ursprung oft in der Gesellschaft, die zeitlich und kulturell verschieden ist – aber unabhängig von diesen gnadenlosen Bewertungen unterliegen wir auch universellen Gegebenheiten, denen niemand entkommen kann. Unsere Körper werden verletzt, werden krank, alt und sterben. Aber schauen Sie genau hin: Sind Sie dieser Finger, diese Hand oder dieser gesunde Haarschopf? Sind Sie die Augen, die Sie im Spiegel genau ansehen? Wer ist es, der aus Ihren Augen herausschaut? Wer hört mit Ihren Ohren? Wer ist es, der über diese Dinge nachdenkt?

Sind Sie, wie Descartes meint, der, der denkt? Sind Sie eine Sammlung von Erinnerungen, die von Gedanken aufrechterhalten werden? Sind Sie Ihre Lebensgeschichte? Sie sagen vielleicht: „Ja, das bin ich." Doch Ihre Gedanken und die Geschichten, die sie spinnen, unterliegen ebenfalls der Veränderung – das sehen Sie deutlich, wenn Sie regelmäßig meditieren. Aus der Perspektive achtsamer Bewusstheit erkennen Sie, dass diese Figur eines „Ich", die diese Geschichten erzeugen, hauptsächlich ein Erzeugnis der Gedanken selbst ist. Und das Selbst, das sie erzeugen, ist eigentlich ziemlich formbar. Es kann gut oder schlecht sein, je nach der Stimmung, in der Sie sich gerade befinden. Wenn Sie in einer bestimmten Stimmung sind, erinnern Sie sich an glänzende Triumphe. In einer anderen Stimmung sehen Sie eine lange Geschichte trister Fehlschläge und von Scheitern. Die Geschichte, mit der Sie sich zu einem bestimmten Zeitpunkt identifizieren, bietet scheinbar unwiderlegbare Beweise dafür, dass Sie sind, wer und wie Sie in dem Moment zu sein scheinen. Sie kann wie ein Staatsanwalt wirken, der seinen Fall vor jeder Jury überzeugend darstellt. Sie kann beweisen, dass Sie ein Held oder ein Versager, Opfer oder kreatives Genie sind. Je häufiger diese Geschichten wiederholt werden, umso glaubhafter wirken sie, und so verfestigt sich das Selbstgefühl.

Sind Sie auch schon einmal ziemlich sicher gewesen, dass mit Ihnen etwas nicht stimmt? Und auch wenn Sie nicht genau wussten, was es war, waren Sie ziemlich sicher, dass alle anderen das auch von Ihnen dachten? Wir haben uns auch so gefühlt, und wir haben viele Jahre gebraucht, um zu erkennen, dass das Einzige, was wirklich mit uns nicht stimmte, der Gedanke war, dass mit uns etwas nicht stimmte. Dieser Gedanke war hausgemacht, wir hatten ihn selbst erzeugt. Wir lebten in einer Täuschung und fanden in unserer persönlichen Geschichte und scheinbar in den Augen und Handlungen vieler Menschen, denen wir begegneten, Beweise für unsere fehlerhafte Natur. Es ist eine Vorstellung, die nicht ganz verschwunden ist, und es kann uns beiden unter bestimmten Bedingungen immer noch passieren, dass wir unter ihren Einfluss geraten. Wir wissen alle, wie leicht es ist, einen Fehler zu machen und sich sofort als unmöglich oder dumm zu bezeichnen. Selbstbewertungen oder -verurteilungen entstehen so schnell und schneiden so tief.

Die Gefühle, die daraus resultieren, haben viele Namen, aber sie laufen alle auf Scham, Selbstvorwurf oder ein Gefühl hinaus, irgendwie unzulänglich, minderwertig, unvollständig, mangelhaft, unwert oder inkompetent zu sein. Es fühlt sich an, als hätte man einen ganz entscheidenden Mangel oder Grundfehler und etwas wäre schrecklich falsch an einem. Aus dieser Sicht kann man sich verloren, ausgeschlossen oder abgelehnt fühlen oder das Gefühl haben, dass man seinen Weg im Leben verloren hat.

Kommt Ihnen das bekannt vor? Haben Sie schon einmal einen inneren Kritiker bemerkt, der kaum eine Pause macht? Viele von uns sind mit dieser Gewohnheit belastet, sehr streng mit sich zu sein. In einem Kurs für Stressbewältigung durch Achtsamkeit bemerkte einmal eine Frau: „In meinem ganzen Leben als Erwachsene hat es kaum einen Tag gegeben, an dem ich mich nicht dumm genannt habe." Jemand anders schloss sich an und sagte: „Ich sage fast jeden Tag Idiot zu mir." Man könnte meinen, diese Art Selbstgespräch käme eher selten vor, aber – traurig genug – das ist nicht so. Jeder von uns sagt sich solche Dinge – und zwar oft. Wenn man mit anderen so spräche, wie man das mit sich selbst macht, hätte man nur wenige Freunde.

In diesem Buch wird ein achtsamer Weg zur Befreiung von diesen gewohnten Denkmustern beschrieben. Durch Meditation und Selbsterforschung kann man entdecken, woher dieses negative Reden zu sich selbst stammt und warum man so entwertend mit sich umgeht. Es ist ganz wichtig, dass man an diesem Mangel an Selbstmitgefühl arbeitet. In gewissem Sinn ist sogar unsere Existenz durch diese Selbstablehnung, die epidemisch auftritt, in Gefahr. Krieg beginnt im Wesentlichen im Inneren des Individuums und geht auf ein Gefühl der Entfremdung und der Abgetrenntheit von der wechselseitigen Verbundenheit des Lebens zurück. Im Inneren Frieden schließen ist eines der edelsten Vorhaben, das man verfolgen kann – für sich, für andere und für die Welt.

Frieden erlebt man, wenn man in sein Herz schaut. Dazu lädt uns Isaak von Ninive ein: „Sei in Frieden mit deiner Seele, dann sind Himmel und Erde in Frieden mit dir. Tritt munter ein in das Schatzhaus, das in deinem Inneren ist, [und] du wirst die Dinge sehen, die im Himmel sind. Denn zu beiden gibt es nur einen einzigen Eingang. Die Leiter, die zu dem Königreich führt, ist in deiner Seele verborgen. ... Tauche in dich ein und du findest in deiner Seele die Stufen, durch die du aufsteigen kannst" (Oman, 2000, S. 251).

Sie haben vielleicht in äußeren Dingen nach Zufriedenheit gesucht. Letztlich können diese Dinge die Wunde aber nicht heilen und die Leere nicht füllen. Der Ort, an dem man Frieden suchen muss, ist in Ihrem Inneren. In diesem Buch werden wir Ihnen helfen, mit Ihren eigenen tieferen inneren Ressourcen für Heilung und Selbstmitgefühl in Kontakt zu kommen. Wir werden die Ursachen des Gefühls von Wertlosigkeit und Scham untersuchen und Sie auf einen Weg zur Freiheit führen. Sie werden lernen, wie Sie Achtsamkeitsmeditation und Selbsterforschung nutzen können, um tief in sich selbst einzutauchen. Dies ist wichtig, denn dies ist der Ort, wo Sie eine Leiter finden, um zur Ganzheit und zu einer mehr annehmenden und echten Beziehung mit sich, mit anderen und mit der Welt aufzusteigen.

Hier ist eine Vorschau auf das Gelände, das vor Ihnen liegt, wenn Sie sich auf diese wichtige Reise der Heilung begeben. In dem Buch haben wir Schlüsselbegriffe aus der westlichen wie aus der östlichen Psychologie verwendet. Jeder einzelne kann von großem Nutzen sein, und es wird Sie vielleicht überraschen, wenn Sie entdecken, wie sie sich ergänzen. Kapitel 1 und 2 enthalten ein paar Grundinformationen – vor allem aus der Sicht der westlichen Wissenschaft darüber, wie sich ein umfassendes Gefühl der Wertlosigkeit entwickeln kann. In Kapitel 1 wird untersucht und beschrieben, inwiefern wir Autoren unserer selbst sind – wie wir unsere Geschichten über uns selbst konstruieren – und wie dieser Prozess von der Entwicklung in der frühen Kindheit beeinflusst ist. In Kapitel 2 betrachten wir destruktive Gedanken und Emotionen und wie sie sich als eine Empfindung von Selbstzweifel, Selbstvorwurf oder innerem Mangel manifestieren.

Von Kapitel 3 an liegt der Schwerpunkt mehr bei der buddhistischen Psychologie und bei Achtsamkeitstechniken. In Kapitel 3 geht es um Grundlagen von Achtsamkeit, um das, was man gewinnt, wenn man sie praktiziert, und darüber, wie man übt. In Kapitel 4 werden wir Ihnen dann helfen, achtsame Bewusstheit und Selbsterforschung zu nutzen, um die Ursprünge schmerzhafter mentaler und emotionaler Gewohnheiten zu untersuchen, indem Licht an dunkle Stellen Ihres Denkens und Ihres Herzens gebracht wird, an Ihre Selbstvorwürfe, Gefühle der Angst und Fehlerhaftigkeit.

In Kapitel 5 werden wir Ihnen helfen, Selbstmitgefühl zu kultivieren. Das ist von entscheidender Bedeutung, wenn man Selbstbewertungen reduzieren und mehr Akzeptanz für sich entwickeln möchte. In Kapitel 6 wenden Sie den heilenden Balsam des Mitgefühls und Liebender Güte auf sich selbst und nach außen auf andere an. Sie beginnen die wichtige Arbeit der Versöhnung, die Ihnen helfen kann, an Stellen weiterzugehen, an denen Sie stecken geblieben sind. Die Arbeit, die in den Kapiteln 5 und 6 vorgestellt wird, kann die Tür dazu öffnen, mit einem weit offenen Herzen zu leben.

In Kapitel 7 kommen wir zu den Grundlagen der Geschichten zurück, die wir uns erzählen und mit denen wir uns definieren und einschränken, und betrachten sie aus einer westlichen Perspektive. Es werden weitere Achtsamkeitstechniken beschrieben, wie man sich von diesen Geschichten lösen kann, unter anderem auch radikales Annehmen. Schließlich betrachten wir in Kapitel 8 ein paar wichtige buddhistische Prinzipien genauer im Hinblick darauf, wie Achtsamkeit Ihnen helfen kann, Ihre Praxis weiterzuentwickeln und auszuweiten, nachdem Sie dieses Buch gelesen haben. Leben mit weit offenem Herzen ist ein lebenslanges Projekt. Deshalb möchten wir Sie mit mehr Möglichkeiten der Selbsterforschung bekannt machen, die Sie auf Ihrem Weg nutzen können.

In jedem Kapitel werden wir wichtige Facetten dieses Prozesses der Öffnung Ihres Herzens für mehr Selbstmitgefühl und Einsicht anschauen. Am Ende jedes Kapitels steht die Anleitung einer geführten Meditation, die Sie in Ihren Alltag aufnehmen können. Alle Kapitel enthalten auch Beschreibungen anderer Übungen und Praktiken, und oft fordern wir Sie auf, über Ihre Erfahrungen und Einsichten zu schreiben, wenn Sie sie ausprobieren. Legen Sie sich ein Tagebuch oder ein besonderes Notizbuch zu, in dem Sie Ihre Gedanken und Gefühle auf dieser Reise schriftlich festhalten können.

Wir helfen Ihnen dabei, schrittweise Ihre Praxis der Achtsamkeitsmeditation aufzubauen. Sie beginnen mit kurzen, einfachen Übungen und bauen dann auf ihnen auf. Ab und zu werden wir den Nutzen der Achtsamkeitsmeditation besprechen. Ihnen sollte bewusst sein, dass Sie jedes Mal, wenn Sie sich absichtlich in Ihre Erfahrung hier und jetzt einschwingen, Achtsamkeitsmeditation praktizieren. Daher können auch einfache Übungen von Nutzen sein. Dennoch werden die Übungen, die später in diesem Buch beschrieben werden, für tiefere Einsicht und gründlichere Heilung sorgen.

Dieses Buch sollte nicht passiv gelesen werden. Es ist eine Anleitung zu einem aktiven Prozess des Lernens und der Praxis. Und zu

der Einsicht, um die es geht, gelangt man nur, wenn man sich auch praktisch darauf einlässt. Lesen Sie bitte langsam, machen Sie immer nur einen Schritt auf einmal und genießen Sie dabei die Reise.
Und nun beginnen wir mit einer kurzen Meditation und Reflexion.

ACHTSAMKEITSÜBUNG
Eine Meditation zum Willkommen

Nehmen Sie sich fünf Minuten für diese Übung zu Anfang. Vielleicht strecken und rekeln Sie sich, bevor Sie anfangen, und dann setzen oder legen Sie sich hin. Machen Sie es sich so bequem wie möglich, aber bleiben Sie dabei ganz wach. Wenn Sie möchten, können Sie die Augen schließen, oder Sie lassen sie halb offen, wenn Ihnen das angenehmer ist. Lassen Sie sich jetzt durch Ihre Atmung im Hier und Jetzt nieder und richten Sie Ihre Aufmerksamkeit auf die Empfindungen beim Atmen. Der Atem ist ein sehr gutes Hilfsmittel für Achtsamkeit. Er ist bei Ihnen, wohin Sie auch gehen, immer verfügbar als eine Möglichkeit, sich in Ihre Erfahrung in diesem Moment einzuschwingen. Beginnen Sie diese Meditation damit, dass Sie sich einen Moment Zeit nehmen und sich dazu gratulieren, dass Sie sich auf diese Reise von Achtsamkeit und Selbstmitgefühl begeben. Dies ist eine Zeit des Neubeginns, und es ist gut, wenn Sie diesen wichtigen ersten Schritt auf dem Weg durch Gefühle der Wertlosigkeit und über sie hinaus anerkennen.
Richten Sie als Nächstes Ihre Aufmerksamkeit darauf, wie Sie sich körperlich, mental und emotional fühlen. Vielleicht halten Sie heute das erste Mal an, um sich aufmerksam und bewusst sich selbst zuzuwenden. Spüren Sie in Ihren Körper und in Ihren Geist und erkennen Sie alles an, was da ist, gleich, was es ist – Spannung und Enge oder Gefühle von Leichtigkeit und Entspanntheit. Lassen sie einfach alles da sein. Es können Erinnerungen an die Vergangenheit, Pläne für die Zukunft, Hoffnungen, Träume, Sorgen, Verletztheit oder Kränkung, Ängste oder unzählige andere Erfahrungen und Wahrnehmungen sein.

Lassen Sie alles, was unter der Oberfläche ist, in Ihr volles Bewusstsein auftauchen und erkennen Sie es dann einfach an und lassen Sie es da sein. Es gibt nichts, was Sie tun, reparieren oder verändern, analysieren oder lösen müssen. Lassen Sie sich einfach da sein, wo immer Sie sind.

Wenn Sie an das Ende dieser Meditation kommen, gratulieren Sie sich dafür, dass Sie sich diese Zeit genommen haben, um präsent und da zu sein und unmittelbar an Ihrer Gesundheit und an Ihrem Wohlbefinden mitzuwirken.

1 Die Fiktion des Ich

*Wenn wir uns selbst anschauen,
haben wir es nicht viel mit Fakten zu tun.*

MARK TWAIN

Sich unwert zu fühlen bedeutet Leiden. Es fühlt sich an, als sei man fehlerhaft und müsste seine Fehlerhaftigkeit vor anderen verstecken oder riskieren, gemieden zu werden. Aber wenn man sich versteckt, so tut, als ob, und sich von anderen fernhält, fühlt man sich leicht entfremdet, und dann interpretiert man dieses Gefühl als Beweis dafür, dass man fehlerhaft ist. Dies ist ein Teufelskreis von Selbstzweifeln und Selbstbewertungen, die einen von anderen trennen und verhindern, dass man sich ganz und vollständig fühlt. Auch wenn man sich in diesem Selbstbild blockiert fühlt, es ist weit wählbarer und veränderbarer, als man vielleicht meint.

Die Autorin und Organisationsberaterin Margaret Wheatley beschreibt diese Dynamik gut: „Wir nehmen wahr, was wir wahrnehmen, weil wir sind, wer wir sind. Wir entscheiden, was wir wahrnehmen, und dadurch erschaffen wir uns selbst. Wir sind unsere eigenen Autoren, und wenn diese Arbeit einmal angefangen hat, bewohnen wir die Welt, die wir hergestellt haben. Es ist so, als versiegelten wir uns. Wir nehmen nichts anderes als die Dinge wahr, die bestätigen, wofür wir uns schon halten. ... Wenn es uns gelingt, uns außerhalb unserer normalen Prozesse der Bezogenheit auf uns selbst zu bewegen und uns mit Selbst-Bewusstheit betrachten können, haben wir eine Chance, uns zu verändern. Wir brechen das Siegel. Wir nehmen etwas Neues wahr" (1999, S. 1). Dies ist eine mächtige Einsicht nicht nur in die Weise, wie das Selbstkonzept von Denk- und Wahrnehmungsgewohnheiten aufrechterhalten und perpetuiert wird, sondern auch, wie man sich befreien und eine viel größere Erfahrung machen kann, wer man ist. Vielleicht entdeckt keiner von uns, wer er wirklich ist, solange er sich nicht von *Konzepten* davon befreit, wer er ist und wer nicht. Daher beginnen wir dieses Buch damit, dass wir erforschen, wie die Fiktion eines Selbst hergestellt und aufrechterhalten wird.

Das Selbstgefühl wird in der frühen Kindheit gebildet und allmählich zu Selbst-Konzepten und Überzeugungen verfestigt, wobei eine persönliche Identität entsteht, die die Person für den Rest des Lebens definieren und einschränken kann. Das Selbst wird vor allem in frühen zwischenmenschlichen Beziehungen konditioniert, und dann tendieren wir dazu, nur die Dinge zu sehen, die unser Bild von uns bestätigen. Alles, was dem widerspricht, blenden wir aus. Dies ist damit gemeint, wenn man sagt, dass man sich „versiegelt": Man schließt Möglichkeiten für sich aus und versiegelt seine Identität, und damit sein Schicksal, in dem Selbstkonstrukt – was auch immer das ist –, das hergestellt wurde, als man noch sehr klein war. Dieses Selbst wird zu einem Gefängnis von Überzeugungen, die die Erfahrung davon, wer man ist, färben und verzerren.

Das Zitat aus Margaret Wheatleys Buch vermittelt eine Einsicht, wie man sich aus dem Gefängnis eines Spiegelkabinetts mit verzerrten Spiegelbildern, die man für die Realität hält, befreien kann. Wenn man sich aus der Unmittelbarkeit der Bewusstheit des Hier und Jetzt erleben kann statt durch die eingeschränkten Wahrnehmungen eines Selbst, das lange vor diesem Moment erzeugt wurde, kann man ein anderes In-der-Welt-Sein finden. Wie entwickelt man diese Bewusstheit im Hier und Jetzt? Achtsamkeit ist der Schlüssel, und in diesem Buch stellen wir Ihnen viele Übungen vor, die Ihnen helfen können, diese Achtsamkeit zu entwickeln.

In diesem Kapitel wollen wir die Entstehung und Aufrechterhaltung einer defizitären Identität sowohl aus Sicht der westlichen als auch der buddhistischen Psychologie näher betrachten, denn es ist wichtig, Sie dort abzuholen, wo Sie stehen. In dem Maß, in dem Sie lernen, diesen selbst beschränkenden Konstruktionen mit achtsamer Bewusstheit und Selbsterforschung zu begegnen, werden Sie wahrscheinlich Möglichkeiten entdecken, mit größerer Freiheit und mehr Frieden zu leben. Es ist wie in dem Zen-Cartoon, der einen Gefangenen zeigt, der sich in großer Not an die Gitterstäbe seines Zellenfensters klammert, während in einer dunklen Ecke seiner Zelle eine kleine Tür deutlich offen steht. Solange man die Gitterstäbe des Gefängnisses seines Selbst nicht loslässt und anfängt, die dunklen und unerleuchteten Stellen in sich zu erforschen, kann man die Tür zur Freiheit nicht finden.

Wir sind Autoren unserer selbst

Die Geschichten, die man immer wieder wiederholt, bilden Ihre persönliche Geschichte und Identität. Sie bestehen aus Ort und Zeit der Geburt, wie man sich in seiner Familie gefühlt hat, aus den Dingen, die man erlebt hat, aus allem, was man getan hat und was andere getan haben, aus der ersten Liebe und dem ersten Verrat, den man erlebt hat. Es geht immer weiter – solange man es wiederholt. Wenn Sie Ihre Geschichten über sich genau anschauen, entdecken sie vielleicht, dass sie sich wiederholen und auch beliebig sind. Sie hängen ganz davon ab, in welcher Stimmung Sie sich gerade befinden. Wahrscheinlich stimmen die Einzelheiten nicht einmal mit denen in den Geschichten Ihrer Eltern oder der nächsten Geschwister überein. Eine gute Frage lautet: „Wer wären Sie ohne Ihre Geschichte?" Wenn man sich ohne seine Geschichte zu sehen versucht, ist das eine hervorragende Möglichkeit, aufzuhören, Dinge persönlich zu nehmen (was bei Gefühlen von Scham oder Unzulänglichkeit sehr nützlich sein kann).

Wir beginnen sehr früh im Leben, Autor unserer selbst zu sein, indem wir auf unsere Bezugspersonen reagieren. Wenn wir in einer sicheren Umgebung aufwachsen, in der wir uns akzeptiert und anerkannt fühlen, entwickeln wir mehr Selbstmitgefühl statt Selbstentwertung (Neff und McGehee, 2008). Wenn sich aber die Menschen, die uns am nächsten sind, sich uns gegenüber eher kritisch oder aggressiv verhalten oder wir uns aus einem anderen Grund bei ihnen unsicher fühlen, werden wir im Erwachsenenleben eher dazu neigen, uns zu entwerten und im Leben unsicher zu sein (Gilbert und Procter, 2006). Wir sehen uns im Spiegel der Augen und des Verhaltens anderer, und unsere Geschichten spiegeln wieder, was wir da sehen.

Das Bild dessen, für den man sich hält, entsteht in den frühen Beziehungen mit den Pflegepersonen. In diesen Interaktionen hat man entschieden, ob man wert oder unwert, fähig oder unzulänglich ist. Ihre Geschichte hat sich von da an innerhalb dieses ganz frühen Themas entwickelt. Wenn Sie sich zum Beispiel unzulänglich fühlen, dann streben Sie möglicherweise danach, dass Menschen oder Dinge ihnen ein Gefühl vermitteln, dass Sie Fähigkeiten haben und tüchtig und wertvoll sind. Oder Sie versuchen, dieses Gefühl durch das zu bekommen, was Sie getan haben, oder durch Ihre Erscheinung, Ihre Talente oder Ihr Auftreten und Ihre Leistung. Aber das funktioniert nie. Dieses Gefühl ist nie auf einem dieser Wege zu bekommen. Vielmehr entsteht es durch das wahre Selbst. Das ist der Grund, weshalb sich so viele Menschen mangelhaft und unwert fühlen, gleich, was sie tun. Sie leisten etwas. Sie bekommen wunderbare Dinge. Sie schaffen es vielleicht sogar, anderen ihre Fähigkeit zu beweisen, aber sie beweisen sie nie wirklich sich selbst. Schon bald nach jeder Standing Ovation kehrt das Gefühl der Unzulänglichkeit zurück und folgt ihnen so unvermeidlich wie ein Schatten.

Das Gefühl von Unzulänglichkeit begleitet einen auch in Liebesbeziehungen, wo man dazu neigt, seine Rolle auf dramatische Weise auszuspielen. Gewiss wird einem der, der einen liebt, das geben, wonach man sich immer gesehnt hat. Gewiss wird die Liebe dieses Menschen ausreichen, und durch sie werden wir schließlich genug sein. Auch das funktioniert nie wirklich, auch wenn Partner ihr Bestes tun, einem zu versichern, dass man okay ist, oder sogar weit mehr als okay. Oft manifestieren sich die Verzerrungen unseres Selbstbilds, dessen Autor wir sind, in diesen Beziehungen noch dramatischer als irgendwo sonst. Das liegt an der außerordentlichen Verzerrung der Wahrnehmung durch das, was man *Projektion* nennt – eigene Gedanken und Wertungen werden anderen zugeschrieben.

Projektion ist eine Art Trance, die die Grundlage aller unserer Beziehungen bildet. Besonders in den Vordergrund tritt sie in Liebesbeziehungen, denn man kann leicht dazu neigen, den Partnern unangenehme Gedanken und Emotionen, die man nicht durchgearbeitet hat, zuzuschreiben – auf sie zu projizieren. Gleich, was Partner sagen oder tun, typischerweise glaubt man, dass sie etwas anderes ausdrücken. Das kann einen verrückt machen, bis man anfängt herauszufinden, dass man die Dinge nicht so sieht, wie sie sind. Wir sehen Dinge, so wie *wir* sind. Aber es kann lange dauern, bis man zu dieser Einsicht gelangt – wenn man überhaupt je dahin kommt. Die meisten von uns sind von der Fiktion, wer sie sind, vollkommen überzeugt und nehmen selten wahr, dass sie selbst die Autoren der Geschichten sind, die sie leben.

Projektionen sind ein großes Dilemma in unserem Leben. Sie färben alle Beziehungen. Sie sind komplizierte Fiktionen, die verfestigen, wofür man sich und wofür man andere hält. Sie treiben den Keil zwischen uns noch tiefer. Solange man innerhalb dieser Geschichten lebt, glaubt man weiter, dass man von allen anderen getrennt und entfremdet ist.

Warum es niemals reicht

Die westliche Psychologie hat gründlich untersucht, wie in der frühen Kindheit ein Gefühl von Entfremdung und Mangelhaftigkeit entsteht und wie Scheitern in Bindung und Bonding mit Pflegepersonen im späteren Leben einen Hunger nach Bestätigung und ein tiefes Misstrauen in andere zur Folge haben kann. Die buddhistische Psychologie hat ähnliche Fragen untersucht. Sie hat betrachtet, wie man Leiden hervorruft, indem man sich mit einem selbst gemachten Selbst und allen seinen Begierden, Abneigungen und seiner Verwirrung identifiziert. Sie beschreibt Schritte, die einem helfen können, die Identifikation mit diesem Gefühl von einem getrennten und kontrahierten Selbst zu lösen. Beide Orientierungen bieten Verständnis und Hilfsmittel, die man nutzen kann, um sich von dem Leiden zu befreien, das ein verzerrtes Selbstgefühl mit sich bringt, das auf einer verzerrten Geschichte über das eigene Leben beruht.

Wenn man mit ungelöstem Trauma und Wunden aus der Kindheit leben muss, ist es sehr schwer, einen Blick von der Klarheit und Selbst-Losigkeit der Realität im Hier und Jetzt zu erhaschen. Wir werden immer wieder in unser Selbst, das auf unseren Geschichten beruht (d.h. unser narratives Selbst), und auf unerledigte Probleme – unfinished buisiness – zurückgeworfen, gleich, wie verzweifelt wir das gern hinter uns lassen würden. Es ist so, als hinge man an einem langen Bungeeseil, das nicht zulässt, dass man sich bewegt oder entfernt, bis man beendet hat, was man offensichtlich beenden muss. Es ist für jeden von uns eine enorme Arbeit, aus der Trance zu erwachen, die wir durch die Wiederholung unserer Geschichten selbst hervorgerufen haben – Geschichten, die die Wahrheiten und das Gefühl unterdrücken, die wir noch nicht freilegen können.

Das unzulängliche und mangelhafte Selbst, das in schmerzhaften Interaktionen in frühen Beziehungen geprägt wurde, wird einen solange quälen, bis man bereit ist, die Arbeit an der Heilung des inneren Kindes auf sich zu nehmen. Achtsamkeit kann einem helfen, sich ohne Wertung, Beurteilen, Vermeiden oder Verstellung seiner Not und seinem Schmerz zu öffnen und nahe zu sein. Aber auch mit zunehmender Achtsamkeit ist diese Arbeit sehr schwer allein zu machen, besonders wenn Kindheitstraumata nicht bearbeitet sind. Das in der Kindheit geprägte Selbst besitzt so viele Abwehrmechanismen und ist so reich an Selbsttäuschungen, dass Arbeit ohne eine Begleitung im Allgemeinen nicht ausreicht, um Zugang zu den Gefühlen zu bekommen, die man fühlen muss, oder um sie gut genug zu regulieren, um sich von ihrem schädlichen Einfluss zu befreien. Weil die Empfindung eines mangelhaften Selbst in zwischenmenschlichen Beziehungen entsteht, muss man oft in zwischenmenschlichen Beziehungen arbeiten, um die Identität, die man da gebildet hat, zu verstehen und zu heilen. Man muss seine Tränen weinen und seine Wut austoben und man muss eine Weise finden, alle diese Gefühle fühlen zu lernen, ohne von ihnen überwältigt zu werden. Dazu gehört gewöhnlich tiefe persönliche Selbsterforschung mit einem erfahrenen und vertrauenswürdigen Therapeuten oder Lehrer, der einem helfen kann, alle Gefühle zu integrieren und selbstständig zu regulieren, von denen man sich abgeschnitten hat.

Man kann die Weisheit und die Hilfsmittel der westlichen Psychologie nutzen, um die Wunden der Kindheit zu heilen und sich von destruktiven mentalen und emotionalen Mustern zu befreien. Und man kann die Weisheit und die Hilfsmittel buddhistischer Psychologie nutzen, um ein deutlicheres Gefühl dafür zu bekommen, wer wir sind, ein Gefühl, das nicht von entwertender Selbstkritik und unerfüllten Begierden getrieben ist. Diese zwei Orientierungen können sich wunderbar ergänzen und uns auf dem Weg zur Freiheit leiten.

Es gibt viele, die lange meditiert und sich dabei dennoch sehr bemüht haben, die schwierige Arbeit zu vermeiden, entfremdete Gefühle wiederzuerlangen und zu erleben. Es wäre schön, das verwundete Selbst einfach ganz zu transzendieren und in einem höheren Bewusstseinszustand zu leben, ohne sich mit unangenehmen Gefühlen und Gedanken beschäftigen zu müssen. Aber man kann machen, was man will, diese Dinge kommen einfach immer wieder hoch und untergraben das sublime Glück. Unangenehme Gedanken und Gefühle gehen nicht einfach weg, weil sie einem nicht gefallen. Man muss das Selbst heilen, das in der Kindheit gebildet wurde, bevor man die Freiheit genießen kann, die darin besteht, von persönlichen Geschichten über sein Leben nicht mehr eingeschränkt zu sein.

Narratives Selbst versus unmittelbares Selbst

Nach der buddhistischen Psychologie werden wir mit einem Hunger nach Lust geboren sowie mit einem Hunger nach Existenz und einem weiteren Hunger nach Nichtexistenz. Diese verschiedenen Formen von Hunger seien die Ursache menschlichen Leidens. In der westlichen Psychologie hat Sigmund Freud diese selben menschlichen Triebe beschrieben und ihre Macht anerkannt, Leiden zu verursachen. Er nannte den Hunger nach Lust das „Lustprinzip", den Hunger nach Existenz „Lebenstrieb" oder „Eros" und den Hunger nach Nichtexistenz „Todestrieb" oder „Thanatos".

Man muss nicht besonders lange oder besonders genau hinschauen, um zu sehen, wie diese Formen von Hunger Leiden verursachen. Unsere erste Erfahrung mit Hunger ist der Hunger oder der Wille, zu leben, der sofort als ein heftiges Verlangen nach allem auftritt, was man zum Überleben braucht. Gleich nach der Geburt schreit ein Säugling mit aller Kraft, um die Aufmerksamkeit seiner Mutter auf sich zu ziehen. Er sehnt sich danach, wieder mit ihrem Körper vereint zu sein, und wenn sie reagiert, fängt er an, nach ihrer Brust zu suchen und zu saugen. Die Weichheit ihrer warmen Haut und das Genährtwerden mit ihrer Milch sind lustvoll.

Sehr früh im Leben empfindet man vielleicht auch erstes starkes Verlangen nach Nichtexistenz. Wenn die Pflegepersonen auf den Ausdruck ersten Verlangens nach Hilfe nicht angemessen reagieren, kann es sein, dass man schließlich aufhört, dieses Bedürfnis auszudrücken, sich zurückzieht und teilnahmslos wird. Bei Kindern kann es sich in der Form zeigen, dass sie sich nicht gut entwickeln. Wir alle erleben dies mindestens gelegentlich – in Momenten, wenn wir einfach zumachen, vermeiden oder nicht fühlen wollen, was passiert. Dieses Verlangen nach Nichtexistenz liegt Süchten aller Art und auch dem Drang zugrunde, sich zu isolieren und von anderen zu verschließen – auch vor sich selbst.

Das intensive Verlangen, das auf unbefriedigte Bedürfnisse zurückgeht, kann ein zentrales Thema in der Geschichte bilden, die man sich selbst immer wieder erzählt, und eine Geschichte von einem verletzten Selbst zur Folge haben. Wie oben beschrieben existiert das Narrative, das heißt das auf Geschichten über das eigene Leben beruhende Selbst, in der Zeit und erzeugt sich durch die Geschichten, die es wiederholt, ständig selbst. Man glaubt fälschlicherweise, dass dieses „Selbst" ein irgendwie dauerhaftes Wesen ist, das durch die ständigen Veränderungen des Lebens gleich bleibt und andauert. Der Psychologe William James charakterisierte das narrative Selbst als eine Konstruktion aus Geschichten, die durch die Fäden von Erfahrungen mit der Zeit zu einem zusammenhängenden Konzept verwoben werden, das wir als „Ich" bezeichnen, um Sinn aus dem „Ich" zu machen, das im gegenwärtigen Moment handelt (James, 1890). Das Selbst, das auf Unmittelbarkeit beruht, ist im Gegensatz dazu ein Geschöpf des Hier und Jetzt. Es basiert auf der Erfahrung dessen, der man in jedem Moment ist. Dieses Selbstgefühl existiert nur im gegenwärtigen Moment und ist deshalb alterslos und zeitlos. Es ist die primäre Orientierung, von der aus Bewusstheit erlebt wird, und deshalb nicht durch Merkmale wie Geschlecht, Rasse, Religion und persönlicher Geschichte charakterisiert. Als solches ist das unmittelbare Selbst nicht ein Ding, sondern eher ein aktives Zentrum von Bewusstheit, indem man den Moment erfahren kann. Aus dieser Perspektive kann man Descartes berühmtes Diktum so abwandeln: „Ich erfahre, was passiert, deshalb bin ich".

Die neurologische Forschung hat mittels funktioneller Magnetresonanztomografie (fMRT) gezeigt, dass diese zwei Formen von Selbst-Bewusstheit – das narrative und das unmittelbare Selbst – in zwei verschiedenen und getrennten Bereichen des Gehirns lokalisiert sind (Farb et al., 2007). Mittels bildgebender Verfahren, mit deren Hilfe man sehen kann, von welchem „Selbst" aus Menschen gerade funktionieren, verglich diese Studie Anfänger der Meditation mit Menschen, die an einem achtwöchigen Programm von Achtsamkeitsmeditation teilgenommen hatten. Als die Teilnehmer ihren Fokus von der narrativen hin zur unmittelbaren Erfahrung wechselten, zeigte die funktionelle Magnetresonanztomografie an, dass diejenigen, die mit Meditation mehr Erfahrung hatten, weniger Aktivität in dem Bereich aufwiesen, der mit dem narrativen Selbst verknüpft ist. Anders gesagt, man kann durch die Praxis von Achtsamkeitsmeditation die Identifikation mit dem narrativen Selbst lösen und sich für ein neues Selbstgefühl öffnen, das im gegenwärtigen Moment begründet ist.

Das narrative Selbst lebt in einem Kontinuum von Vergangenheit und Zukunft und ist als solches die Quelle der Neigung, haben und festhalten zu wollen, und von Unzufriedenheit und Werten und Urteilen – kurz, von Leiden. Das unmittelbare Selbst existiert nur im Hier und Jetzt. Diese zwei Formen der Orientierung in der Welt unterscheiden sich fundamental (und neurologisch). Das unmittelbare Selbst lebt mit dem unausweichlichen emotionalen Schmerz, Mensch zu sein, doch es ist auch präsent für die Brise auf dem Gesicht oder den Gesang der Vögel, was man nicht empfinden oder hören kann, wenn man mit Gedanken und Geschichten beschäftigt ist. Das unmittelbare Selbst kann einem helfen, viel von dem emotionalen Schmerz zu vermeiden, der unvermeidlich ist, wenn man im Hier und Jetzt lebt. Aber das hat einen Preis, denn stattdessen muss man mit dem Leiden leben, das entsteht durch Geschichten, die das Selbst begrenzen.

Es ist wichtig, dass man den Unterschied zwischen Schmerz und Leiden versteht. Ein gewisses Maß an Schmerz ist im Leben unvermeidlich. Alle Menschen erleben Verlust, Rückschläge und Krankheit. Aber Leiden ist anders. Das entsteht durch die Gedanken, die man sich noch zusätzlich zu dem Schmerz macht – Gedanken, die den ursprünglichen Schmerz noch verstärken. Zum Beispiel wird Schmerz zu Leiden, wenn man sich Dinge wie diese sagt: „Darüber werde ich nie hinwegkommen. Dieser Schmerz wird mich den Rest meines Lebens quälen."

Der Weg der Heilung ist eine Reise, bei der man den abgelehnten und unerwünschten Schmerz fühlt, den die Geschichten der Minderwertigkeit zugedeckt und verborgen haben. Achtsamkeit ist eine ganz entscheidende Fertigkeit auf dieser Reise, die Bewusstheit des gegenwärtigen Moments fördert. Die macht es möglich, sich dem unvermeidlichen Schmerz zuzuwenden, der zum Menschsein gehört, und bei ihm zu sein. Bewusstheit ermöglicht uns, tief in den Schmerz des eigenen Lebens zu schauen, denn Bewusstheit selbst kennt keinen Schmerz. Man kann mit ihr Schmerz als Zeuge wahrnehmen, aber sie selbst hat keinen Schmerz. Sie blendet keine Gefühle aus, die sich schwierig anfühlen oder vielleicht unerwünscht sind. Sie macht es möglich, das Herz zu öffnen und tief zu erleben, was in ihm ist.

Achtsamkeit und Selbstmitgefühl geben dem schmerzenden oder tobenden Herzen eine sichere, haltende Umgebung – die Art von Umgebung, wie sie liebevolle Eltern ihrem Kind bereiten möchten. In dem Maß, in dem die Einschränkungen durch die alten Geschichten über das eigene Leben wegfallen, empfindet man ein gewisses Maß an Schmerz, aber dieser Schmerz ist wie der bei einer Geburt, denn er bringt eine neue Weise, in der Welt zu sein. Ihre Bereitschaft, sich von dem weit offenen Herzen der Achtsamkeit aus Ihrem Schmerz und Leiden zuzuwenden, ist eine Weise, wie man Leiden beenden kann. Wenn Sie das tun, entdecken Sie möglicherweise Ihre Ganzheit und wie Sie von dem aus, was in Ihnen ganz und vollständig ist und immer gewesen ist, leben können, gleich, was in Ihrem Leben passiert ist. Mit dieser Weise zu sein ist man besser in der Lage, ganz präsent zu sein und zu lieben und geliebt zu werden. Ihr Herz kann brechen, aber es bricht auf, und das ist die Stelle, an der das Licht durchscheint.

Sehnsucht, gesehen und gehört zu werden

Wenn ein Baby geboren wird, schreit es, und etwas im Herzen der Mutter antwortet und reagiert sofort. Das Verlangen des Babys, genährt zu werden, ruft in der Mutter ein Verlangen hervor, es zu beruhigen und zu versorgen. Das hoch entwickelte Großhirn der Mutter und das Gehirn des Babys schwingen sich aufeinander ein und sind in Resonanz. In der Regel leitet eine angeborene Fähigkeit für Empathie die Reaktion der Mutter auf ihr Kind. Wie die Mutter und andere primäre Bezugspersonen reagieren, kann den emotionalen Zustand des Kindes und seine spätere Fähigkeit, seine Emotionen zu regulieren, dramatisch beeinflussen. Wenn sie auf die emotionalen Bedürfnisse des Kindes nicht gut reagieren oder reagieren können, kann das zu Gefühlen der Minderwertigkeit im späteren Leben des Kindes beitragen.

In seinem Buch *Bindung als sichere Basis: Grundlagen und Anwendung der Bindungstheorie* (2008) diskutiert der Psychiater John Bowlby, wie zentral die Bindungs- oder die Bonding-Beziehung zwischen Säugling und Pflegeperson für die Entwicklung einer erwachsenen Persönlichkeit ist. Bowlby glaubte und bewies schließlich, dass das intensive Verlangen nach Bindung oder emotionaler Verbundenheit ein angeborener Trieb ist, der unabhängig von dem Hunger nach physischer Nahrung besteht. Er bewies weiter, dass die Weise, wie Pflegepersonen auf das Bedürfnis nach emotionalem Bonding reagieren, für eine gesunde soziale und emotionale Entwicklung von entscheidender Bedeutung ist.

Bowlbys Theorien entsprechen parallelen Entdeckungen, die man beim Studium anderer Primaten gemacht hat. In einer Reihe von Experimenten in den 50er und 60er Jahren, die von Harry Harlow und seinen Kollegen durchgeführt wurden, wurden kleine Affen bei der Geburt ihren Müttern weggenommen und von zwei unbelebten Ersatzmüttern großgezogen. Eine bestand aus Draht und versorgte sie mit Milch, und die andere war weich und kuschelig, aber hatte keine Flasche. Die Forscher fanden, dass die Jungaffen deutlich lieber eine Bindungsbeziehung mit der weichen und kuscheligen „Mutter" eingingen, auch wenn sie keine Nahrung für sie hatte. Der nährende Trost des Kontaktes war noch wichtiger, als ernährt zu werden (Harlow, 1959).

Bowlby und nachfolgende Forscher haben beim Studium von Bindung ähnliche Beobachtungen über die Wichtigkeit von emotionaler Nahrung und Bonding bei Menschen gemacht. Ihre Arbeit erklärt immer noch am besten, wie in früher Kindheit Gefühle der Unzulänglichkeit und Leere entstehen. Die Forschung hat wiederholt gezeigt, wie wichtig tiefe Empathie für das Gefühl ist, ein vollwertiger Mensch zu sein, und dass wir eine sichere Beziehung mit den Eltern brauchen, die für eine Umgebung sorgt, in der man Verzweiflung, Not und Wut ausdrücken kann. Wenn man dies in irgendeiner Form nicht hat, kann das Selbstgefühl verletzt sein. So entsteht das, was man eine *narzisstische Verletzung* nennt.

Das Selbstgefühl, das in diesen frühen Beziehungen verletzt wird, ist die Ich-Identität, das *konditionierte Selbst*. Dies ist der Teil des Bewusstseins, der in dem narrativen Selbst als „Ich" betrachtet wird – als das Zentrum der Individualität, das sich getrennt und anders als alle anderen anfühlt. Dieses Selbst ist die Hauptfigur in den Geschichten, die wir uns über uns selbst erzählen. Bei Menschen, die sich wertlos oder unwert fühlen, ist die narzisstische Verletzung oft eine der *Deprivation* – eine Verletzung durch Vernachlässigung. Es geht dabei nicht darum, was einem passiert ist, es geht darum, was nicht passiert ist – was man nicht bekommen hat und was man für eine sichere und nährende emotionale Umgebung gebraucht hat. Emotionale Sicherheit und tiefe empathische Spiegelung, die man gebraucht hat, haben gefehlt. So ist eine narzisstische Wunde entstanden, aus der ein Gefühl der Minderwertigkeit entsteht.

Paradoxerweise können Gefühle der Minderwertigkeit auch dadurch entstehen, dass ein Kind von elterlicher Aufmerksamkeit überflutet wird. Damit wird eine narzisstische Verletzung erzeugt, die man als *Verschlungenwerden* beschreiben kann. Bei der Deprivation kann das Kind den Schluss ziehen, dass man es nicht beachtet und sich nicht um es kümmert, weil etwas mit ihm nicht stimmt. Bei einem Zuviel an Zuwendung kann das Kind den Schluss ziehen, dass es so maßlos versorgt wird, weil es unfähig ist, für sich zu sorgen.

Es sieht so aus, als entstünde für die Eltern dadurch ein schwer zu lösendes Problem, aber die Forschung zeigt, dass es einen Mittelweg gibt – ein Maß an Aufmerksamkeit, das weder zu viel noch zu wenig ist (Winnicott, 2002). Das Gute ist, dass man nicht vollkommen sein muss, um ein guter Vater oder eine gute Mutter zu sein. Man muss nur hinreichend gut sein – „good enough". Eigentlich ist „hinreichend gut" vollkommen, perfekt! Dies entspricht genau dem „mittleren Weg" des Buddhismus. Das ist ein Begriff oder ein Konzept, das von Gautama Buddha vor etwa 2500 Jahren entdeckt wurde. Es gibt in allen Dingen einen Mittelweg, auch wenn man manchmal erst zu den Extremen gehen muss, um ihn zu finden. Wenn man den Weg zum Gleichgewicht tastend sucht, ist entscheidend, dass man sich mit Mitgefühl behandelt.

Entdeckung eines verwundeten inneren Kindes

Es gibt viele Gründe, weshalb Ihre frühen zwischenmenschlichen Bedürfnisse vielleicht nicht befriedigt wurden. Oft ist das nicht wirklich jemandes Fehler, vor allem nicht Ihrer. Vielleicht waren Sie das jüngste von sieben Kindern, und allein die Zahl von Kindern war schon überwältigend. Oder vielleicht sind Sie ein Mädchen und Ihre Eltern wollten einen Jungen, oder umgekehrt. Vielleicht haben Sie zuerst die lebenswichtige Aufmerksamkeit bekommen, aber dann ist sie aus irgendeinem Grund versiegt. Vielleicht musste Ihre Mutter wieder arbeiten gehen und hatte nicht mehr genug Zeit für Sie. Vielleicht war da plötzlich eine kleine Schwester oder ein kleiner Bruder, und für Sie gab es deshalb nicht mehr so viel Zeit. Oder es starb jemand aus dem engeren Kreis Ihrer Familie, oder Ihre Eltern ließen sich scheiden. Sie sehen, viele Dinge, die Sie möglicherweise entdecken, wenn Sie sich Ihren lange begrabenen Gefühlen zuwenden, haben wirklich nichts mit irgendeiner Unzulänglichkeit Ihrerseits zu tun.

Oft werden die Dinge, die dazu führen, dass sich ein Gefühl der Minderwertigkeit entwickelt, nicht von einem großen Trauma verursacht. Es sind lediglich die Ereignisse des normalen Lebens, und zu der Zeit, in der sie geschehen, nicht einmal besonders bemerkenswert. Das Kind spürt nur, dass etwas emotional nicht ganz richtig ist, vielleicht ein vages Gefühl, dass etwas fehlt. In dem Versuch, dieses Gefühl zu verstehen und einen Sinn darin zu finden, versucht das Kind – sobald es rationale Gedanken bilden kann – herauszufinden, was los ist. Aber weil es das Ganze nicht überblicken kann, kommt es wahrscheinlich zu der falschen Schlussfolgerung, dass es irgendwie mangelhaft ist. Dies ist der Ursprung der selbstentwertenden Geschichten über das Leben. Oft macht es zu viel Angst, schmerzhafte Fragen zu stellen: „Warum liebt ihr mich nicht? Was stimmt nicht mit mir? Was habe ich falsch gemacht?" Doch auch wenn diese Fragen nicht gestellt werden, verlangen sie eine Antwort. Und weil die Natur bekanntlich jedes Vakuum verabscheut, füllt das Kind den leeren Raum mit Schlussfolgerungen über das, was nicht stimmt, und das führt oft zu dem Gedanken: „Es kann nur so sein, dass etwas mit mir nicht stimmt."

Auch wenn einem dies vielleicht wie eine seltsame Schlussfolgerung vorkommt, macht sie Sinn. Man denkt lieber das, als dass etwas mit Mama oder Papa nicht stimmen könnte. Dieser Gedanke wäre zu schrecklich. Unter anderem würde es bedeuten, dass das Kind nie die liebevolle Aufmerksamkeit bekommen kann, die es so sehr ersehnt und braucht. Und wenn es den Grund bei sich findet, kann sich das Kind anstrengen, sich zu verbessern, aber es gäbe keine Möglichkeit, Mama oder Papa zu reparieren. Sehr viele Menschen kommen genau auf diesem Weg zu Gefühlen der Minderwertigkeit und Unzulänglichkeit.

Die Motivation, etwas zu tun, um sich zu helfen oder zu verändern, geht auf einen guten Instinkt zurück, denn man selbst ist wirklich der, der am ehesten in der Lage ist, sich zu helfen. Aber solange man danach strebt und versucht, seine Mängel zu korrigieren, perpetuiert man Gefühle der Unzulänglichkeit. Zum Teil liegt das daran, dass die Suche nach etwas, was an einem nicht stimmt, mit Sicherheit eine Menge Dinge zutage fördert, die tatsächlich nicht zu stimmen scheinen, wenigstens aus der Sicht wertenden Denkens. Dieser Ansatz ist sogar einer der bekanntesten Fallstricke wissenschaftlicher Untersuchungen: Das Streben danach, eine Hypothese zu beweisen, kann einen Forscher voreingenommen machen, nur die Dinge zu untersuchen, und manchmal auch nur die anzuerkennen, die seine Hypothese stützen. Das Problem liegt darin, dass wir nicht erkennen oder sehen, dass unsere Annahmen nur Hypothesen sind. Im Hinblick auf das fehlerhafte Selbst sind wir nur deshalb zu der Auffassung gelangt, dass wir mangelhaft sind, weil wir etwas nicht bekommen haben, was wir brauchten.

Sehnsucht nach dem, was man nicht bekommen hat

Wenn man erwachsen wird, kommt es oft vor, dass man schließlich nach jemandem sucht, der einem das gibt, was man als Kind nicht bekommen hat. Das Fehlen ausreichender Aufmerksamkeit kann einen nagenden Hunger nach Bestätigung von außen hinterlassen. Manche Menschen versuchen es mit Verführung, andere suchen nach anderen Möglichkeiten, wie sie manipulieren oder beeindrucken können. Manche setzen auf Leistung, um Beachtung zu bekommen, während andere hilflos bis zur Selbstaufgabe werden. Manche probieren es sogar mit brutaler Gewalt und werden gewalttätig, wenn sie diesem starken Verlangen nachgehen.

Obwohl die Reaktionen der anderen auf unsere Bemühungen, den Hunger stillen können, ist die Befriedigung nur vorübergehend und flüchtig und am Ende fühlt man sich wieder leer. Achten Sie einmal darauf, wie ein Fünfjähriger versucht, Beachtung zu bekommen: In dieser Suche des Kindes nach Befriedigung können Sie das ganze Spektrum menschlichen Verhaltens beobachten. Wenn Sie ganz genau hinschauen, kann es sein, dass Ihnen manche dieser Strategien bekannt vorkommen. Auch das süßeste Lächeln und die süßeste Geste können zu einer zielorientierten Strategie werden.

Wenn man seine Suche im Außen verfolgt, um etwas zu bekommen, was man nicht bekommen hat, als man klein war, merkt man oft nicht, dass diese Mühe vollkommen sinnlos und ganz vergeblich ist. Gleich, wie viel wir leisten oder wie gut wir dastehen oder wie viel wir von anderen bekommen, letztlich ist es nie genug. Am Ende fühlt man sich immer leer. Die schlimme und doch befreiende Wahrheit ist, dass die Zeit für die Befriedigung dieser Bedürfnisse die Kindheit war. Man kann nicht jetzt bekommen, was man damals nicht bekommen hat. Niemand sonst kann die Rolle der liebevollen Eltern annehmen, die man damals nicht hatte. Man kann in reifen Beziehungen geliebt und sogar verehrt, angebetet werden, aber das kann den leeren Raum dessen, was man damals nicht bekommen hat, nicht füllen. Das Gute ist aber, dass man lernen kann, mit Verständnis und Selbstmitgefühl bei dem Schmerz im Herzen zu sein und Freuden und Freiheit im Loslassen des Verlangens zu finden, dass es anders sein sollte, als es ist. Mit Annehmen und Mitgefühl Frieden damit schließen, wie die Dinge sind, kann Ihnen helfen, sich von dem Leiden zu befreien, das Sie gefangen hält.

Obwohl man den leeren Raum in seinem Herzen niemals angemessen mit etwas oder mit jemandem füllen kann, kann dieser leere Raum selbst auf seine eigene Weise heilig sein. Vielleicht kommt man zu dieser Erkenntnis erst, wenn man aufgehört hat, Leere für etwas zu halten, was gefüllt oder verborgen werden sollte. Und vielleicht kann es dazu nur kommen, wenn man einmal mit dem Leben, so wie es ist, Frieden geschlossen hat. Etwas Ähnliches ist es, wenn auf Altären oft Symbole leeren Raums in Form eines Kelchs oder einer Schale verehrt werden. Leerer Raum ist unendlich wertvoll. In den Lehren des Tao ist der leere Raum im Zentrum eines Rades das, was es nützlich macht. Dies gilt auch von einem Kessel, einem Raum oder Zimmer oder auch von Ihrem Herzen oder Ihrem Geist oder Denken. In der chinesischen Philosophie ist es als das heilige Weibliche oder als Yin-Energie bekannt und steht für den universellen Geist der Rezeptivität, der in der annehmenden Offenheit eines Sees oder der lebendigen Potentialität eines Schoßes verkörpert ist.

Zum Weg der Heilung gehört, dass man Weisen und Möglichkeiten findet, den leeren Raum im Herzen zu ehren und zu erforschen und die Gefühle in Besitz zu nehmen, die man sich bisher nicht fühlen lassen wollte oder konnte. Dazu gehört, dass man in die Wahrheit hineinfühlt und mit der Verletzung oder dem Schmerz in Kontakt ist, denn die verletzte Stelle im Herzen ist der Ort, wo Heilung passieren muss. Diese Wunde ist dann nicht mehr etwas Schreckliches oder etwas, wovor man zurückschreckt, sondern sie wird zu etwas für Sie Kostbarem: zu dem Herzen, das einmal verlassen war und dem Liebe und Mitgefühl gefehlt haben – von anderen oder auch von einem selbst. Man kann lernen, wie man zulässt, dass abgelehnte Gefühle wieder zu einem Teil von einem werden, indem man sich langsam und schrittweise für sie öffnet und lernt, sie mit Liebender Güte zu akzeptieren.

Sie müssen das nicht allein machen. Oft ist es das Beste, wenn man diese Arbeit in einer Therapie macht oder wenigstens mit der Unterstützung eines Lehrers oder eines Freundes, dem man vertraut und der diese schwierige Reise schon gemacht hat. Allein kann man anfangen, diese Gefühle mithilfe von Achtsamkeitsmeditation und von Übungen in Selbstmitgefühl zu integrieren. Doch selbst dann ist es oft nützlich, sich durch diesen Heilungsprozess mit jemand anders hindurchzuarbeiten. Meditation ersetzt keine Therapie, aber sie ist eine unschätzbare Ergänzung zu einer Therapie. Ebenso kann Therapie Meditation nicht ersetzen, aber sie kann sie unterstützen und verbessern.

Wenn man mit mitfühlender Bewusstheit bei dem verwundeten Herzen ist, beginnt das narrative Selbst zu verblassen und mit der Zeit wird etwas Neues enthüllt. Wenn Sie sich in das ergeben, was ist, werden Sie eine Ganzheit entdecken, die Sie nicht kennen konnten, solange Sie Ihre Gefühle vermieden und danach strebten, die Leere mit etwas zu füllen, was Ihnen jemand geben sollte.

Karens Geschichte

Karen, Ehefrau, Mutter und Lehrerin, besaß all die Dinge, die ein Leben angeblich glücklich und erfüllt machen, aber sie hatte das Gefühl, als wäre ihr Leben eine Art existentialistisches Drama. Es schien keinen Sinn, kein Ziel und keine Freude zu geben. Sie hatte das Gefühl, als befände sie sich in einem Puzzle, das sie nicht lösen konnte, und schließlich hörte sie einfach auf, es weiterzuprobieren. Sie wusste, dass sie nicht glücklich war, aber sie hatte keine Vorstellung oder Idee davon, was sie machen sollte. Schließlich war sie nicht einmal sicher, was Glück eigentlich bedeutete.

Sie lebte in einer Ehe mit einem netten Kerl, aber sie war nicht in ihn verliebt und wusste nicht einmal, was Liebe war. Sie hatte das Gefühl, sie könnte verheiratet sein oder nicht, und es hätte für sie keine Bedeutung. So wie es war, mochte sie ihr Leben nicht, aber sie wusste auch nicht, ob es wirklich etwas Besseres gab. Die meiste Zeit war sie so damit beschäftigt, was sie tun sollte und was sie immer gemacht hatte, dass sie nicht wusste, was sie überhaupt in Bezug auf irgendetwas fühlte. Sie war gut darin, die Erwartungen anderer zu erfüllen, aber sie wusste nicht, was sie für sich selbst wollte. Das letzte Mal war sie glücklich gewesen, als sie vier Jahre alt war.

Karen meditierte regelmäßig und begann dabei zu erforschen, wo und wann sie ihre Unschuld und ihre Fähigkeit, sich zu freuen, verloren hatte. Sie erinnerte sich daran, dass sie zusammen mit vielen anderen Kindern in einem Waisenhaus gelebt hatte und von drei wunderbaren Frauen versorgt worden war, als sie fünf Jahre alt war. Eines Tages waren ein Mann und eine Frau zu Besuch gekommen und hatten mit einer von Karens „Mamas" gesprochen. Sie hatte ernst dreingeblickt, als sie mit ihnen sprach. Und dann hörten sie alle auf zu sprechen und schauten Karen an. Sie lächelten, aber Karen fühlte sich seltsam, und als Karens Ziehmutter sie aufforderte, nach draußen zu gehen und zu spielen, wusste sie, dass sie über sie sprachen. Deshalb ging sie nicht nach draußen – sie blieb und lauschte an der Tür. Sie erinnerte sich an alles, als wäre es gestern. Sie hörte ihre Ziehmutter sagen: „Sie ist ein wunderbares Kind und wir lieben sie – ihre Lieder, ihre Tänze, ihr liebes Lachen und ihre süße Liebende Güte. Sie ist ein absolutes Juwel, aber ich fürchte, es gibt ein paar Probleme mit ihren Papieren."

Das war der Moment, als Karen ihre Unschuld verlor. Die Frauen, die in diesem großen Zuhause für sie sorgten, waren ihre „Mamas", und sie liebte sie und sie lebte gern mit ihnen zusammen. Als sie an der Tür lauschte, dachte sie: „Wenn sie mich wirklich lieben, behalten sie mich hier." Und nach dem, was sie gehört hatte, wusste sie, dass sie eine gewisse Macht hatte, ihr Schicksal zu kontrollieren – sie wusste, was sie mochten und wie sie ihnen gefallen konnte. Von da an waren ihr Lächeln und ihre Lieder nicht mehr nur ein Ausdruck von Freude. Sie lernte, die Blicke anderer zu beobachten, um zu sehen, ob sie zufrieden mit ihr waren. Sie war nicht mehr unschuldig, sie tat jetzt alles mit einer Absicht. Auch ihr Lachen wurde zu einer Art Leistung, als sie herauszufinden lernte, was andere wollten und wie sie es ihnen geben konnte. Von dem Augenblick an ordnete sie ihr Leben dem Ziel unter, dadurch Sicherheit zu bekommen, dass sie anderen gefiel, und das beherrschte jede einzelne ihrer Entscheidungen.

Warum es auf lange Sicht nicht funktioniert, wenn man etwas nur tut, um anderen zu gefallen

Anderen zu gefallen suchen, um in Sicherheit zu sein, ist nur eines der Persönlichkeitsmuster, die das konditionierte Selbst erzeugt. Viele Menschen können sich in Karen wiedererkennen. Wenn wir versuchen, anderen zu geben, wonach sie suchen, fangen wir an, das Gefühl zu haben, als bestünde das Leben aus einer Reihe von Auftritten, die darauf angelegt sind, die Erwartungen anderer zu erfüllen und sie glücklich zu machen. Es fühlt sich gut an, aber man kann den Kontakt zu dem verlieren, der man ist, wenn man anderen zu gefallen sucht. Und weil diese Art zu geben mit einer Absicht verbunden ist, erzeugt sie eine Erwartung, dass man aufgrund dessen, was man gibt, geschätzt und geliebt wird. Leider nehmen Arbeitgeber, Kollegen, Ehepartner, Kinder, andere Familienmitglieder und Freunde Ihre Großzügigkeit möglicherweise einfach an, ohne daran zu denken, sie zu erwidern.

Deshalb kann es sein, dass Sie schließlich verletzt oder ärgerlich oder wütend sind und sich elend fühlen – und von noch mehr Selbstablehnung erfüllt sind –, da Sie immer wieder Fehlschläge und Enttäuschungen erleben.

Wenn Sie dem Faden des Prozesses folgen können, in dem Sie Autor Ihres selbst geworden sind, begegnen Sie in sich vielleicht einem sehr kleinen Kind, das immer noch mit Strategien lebt, die dem Selbstschutz dienen und die vor sehr langer Zeit entstanden sind. Sie halten in diesem Moment ein Ende dieses Fadens. Das ist die Weise, wie Sie sind – wie Sie Dinge machen. Es ist Ihre Persönlichkeit, und sie hat einen besonderen Stil, der dazu da ist, etwas von wichtigen Menschen in Ihrem Leben zu bekommen oder von ihnen wegzukommen. Folgen Sie dem Faden und Sie entdecken, wie Sie das Selbstgefühl hergestellt haben, das Sie heute leben. Doch dieser Faden ist etwas, das von Ihren inneren Geschichten gesponnen wurde. Daran gebunden zu bleiben ist weder unvermeidlich noch unwiderruflich oder unveränderbar.

Wenn Sie diesem Faden folgen und sehen, wie sich Ihre Geschichten entwickelt haben, werden Sie vielleicht wütend. Sie möchten denen, die sich besser um Sie hätten kümmern sollen, vielleicht Vorwürfe machen. Das ist ganz in Ordnung. Diese Momente der Wut und des Schmerzes der Verletzung können Ihnen helfen, Gefühle wahrzunehmen, zu denen Sie den Kontakt verloren haben. Andererseits ist es wichtig, zu Beginn dieser inneren Selbsterforschung anzuerkennen, dass das Ziel nicht ist, Fehler zu finden oder Vorwürfe zu machen, sondern einzig und allein besser zu verstehen, wie Sie dahin gekommen sind, sich mangelhaft und unwert oder minderwertig zu fühlen.

Natürlich machen Eltern schreckliche Fehler, die Kinder tief verletzen. Solche traumatischen Verletzungen werden oft von Generation zu Generation weitergegeben, bis jemand diese Folge verwundeter Unschuldiger unterbricht und den Weg zur Heilung geht. Oft aber finden es sogar Eltern, die das Beste für Ihre Kinder tun wollen, sehr schwer, den Mittelweg von weder zu viel noch zu wenig Beachtung zu erkennen. Eltern können versagen, auch wenn sie versuchen, das Richtige zu tun. Menschen, die in ihrer Kindheit selbst vernachlässigt wurden, kann es allzu leicht passieren, dass sie ihre Kinder mit zu viel Liebe überschütten und quasi „verschlingen". Andererseits halten sich die, die in ihrer Kindheit „verschlungen" wurden, dann später allzu leicht zu sehr zurück.

Buddhistische Sichtweisen des Selbst

Nachdem wir betrachtet haben, wie aufgrund von Einflüssen auf die Entwicklung in der Kindheit ein Gefühl der Unzulänglichkeit entstehen kann, wollen wir dieses Gefühl jetzt aus der Sicht buddhistischer Psychologie betrachten. Als der Dalai Lama zum ersten Mal hörte, dass Menschen im Westen oft einen gewaltigen Mangel an Selbstwertgefühl empfinden, war er überrascht und irritiert. Es brauchte sehr viel Erklärung, um diese schicksalhafte Belastung der westlichen Zivilisation verstehen zu können. Er konnte sich schwer vorstellen, dass man sich so mangelhaft fühlen kann. (Goleman, 2001)

In *Das Gehirn eines Buddha* sagen Rick Hanson und Richard Mendius, dass „aus neurologischer Sicht das Alltagsgefühl, ein einheitliches Selbst zu sein, eine absolute Illusion ist: Das anscheinend kohärente und solide ‚Ich' wird eigentlich im Laufe der Entwicklung aus vielen Subsystemen und Sub-Subsystemen aufgebaut. Es hat kein festes Zentrum, und das grundlegende Gefühl, dass es ein Subjekt der Erfahrung gibt, wird aus Myriaden disparater Momente der Subjektivität hergestellt" (2010, S. 260/261). Man kann versucht sein zu denken, dass das Selbst aus dem Denken besteht, das Denken oder die Gedanken ist, aber auch Gedanken verändern sich dauernd und sind ziemlich beliebig. Interessanterweise betrachtet man in der buddhistischen Psychologie das Denken oder den denkenden Verstand als ein Sinnesorgan. So wie die

Nase riecht, die Augen sehen, die Zunge schmeckt, das Ohr hört und der Körper spürt, denkt der Geist. Genau das tut er – er ist ein Apparat für mentale Verarbeitung, aber er ist nicht das Selbst.

Vielleicht ist es wie bei Hardware und Software. Menschsein bedeutet, dass man eine Hardware hat, die mit dem Denkapparat, dem Körper und den Sinnen ausgestattet ist, aber die Optik, durch die man sich und die Welt sieht, ist die Software. Diese Software ist mit Definitionen programmiert, für wen man sich hält, und die wird durch die Menschen, die einem nahestehen, weiter verstärkt. Diese im Grunde beliebige Selbst-Definition ist von den Erfahrungen in der frühen Kindheit bestimmt und wird durch Ihre Geschichten über sich selbst und die Erwartungen der anderen perpetuiert.

Die buddhistische Psychologie sagt von dieser Verwirrung um das Selbst, es sei so, wie wenn man einen Film anschaut und sich von dem Drama der Handlung fesseln lässt. Wenn man der Sache auf den Grund geht, sieht man, dass die Realität aus einer Folge von Bildern besteht. Weil der Geist oder das Denken Kontinuität möchte, benutzt er eine Geschichte mit einem Selbst, um die vielfältigen, aber getrennten Erfahrungen zu einer zusammenhängenden Geschichte zu verknüpfen. Ein fixiertes und stabiles Selbst ist aber eine Illusion. Wenn man sich eine Geschichte über den Mangel erzählt, unter dem man in seinem Leben leidet, nimmt man also eine subjektive Erfahrung aus der Vergangenheit und projiziert sie in die Zukunft.

Aus der Sicht der buddhistischen Psychologie kann man sich von Leiden und den Einschränkungen des narrativen Selbst nur befreien, wenn man aus den Illusionen erwacht, die dieses Selbst erzeugt. Mit den Worten von Margaret Wheatley, die am Anfang dieses Kapitels zitiert wurde, ermöglicht einem dieses Erwachen, „das Siegel zu brechen, also die Versiegelung aufzubrechen [und] etwas Neues wahrzunehmen" (1999, 1). Man wird von der Geschichte befreit, die einen in einem eingeengten Selbstgefühl gefangen hält, und nur dann kann man über das Selbst hinauswachsen, das man selbst hergestellt hat. Wenn man regelmäßig Achtsamkeitsmeditation praktiziert, kann man die tiefe Einsicht in diese inneren Vorgänge entwickeln, die einem ermöglicht, das konditionierte Selbst abzubauen. Schmerz, Wut oder Minderwertigkeit, die man empfindet, und auch die Persönlichkeit, die nach Befriedigung ihres starken Verlangens strebt, sind nur das Ergebnis dieser frühen Programmierung. Sie sind nicht das, was Sie sind. Ihre Ganzheit und tiefe Verbundenheit mit allen Lebewesen war immer da. Es ist bloß so, dass Sie sich in anderen Dingen verfangen hatten und es nicht sehen konnten.

Die buddhistische Psychologie sieht Unwissenheit als die Quelle allen Leidens. Und von allen Formen von Unwissenheit ist für sie die Auffassung von einem getrennten Selbst die erste und schlimmste. Dies sei die eigentliche Ursache aller Fallen, die darin bestehen, dass man sich im Denken falschen Vorstellungen von Hunger und Angst ausliefert. Das Gegenmittel ist Achtsamkeitspraxis, die einem ermöglicht, das Kommen und Gehen von Gedanken und Emotionen zu beobachten und zu erkennen, wie man durch persönliche Geschichten über das Leben von Gedanken und Emotionen, die auf ein „Ich" fokussiert sind, ein Grundgefühl von Mangel erzeugt und sich zuschreibt. Man lernt sehen, wie man durch Gedanken wie „Ich wünschte, ich wäre ein besserer Mensch", „Ich gehöre einfach nirgendwo hin" oder „Was stimmt mit mir nicht?" ein Gefühl und die Überzeugung herstellt, man sei fehlerhaft.

An die Fiktion eines stabilen und unveränderlichen Selbst zu glauben ist die größte Falle, mit der man sich destruktiven Emotionen ausliefert. Sich aus dieser Falle zu befreien ist oft am schwierigsten. Zuerst kann die Einsicht, dass das Selbst, um das es in Ihrer Geschichte geht, nicht mehr als eine Erfindung Ihres Denkens ist, sehr desorientierend und auch quälend sein. Wenn man es aber schafft, dabei zu bleiben und es weiter zu untersuchen, wird man die Erfahrung machen, dass diese Einsicht äußerst befreiend ist und Orientierung und Art und Weise, wie man in der Welt ist, vollkommen verändern kann. Wenn man diese Voreingenommenheit, dass es ein fixiertes und getrenntes Selbst gibt, loslässt, bekommt man einen Vorgeschmack von wahrer Freiheit.

Als Unterstützung bei Ihrer Entscheidung, Ihre heilende Reise zu beginnen, beenden wir dieses Kapitel mit einer Meditation, die Ihnen helfen kann, im gegenwärtigen Moment zu leben.

ACHTSAMKEITSÜBUNG

Atemmeditation

Für den Fall, dass Sie keine Erfahrung mit Meditation haben, möchten wir Ihnen ein paar allgemeine Hinweise zur Körperhaltung und anderen körperlichen Aspekten der Übung geben. Sitzen ist im Allgemeinen vorzuziehen, aber man kann auch liegen, wenn man dann wach bleiben kann, und man kann auch im Stehen meditieren, wenn man möchte. Versuchen Sie in jeder Körperhaltung Kopf, Hals und Körper mehr oder weniger in einer Linie zu halten. Wenn Sie im Sitzen meditieren, versuchen Sie eine Haltung zu finden, in der Sie sich selbst tragen, und lehnen Sie sich nicht an. Achten Sie darauf, dass die Haltung Ihrer Beine entspannt und bequem ist, ohne Muskelspannung zu brauchen, um sie an Ort und Stelle zu halten. Suchen Sie eine Stelle, an der Sie Ihre Hände ablegen können. Suchen Sie sich Ihren Mittelweg – seien Sie nicht zu angespannt, nicht zu locker, in einer Haltung, in der Sie es bequem haben und während der ganzen Übung wach sein können. Sie können Ihre Augen geschlossen oder halb offen haben – wie es sich für Sie am besten anfühlt. Wenn Sie die Augen halb offen lassen möchten, sollte Ihr Blick mehr nach innen und auf das gerichtet sein, worauf Sie gerade fokussieren, und nicht nach außen, wo Sie sich in dem verlieren können, was Sie sehen. Wenn Sie merken, dass Sie müde werden, können Sie die Augen öffnen oder aufstehen und im Stehen meditieren.

Die Atmung ist ein hervorragender Fokus für Achtsamkeitspraxis. Ihr Atem ist immer da und kommt und geht ständig. Es ist auch etwas, was immer und überall verfügbar ist.

Nehmen Sie sich für diese Übung zehn bis fünfzehn Minuten Zeit.
Beginnen Sie damit, dass Sie Ihre Aufmerksamkeit auf den Atem richten, entweder in Ihren Nasenlöchern oder in Ihrem Bauch – je nachdem, wo Sie ihn am deutlichsten spüren. Wenn Sie einatmen, seien Sie sich des Einatmens bewusst, und wenn Sie ausatmen, seien Sie sich des Ausatmens bewusst. Lassen Sie den Atem kommen und gehen, wie er will, ganz normal und natürlich. Lassen Sie die Empfindungen, wie der Atem kommt und geht, die Art und Weise sein, wie Sie während der vollen Dauer des Einatmens und des Ausatmens präsent sind. Lassen Sie sich sein. ...
Es besteht keine Notwendigkeit, etwas zu visualisieren oder die Atmung in irgendeiner Weise zu regulieren. Es besteht auch keine Notwendigkeit, Gedanken oder Worte oder irgendwelche Sätze zu verwenden. Seien Sie einfach beim Einatmen und beim Ausatmen achtsam, ohne zu urteilen oder zu werten und ohne etwas zu wollen. Schauen Sie einfach zu, wie der Atem wie Wellen im Meer steigt und fällt.
Nehmen Sie die unvermeidlichen Momente wahr, wenn Ihre Aufmerksamkeit von der Atmung abschweift. Wenn das passiert, kritisieren oder bewerten Sie sich nicht. Erkennen Sie einfach an, wohin Sie gegangen sind – vielleicht in die Zukunft oder in die Vergangenheit oder zu einer Art Urteilen. Kommen Sie einfach immer wieder zur Atmung zurück, wenn Sie von ihr weggegangen sind. Es gibt nichts, was Sie leisten müssten, nichts zu verfolgen, nichts zu tun, außer einfach zu sitzen und zu sein, wo Sie sind und dabei Ihren Atem wahrzunehmen. Leben Sie Ihr Leben, eine Einatmung und eine Ausatmung nach der anderen.
Wenn Sie an das Ende dieser Meditation kommen, erkennen Sie an und gratulieren Sie sich dazu, dass Sie sich dieses Geschenk der Achtsamkeit gemacht haben.

Dieser Abschnitt der Reise

In diesem Kapitel haben Sie eine grundlegende Achtsamkeitsübung gelernt: Atemmeditation. Diese ist eine sehr wirksame Form, sich im gegenwärtigen Moment zu erden. Denken Sie daran, dass der Atem immer da ist – immer verfügbar und zugänglich als eine Möglichkeit, sich in das Hier und Jetzt zurückzubringen. Wir empfehlen Ihnen sehr, täglich achtsames Atmen zu üben und das zu einer lebenslangen Praxis zu machen.

Machen Sie diese Übung noch vor dem Aufstehen am Morgen. Sie stimmen sich damit für den Tag ein und festigen Ihre Absicht und Entschlossenheit, achtsamer zu leben. In schwierigen Zeiten oder Situationen kann Ihnen die Konzentration auf die Atmung auch ein gewisses Maß an Ruhe vermitteln. Jedes Mal, wenn Sie merken, dass Sie in Stress geraten, sich aufregen oder von schwierigen Gedanken oder Emotionen besetzt oder befallen werden, atmen Sie einige Atemzüge lang mit Achtsamkeit. So verschaffen Sie sich ein wenig Raum, was Ihnen ermöglichen kann, eine andere Form zu wählen, auf die Situation zu reagieren.

2 Die Entscheidung darüber, wie man die Dinge sieht

Wenn du von etwas gequält bist, das von außen kommt,
liegt der Schmerz nicht an der Sache selbst, sondern daran,
wie du sie einschätzt. Und du hast die Macht,
diese Einschätzung jeden Moment aufzuheben.
MARK AUREL

Als Christines Mann sie wegen einer jüngeren Frau verließ, fiel ihr Selbstwertgefühl in den Keller. Als sie vor dem Spiegel stand, fand sie sich dick und hässlich. Sie hasste ihr Gesicht, ihr Haar und überhaupt, wie sie aussah. Sie hatte das Gefühl, sie wäre wieder in der Pubertät, als sie klein war, eine Brille mit dicken Gläsern und eine Zahnspange trug und vor den Jungen in der Schule entsetzliche Angst empfand. „Kein Wunder, dass er sich sie ausgesucht hat", weinte sie. „Ich bin abstoßend und langweilig." Monate lang schämte sie sich.

Dann erfuhr sie, dass ihr Mann während ihrer Ehe mit vielen Frauen geschlafen hatte und dass er auch schon seine neue Freundin betrog. Ihr dämmerte, dass seine Untreue nichts mit ihr zu tun hatte. Sie hatte nur mit ihm zu tun, mit einer zwanghaften Sexsucht, die er jahrelang verborgen hatte. Es war immer noch niederschmetternd, den Verlust ihrer Ehe zu erleiden, aber sie merkte, dass alle strafenden Selbstverurteilungen und Selbstvorwürfe, mit denen sie sich überhäufte, vollkommen ungerechtfertigt waren und ihr Leiden nur verstärkten. Als sie ihre Last von Scham ablegte, war sie überrascht, als sie entdeckte, dass sie eigentlich Mitleid mit ihrem Mann hatte, weil er sie verlor. Ihre Ehe war nicht zu retten, aber sie besann sich wieder auf sich. Ihr Weg der Heilung hatte begonnen.

Gedanken und Emotionen sind die Hauptbausteine der Geschichte des Mangels, mit der man sich identifiziert. Wenn man einen Gedanken über sich in das Denken aufgenommen und eingebettet hat, filtert man seine Wahrnehmungen durch die magische Optik der Interpretation. So sorgt man dafür, dass man nur das sieht, was die Auffassung davon bestätigt, wer man ist. Es braucht nicht einmal entfernt wahr zu sein, man muss nur daran glauben. Die Folge ist, dass ein Gedanke wie „Ich bin mangelhaft und nicht wert, geliebt zu werden" zu der Grundannahme werden kann, um die man seine Welt konstruiert.

Gedanken und Emotionen sind stark miteinander verbunden. Manchmal regen Gedanken Emotionen an, und manchmal Emotionen Gedanken. Wertende Gedanken können Schuldgefühle auslösen oder erzeugen. Schuldgefühle können zu Gedanken führen, die aus Selbstvorwürfen bestehen. Es spielt keine Rolle, was zuerst da ist und was folgt. Am Ende liefert eine Kombination von Gedanken und Gefühlen das Baumaterial für die Konstruktion des Selbstgefühls. Sie erfinden Ihr Leben, Ihre Welt, Ihren Himmel oder Ihre Hölle aus diesen flüchtigen, formlosen Dingen, die man Gedanken und Gefühle nennt – aber was sind sie wirklich? Sie enthalten keine Wahrheit und haben keine Substanz, aber man benutzt sie, um all das zu erzeugen, was man für gut oder schlecht, richtig oder falsch, wert oder unwert hält. Man kann sie nicht in der Hand halten, auch wenn Ihre Hand ihretwegen vielleicht schwitzt. Sie haben kein Gewicht, aber sie können so schwer werden, dass sie einen bewegungslos machen. In diesem Kapitel untersuchen wir die Rolle von Gedanken und Emotionen, die bei der Herstellung eines konditionierten, sich isolierenden Selbst spielen.

Gedanken, die das Gefühl hervorrufen, man sei mangelhaft

Gedanken sind mentale Symbole für die Welt in uns und um uns herum. Sie sind nützlich, um die Welt zu repräsentieren und zu beschreiben, aber sie können auch enorme Leiden hervorrufen, wenn man meint, dass sie die Wirklichkeit wiedergeben. Das tun sie nicht. Wie Christine besitzen wir alle die Fähigkeit, uns mit Gedanken, die nichts mit der Wirklichkeit zu tun haben, absolut unglücklich zu machen. Es kann seltsam erscheinen, aber ein häufiger und universeller menschlicher Zeitvertreib besteht darin, Erfahrung ungenau und falsch einzuschätzen, zu bewerten und zu interpretieren (Interpretationen sind auch nur Gedanken).

Realität ist relativ

Gewöhnlich sehen wir nicht, was wir vor uns haben. Wir sehen unsere Interpretation dessen, was wir vor uns haben. Diese Interpretationen verändern unsere Wahrnehmungen, damit sie zu unseren Überzeugungen und Erwartungen passen. Im Grunde sehen wir die Welt so, wie wir sie uns denken. Auf diese Weise kann es sein, dass eine schöne Frau, die voller negativer Selbstbewertungen ist, in den Spiegel schaut und eine hässliche Frau sieht, die sie anschaut. Welche Farbe hat die Brille, durch die Sie sehen? Gleich, welche das immer ist, Ihre ganze Welt wird zu dieser Farbe werden.

Achtsamkeit kann Ihnen helfen zu untersuchen, wie Sie die Dinge betrachten, und besonders, wie Sie sich selbst sehen. Wenn Sie darauf achten, wie Sie gewohnt sind, sich zu sehen, bekommen Sie Hinweise darauf, wie Ihre Gedanken Ihr Bild von sich formen. Sie werden entdecken, dass bestimmte Inhalte in Ihren Geschichten über Ihr Leben vorherrschen. Achten sie besonders auf Aussagen über sich, in denen „immer" oder „nie" vorkommt. Diese Worte weisen im Allgemeinen darauf hin, dass Sie gerade ein wichtiges Element Ihrer Geschichte bekräftigen, mit der Sie Autor ihres Bildes von sich sind.

Achtsame Bewusstheit wird Ihnen helfen, diesen ganzen Prozess nicht automatisch ablaufen zu lassen und zu untersuchen, wie Sie denken, und daher, wie Sie wahrnehmen. Mit der Zeit werden Sie schließlich sehen, dass Ihre Gedanken nicht unbedingt die Realität wiedergeben, sondern sie eigentlich konstruieren. Wie sich herausstellt, ist die Realität relativ. Die Welt und alles, was es in ihr gibt, einschließlich Ihres Selbstgefühls, verändert und verwandelt sich, je nachdem, wie Sie es betrachten.

Bestimmte Gedanken führen zu voraussagbaren Emotionen. Es ist ein Prozess, der uns allen vertraut ist. Wenn ein Gedanke da ist, der von Liebender Güte geprägt ist, stellt sich Glück ein. Bei einem Gedanken, dessen Inhalt aus einem Selbstvorwurf besteht, werden Schuldgefühle ausgelöst. Gedanken sind die zentralen Bestandteile mentaler Leiden und Beschwerden, auch eines allgegenwärtigen Gefühls von Minderwertigkeit. Es ist wichtig, die Denkmuster zu erkennen, die in unserem Leben Leiden hervorrufen. Die Lösung besteht darin, eine Perspektive zu finden, aus der man Gedanken selbst zum Gegenstand von Bewusstheit machen und dann den Autopiloten abschalten kann. Wenn man sich einmal nicht mehr vor dem Altar des Denkens beugt, können diese willkürlichen und eigenwilligen Darstellungen der Realität nicht mehr Ihr Leben regieren. Sie verlieren ihre Macht, Sie unglücklich zu machen.

Die modernen Psychologien des Westens haben Interventionen entwickelt, mit denen man Probleme mit dem Selbst behandeln kann. Dabei werden Techniken verwendet, wie das Erforschen der Denkweise und das Lernen von Fertigkeiten, mit denen man dysfunktionales Denken verändert. Die buddhistische Psychologie erkennt auch an, dass Gedanken Leiden erzeugen, aber statt daran zu arbeiten, Gedanken zu verändern, betrachtet dieser Ansatz den Akt der Beobachtung von Gedanken, ohne sich in ihnen zu verfangen, als eine wirksame Weise, ihre Macht aufzuheben. Der Teil von einem, der Gedanken beobachtet, ist ein anderer, von selbsteinschränkenden Interpretationen getrennter Teil und wird daher nicht von den Gedanken definiert. Dies ist eine der wertvollsten Qualitäten achtsamer Bewusstheit. Die folgende Übung kann dabei helfen, die Fähigkeit zu entwickeln, Gedanken zu beobachten und anzuerkennen, ohne sie als wahre oder korrekte Abbildungen der Realität zu betrachten.

ÜBUNG

Gedanken untersuchen und sie sein lassen

Inzwischen sollte klar sein: Sie müssen nicht allen Ihren Interpretationen auf den Leim gehen. Sie müssen nicht allen Ihren Gedanken glauben. Das nächste Mal, wenn Sie sich unzulänglich oder unwert finden, holen Sie ein paar Mal tief Atem und benutzen Sie dann die folgende Technik, um einen Gedanken näher zu untersuchen, der diese Gefühle nährt.

> Überlegen Sie, ob dieser Gedanke wahr oder auch nur logisch stringent ist, und nehmen Sie wahr, wie Sie sich fühlen, wenn Sie diesem Gedanken Glauben schenken.
>
> Spüren Sie auch, wie Sie sich körperlich fühlen, wenn Sie den Inhalt dieses Gedankens für wahr halten. Bleiben Sie, so gut Sie können, etwa fünf Minuten lang bei Ihren körperlichen Empfindungen. Richten Sie Ihre Aufmerksamkeit jedes Mal, wenn Sie zu dem Gedanken oder zu verwandten

Gedanken zurückkehren, wieder zurück zu Sinneswahrnehmungen, auch wenn sie unangenehm sind. Zentrieren Sie Ihre Bewusstheit in Ihrem Körper und lassen Sie die Gedanken einfach sein.

Bleiben Sie in Ihrem Körper und den Sinnesempfindungen des Hier und Jetzt geerdet und wenden Sie sich bewusst diesem Gedanken zu. Fragen Sie sich: „Wie würde es mir gehen, wenn ich diesen Gedanken einfach sein ließe, wann immer er auftaucht? Wie würde es mir gehen, wenn ich diesen Gedanken kommen und gehen ließe, ohne mich näher auf ihn einzulassen?" Fragen Sie sich: „Was in mir will Akzeptanz und Mitgefühl?" Bleiben Sie bei dieser Frage, solange Sie möchten.

Nehmen Sie sich etwas Zeit, um in Ihrem Tagebuch festzuhalten, was Sie bei dieser Übung entdecken. Schauen Sie sich an, wie es Ihnen geht, wenn Sie sich mit Freundlichkeit statt mit Kritik beobachten.

Diese Technik ist eine einfache und doch mächtige Möglichkeit, wie man mit Gedanken arbeiten kann. Mit ihr können Sie die verzerrten Interpretationen erkennen, die Sie verwenden, um Ihr Selbstgefühl herzustellen. Wenn man Gedanken, die Selbstvorwurf zum Inhalt haben und Scham erzeugen oder verstärken, selbst zum Gegenstand von Bewusstheit macht, kann man ihnen damit die Macht nehmen. Sie können diese Technik auch bei anderen Arten von Gedanken anwenden. Wenn Sie das üben, werden Sie möglicherweise überrascht sein, wenn Sie entdecken, wie viele Dinge, die Sie zu wissen meinen, Sie nicht wirklich sicher wissen.

Bewerten

Bei der erstaunlichen Fülle an Gedanken, die möglich sind, gehören negative Urteile über uns selbst und über andere Menschen zu den Lieblingsprodukten des Geistes. Es ist so, als hätte das menschliche Gehirn eine überaktive Drüse, die Urteile absondert, so wie die Adrenalindrüse Adrenalin ausschüttet. Negative und reaktive Urteile können spontan und über alles entstehen. Manchmal richten Sie sich fast ausschließlich auf einen selbst, und manchmal fast ausschließlich auf andere.

ÜBUNG

Bewertungen untersuchen

Wenn Sie zulassen, dass kritische Wertungen ununtersucht und ungeprüft bleiben, kann es passieren, dass sie viele Ihrer Gedanken und Emotionen und sogar Ihre Träume besetzen. Aber wenn Sie sie überprüfen, werden Sie auf Themen stoßen, die immer wieder auftauchen und die mit früheren Lebensereignissen verbunden sind. Sie werden entdecken, dass auch Ihre Wertungen, die andere betreffen, oft in Selbstentwertungen oder in Ereignissen wurzeln, die früher in Ihrem Leben passiert sind – manchmal als sie sehr klein waren. Es ist eine gute Praxis, alle Bewertungen in Frage zu stellen, und diese Übung kann Ihnen dabei helfen, genau das zu tun. Nehmen Sie sich dafür etwa 30 Minuten Zeit.

Üben Sie mindestens fünf Minuten lang achtsames Atmen.
Versuchen Sie als Nächstes, sich an eine Situation in jüngerer Zeit zu erinnern, in der Sie eine starke Bewertung empfunden haben – gegenüber sich selbst oder gegenüber einem anderen Menschen.
Wenn Sie in diese Bewertung hineinfühlen, versuchen Sie zu spüren, ob es eine körperliche Komponente gibt – ob Sie etwas in Ihrem Körper spüren. Bleiben Sie wenigstens fünf Minuten lang dabei und nehmen Sie wahr, wie sich Ihr Körper anfühlt, wenn Sie über diese Bewertung reflektieren. Was für Gedanken begleiten diese Bewertung oder das Werturteil? Kam diese Bewertung automatisch? War sie eine Reaktion auf etwas oder auf jemanden? Bleiben Sie mindestens fünf Minuten dabei und untersuchen Sie die Gedanken, die im Zusammenhang mit dieser Bewertung auftauchen.
Was für Emotionen begleiten die Bewertung? Manche Bewertungen sind zum Beispiel von Wut begleitet, während andere mit Scham und noch andere mit Mitgefühl verbunden sind. Bleiben Sie mindestens fünf Minuten dabei und untersuchen Sie die Emotionen, die Sie in Verbindung mit dieser Bewertung empfinden.

Nehmen Sie wahr, dass der Teil von Ihnen, der diese Bewertung untersucht, selbst nichts bewertet. Er beobachtet einfach mit leidenschaftsloser Neugier Körperempfindungen, Gedanken und Emotionen.

Überlegen Sie jetzt, ob Sie diese Art Bewertung schon kennen, weil sie Ihnen schon einmal begegnet ist. Passiert Ihnen das oft? Haben Sie, wenn das der Fall ist, eine Ahnung, warum Sie so stark und automatisch reagieren? Isoliert sie Sie von anderen oder haben Sie das Gefühl, mehr verbunden zu sein? Können Sie spüren, woher sie stammt? Bleiben Sie mindestens fünf Minuten dabei und reflektieren Sie über Ihre Assoziationen in Bezug auf den Hintergrund dieses Bewertens.

Nehmen Sie sich ein bisschen Zeit und halten Sie in Ihrem Tagebuch fest, was aufgetaucht ist, als Sie Ihre Bewertungen untersucht haben. Was für körperliche Empfindungen und Emotionen waren mit den verschiedenen Bewertungen verbunden? Haben Sie Verbindungen zwischen Bewertungen und früheren Lebensereignissen entdeckt?

Sie können auch Bewertungen in dem Moment untersuchen, wenn sie auftauchen. Versuchen Sie diese Übung das nächste Mal zu machen, wenn Sie merken, dass Sie eine starke kritische Reaktion auf jemanden haben. Schauen Sie, ob Sie wahrnehmen können, was in Ihrem Körper passiert und wie sich Ihr Körper anfühlt. Stellen Sie sich dann vor, dass Sie sich zu der anderen Person vorbeugen, mit dem Zeigefinger auf sie zeigen und dabei ein angespanntes, böses Gesicht machen (manchmal ertappen Sie sich vielleicht sogar in dieser Haltung). Nehmen Sie wahr, dass Sie mit drei Fingern auf sich selbst zeigen, wenn Sie auf andere zeigen. Folgen Sie der Richtung, in die die Finger zeigen, und untersuchen Sie, wie dieses Bewerten etwas mit Ihnen selbst zu tun hat. Viele wertende Gedanken über andere haben ihren Ursprung in schmerzhaften Ereignissen in der Vergangenheit. Solche Bewertungen verlangen nach tiefer persönlicher Selbsterforschung.

Mikes Geschichte

Den größten Teil seines Lebens empfand Mike eine starke Abneigung gegen Wut und Ärger und wertete Menschen ab, die wütend oder ärgerlich waren, besonders wenn sich ihre Wut in seiner Umgebung bemerkbar machte. Dies war ein Problem in seiner Ehe, denn seine Frau hatte die Kraft und Souveränität, die sie in der Kindheit verloren hatte, durch ihre Wut wiedererlangt. Für sie war Wut eine gute Sache, aber für Mike war sie etwas Schlechtes – und eines der wenigen Dinge, das in ihrer Beziehung seine eigene Wut provozieren konnte.

Eines Abends wurde er wieder ärgerlich, weil sie ärgerlich war, und beschloss, lieber unter die Dusche zu gehen, statt seine kritischen und von Ärger erfüllten Gedanken auszudrücken, die ihm durch den Kopf gingen. Die Empfindung des warmen Wassers auf seinem Körper brachte ihn von seinem kritischen inneren Dialog weg und zu sich selbst im Hier und Jetzt und zu seinen eigenen Gefühlen zurück. Er beschloss, seine reaktive Wut näher zu untersuchen, und als die Gefühle unter seiner Wut aufzutauchen begannen, bekam er wirklich Angst und wurde traurig. Er fühlte in diese Angst hinein, sie wurde schlagartig zu Schrecken und Hilflosigkeit und er brach unter der Dusche zusammen. Er wurde von einer Empfindung von Horror überwältigt, den er nicht mehr gefühlt hatte, seit er zehn Jahre alt war. Ein Zugang zu seinem Herzen hatte sich geöffnet, und Gefühle, die er seit Jahren verdrängt hatte, indem er Wut und Ärger vermied, strömten durch ihn hindurch, als sein Herz noch weiter aufriss.

Er erinnerte sich, wie er als Junge unter der Dusche stand und wie er seine Eltern hörte, wie sie schrien und Dinge zerbrachen – etwas was sie oft machten, und mit schrecklicher Grausamkeit und Gewalt, und er war hilflos und schutzlos. Es war Jahrzehnte her, seit er diese Dinge gefühlt hatte, und er fing an zu schluchzen.

Er hatte immer versucht, seine Eltern dazu zu bringen, aufzuhören, aber seine kleine Stimme war von ihrem tobenden Schreien übertönt worden. Sie hörten nie auf, und in ihrer Wut verletzten sie sich gegenseitig und Mike tief. Er weinte unter der Dusche, als sein alter Schrecken aus seinem Kern ausbrach, und dann wurde ihm klar, dass dies die Stelle war, aus der seine reaktiven Bewertungen über Wut und offenen Ärger stammten. Sein Herz füllte sich mit Mitgefühl und Liebe für den Jungen, der in diesen Schlachten verletzt worden war. Von dieser Stelle aus ging er auf seine Frau zu, um sie wissen zu lassen, was er erlebt hatte. Er nahm sich vor, diese Einsicht nicht mehr zu vergessen und ihre Wut achten und würdigen zu lernen. Sie weinten zusammen.

Bewertungen entschärfen

Bewertungen sind wie Bomben, die von Lebensereignissen ausgelöst werden können. Stellen Sie sich vor, Sie sind in einem Lebensmittelgeschäft und sehen, wie eine Mutter wütend auf das Bein ihrer Tochter schlägt und wie das Kind gedemütigt aussieht, als es sieht, dass Sie zuschauen. Oder stellen Sie sich vor, dass jemand kurz vor einer Kreuzung vor Ihnen einschert, so dass Sie an der roten Ampel halten müssen, während er weiterfährt. Stellen Sie sich eine Szene vor, in der Ihr Partner Sie kritisiert, wie Sie die Wohnung geputzt haben. Solche Ereignisse können starke Bewertungen und Wut auslösen.

Negative Urteile können jeden Moment in uns explodieren und uns mit unmittelbaren und emotional überwältigenden Verurteilungen überfluten, die sich gegen andere oder gegen uns selbst richten. Der Körper kontrahiert, der Blutdruck steigt, die Atmung bleibt oben im Brustkorb und wird flach und schnell. Die Kampf-oder-Flucht-Reaktion wird ausgelöst und ein Drang, etwas zu sagen oder zu tun, überflutet einen. In diesen Momenten können Worte über die Lippen kommen, die man später bedauert, und andere verletzen, auch einen selbst. Viele von uns haben eine extrem kurze Zündschnur, wenn ähnlich auslösende Ereignisse immer wieder vorkommen, und unsere Reaktionen können wie Bomben sein, die fast sofort losgehen.

Die Bomben mit der kürzesten Zündung findet man oft in Beziehungen. Politiker und Fremde im Verkehr sind verbreitete Auslöser kleiner, häufiger Reaktionen, die wie Feuerwerkskörper kurz hochgehen, und dann ist es wieder vorbei. Aber Liebesbeziehungen können gewaltige explosive Reaktionen auslösen, die über Jahre enormes Leiden verursachen können. Achtlos dahingesagte Worte können tief schneiden und Wunden hinterlassen, die nie richtig heilen. Weil Liebesbeziehungen so intim sind, können sie emotionale Reaktionen hervorrufen, die auf frühere traumatische zwischenmenschliche Ereignisse zurückgehen. Dies ist ein Grund, weshalb es in Beziehungen so viele Projektionen gibt. Projektionen sind Abwehrmechanismen des Egos, die vor allem unbewusst wirken und gegenwärtige aktuelle Beziehungen mit emotionalen Verletzungen aus früheren nahen Beziehungen belasten, wie der Beziehung mit der Mutter, dem Vater oder der ersten Liebe. Obwohl man sich seiner Projektionen normalerweise nicht bewusst ist, kann man sehr viel über sie lernen, wenn man bereit ist, reaktive Bewertungen mit der Absicht zu untersuchen, sie zu entschärfen.

ÜBUNG

Bewertungen entschärfen

Diese Übung kann Ihnen helfen, Ihre Fähigkeit zu stärken, Wertungen und Urteile zu entschärfen, indem Sie mit Gefühlen, die mit Ablehnung zu tun haben, bewusst und mitfühlend umgehen lernen. Ein unerlässlicher Teil beim Entwickeln dieser Kunst besteht darin, mit schwierigen Gefühlen absichtlich Kontakt aufzunehmen. Wenn diese achtsame Erforschung aber an irgendeinem Punkt zu beunruhigend oder aufwühlend wird, kommen Sie wieder dahin zurück, nur Ihren Atem in Ihrem Bauch zu spüren. Dies ist die Basis, zu der Sie während der ganzen Übung zurückkehren können, bis Sie sich geerdet fühlen. Dann können Sie wieder zu dem schwierigen Gefühl zurückkommen und versuchen, bei ihm zu bleiben. Denken Sie auch daran, dass Entschärfen einer Bewertung oder eines Urteils nicht bedeutet, dass man sie loswird. Es bedeutet, dass man ihren Stachel neutralisiert oder beseitigt.

Setzen Sie sich bequem hin und fangen Sie an, Ihre ganze Aufmerksamkeit auf Ihren Bauch zu richten und zu spüren, wie Ihr Atem kommt und geht. Wenn Sie möchten, legen Sie eine Hand auf den Bauch und spüren Sie, wie er sich mit dem Einatmen hebt und mit dem Ausatmen senkt. Bleiben Sie bei dieser Übung, solange Sie wollen, bevor Sie weitermachen. Erinnern Sie sich an Ihr Bewerten, das Sie in der vorigen Übung untersucht haben, oder an ein anderes Urteil dieser Art, das Sie gern untersuchen und entschärfen möchten. Nehmen Sie als Erstes wahr, wen oder was Sie bewerten. Nehmen Sie die reaktiven Gedanken und Emotionen wahr, die mit dem Bewerten verbunden sind, auch alle Geschichten, Überzeugungen oder Erinnerungen, die auftauchen. Was bewerten Sie an diesem Ereignis und an den Menschen, die daran beteiligt sind? Seien Sie offen für die Gefühle, die bei dieser Selbsterforschung auftauchen, und heißen Sie sie willkommen. Reagieren Sie auf sie mit Freundlichkeit und Selbstmitgefühl. Nehmen Sie wahr, dass diese Gefühle und Erinnerungen mit der Bewertung verbunden, aber gleichzeitig getrennt von ihr sind. Spüren Sie die Körperempfindungen, die mit den Erinnerungen und Emotionen verbunden sind und die auftauchten, als Sie Ihr Werturteil betrachtet haben. Gehen Sie zwischen diesen Empfindungen und den Gedanken und Emotionen ein paar Mal hin und her. Nehmen Sie den Unterschied zwischen den mentalen Phänomenen (Gedanken, Emotionen, Erinnerungen) und denen der Sinne (Erfahrung durch Sehen, Hören, Berühren, Riechen und Schmecken) wahr. So können Sie den Körper benutzen, um sich im Hier und Jetzt zu verankern und schwierige Gedanken und Emotionen zu entschärfen, indem Sie ihnen etwas von ihrer elektrischen Ladung nehmen.
Verschieben Sie als Nächstes den Fokus von dem Bewerten und den mentalen und körperlichen Phänomenen, die damit verbunden sind, und nehmen Sie sich ein paar Minuten Zeit, um über den Teil von Ihnen zu reflektieren, der diese mentalen, emotionalen und körperlichen Zustän-

de eben erforscht hat – ein Teil Ihres Bewusstseins, den Sie sich als die beobachtende Bewusstheit oder wie einen Zeugen vorstellen können. Nehmen Sie wahr, dass der Teil von Ihnen, der sich des Bewertens bewusst ist, neugierig ist, aber selbst nicht bewertet. Bewusstheit kann das Bewerten und die mentalen und körperlichen Phänomene wahrnehmen, ohne sich in sie verwickeln zu lassen. Wenn Sie über diese Bewusstheit reflektieren, nehmen Sie wahr, ob Ihr Herz weicher wird und ob Sie sich weniger kritisch fühlen.

Aus dieser Perspektive können Sie sich mit Liebe und Mitgefühl allem zuwenden, was bei Ihnen in dieser achtsamen Reflexion auftaucht. Sie können Mitgefühl und Liebende Güte auch allen zukommen lassen, die Sie einmal bewertet oder verurteilt haben. Welche Worte und Gesten würden Sie gern an sich selbst richten für all den Schmerz und das Leid, das Sie erfahren haben? Was würden Sie zu jemandem sagen, den Sie lieben, wenn es ihm jetzt so ginge?

Nehmen Sie wahr, was in Ihrem Körper und Geist passiert, wenn Sie diesen Ausdruck von Mitgefühl und Liebender Güte anbieten. Beobachten Sie, was bei Ihnen körperlich, mental und emotional auftaucht, und halten Sie nach Verbindungen zwischen mentalen Ereignissen und Ihrem emotionalen und physischen Gegenstück Ausschau. Zum Beispiel kann Selbstmitgefühl im Brustkorb ein Gefühl der Erleichterung hervorrufen, und der Bauch kann weicher werden, wenn Sie sich selbst vergeben.

Kommen Sie zur bewussten Atmung zurück, bevor Sie diese Übung abschließen, und richten Sie Ihre volle Aufmerksamkeit wieder ein paar Momente lang auf den Atem, in Ihrem Bauch, wie er kommt und geht.

Nehmen Sie sich ein wenig Zeit und beschreiben Sie in Ihrem Tagebuch die Gedanken und die Gefühle, denen Sie bei dieser Übung begegnet sind. Halten Sie Ihre Überlegungen zu den oben gestellten Fragen so detailliert wie möglich fest. Achten Sie besonders auf reaktive Bewertungen und Assoziationen mit früheren Ereignissen in Ihrem Leben sowie auf alle sinnlichen Empfindungen, die mit den Bewertungen zu tun haben, mit denen Sie gearbeitet haben. Mit welchen Worten konnten Sie in dieser Übung Selbstmitgefühl und Liebende Güte ausdrücken? Wie haben sich die sinnlichen Empfindungen, die mit dem Bewerten verbunden waren, verändert, als Sie Worte für sich hatten, die Liebende Güte und Mitgefühl ausdrückten?

Weisheit entsteht aus Bewusstheit, mit der man „einen Schritt entfernt" ist. Dies wird hier geübt. Es ist allein schon ein mächtiger Schritt in Richtung ihrer Entschärfung, wenn man eine Sache („Bewertung") einfach nur benennt. Manchmal rufen Gedanken und Gefühle allein deshalb reaktive Bewertungen hervor, weil man sich weigert, sie anzuerkennen oder zu fühlen.

Grübeln

Manchmal sind es nicht die Gedanken, die so viele Probleme machen. Es ist das Denken an sich. Und auch dann ist es nicht so, dass das Denken über etwas, was einen aufregt oder ärgert, an sich etwas Schlechtes ist. Es ist nur so, dass das Denken manchmal schwer zu stoppen ist, wenn es einmal in Gang ist. Diese Art sich wiederholenden Denkens oder Grübelns ist ein verbreitetes Problem. Die meisten von uns haben schon erlebt, wenn man am Abend vor einem besonderen Ereignis einzuschlafen versucht. Es kann für Menschen mit einem Grundgefühl von Unzulänglichkeit sowie bei psychischen Störungen wie Angst, Depression oder einer Zwangsstörung zu einem symptomatischen und zentralen Charakteristikum werden. Wenn eine Kuh wiederkäut, würgt sie das Gras, das sie gefressen hat, wieder hoch und kaut es noch einmal, und das riecht schrecklich, wie Bauern erzählen. Das klingt ekelerregend, aber es ist eigentlich so ähnlich wie das Grübeln (was vielleicht erklärt, warum man das manchmal im Englischen „stinkendes Denken", *stinking thinking*, nennt). Nur dass das Grübeln eben nicht nur nicht nährt, sondern man hat auch das zusätzliche Problem, dass man immer wieder durchkaut, was schon passiert ist oder sogar etwas, was vielleicht passieren könnte. Grübeln kann enormes Leiden hervorrufen.

Lernen, sich Gedanken bewusst zu sein, statt achtlos zu der Überzeugung verführt zu werden, man *sei* seine Gedanken, ist ein Weg aus dem Grübeln heraus. Nehmen Sie sich einen Moment

Zeit und beobachten Sie ruhig, was in Ihnen vor sich geht. Sagen Sie sich dabei einfach: „Das ist ein Gedanke, und dies ist noch ein Gedanke, und das ist noch ein Gedanke." Gehen Sie dann einen Schritt weiter und fragen Sie sich: „Wer beobachtet diese Gedanken? Wer schaut zu, wie sie kommen und gehen?" Diese einfachen Ansätze sind die Grundlage von Achtsamkeitsübungen, die Ihre Fähigkeit verbessern, aufmerksam bei dem zu sein, was Sie denken, ohne sich mit den Gedanken, mit dem Selbst, das Gedanken erzeugt, oder auch nur mit dem Denkakt selbst zu identifizieren. Sie können Ihnen helfen, die Bewusstheit zu verfeinern, die den Gedanken zuschaut, aber nicht von ihnen definiert wird. Gedanken passieren. Mit achtsamer Bewusstheit können Sie sie passieren lassen und werden nicht zu sehr in sie verwickelt.

Emotionen, die die Identität von Mangelhaftigkeit bilden

Alle Menschen haben Emotionen, und keine dieser Emotionen ist an sich gut oder schlecht, destruktiv. Aber es ist so, wie mit den Gedanken: Wir können sehr viel Leiden hervorrufen, je nachdem, wie wir auf unsere Emotionen reagieren. Das gnostische Thomasevangelium zitiert Jesus: „Wenn du nach außen bringst, was in dir ist, wird das, was du nach außen bringst, dich retten. Wenn du nicht nach außen bringst, was in dir ist, wird dich das, was du nicht nach außen bringst, zerstören" (45, 29–33). Das gilt gewiss für Emotionen, die destruktiv werden können, wenn man sie verdrängt. Doch dieselben Emotionen können auch zu einer Quelle der Heilung werden, wenn man in sie hineinfühlt und sie da sein lässt und ausdrückt, auch wenn sie unangenehm sind. Man muss eine Möglichkeit finden, Wut, Angst, Scham und andere schwierige Gefühle zu fühlen. Dies verlangt eine der zentralen Haltungen der Achtsamkeit: präsent auch bei jenen Gefühlen (und Gedanken) zu sein und sie anzuerkennen, die man nicht mag oder haben will. Das bedeutet nicht, dass man sich schwierigen Emotionen passiv hingeben und zulassen sollte, dass sie mit uns oder anderen ihr Spiel treiben. Es bedeutet, dass man bei diesen Gefühlen mit der Geduld, dem Mitgefühl und der Akzeptanz ist, die von achtsamer Meditation gefördert werden.

In der frühen Kindheit haben wir gelernt, welche unserer Gefühle bei anderen willkommen waren und wir ausdrücken durften und welche nicht. Wenn Ihre Eltern Ihre Wut nicht ertragen konnten, haben Sie wahrscheinlich gelernt, sie zu blockieren und zu unterdrücken. Wenn Sie Ihre Angst, Ihren Schmerz oder auch Ihre freudige Erregung nicht da sein lassen und anerkennen konnten, haben Sie vielleicht auch diese Emotionen vermieden oder abgeschnitten. Manchmal entschärft allein schon das Benennen eine schwierige Emotion und hilft einem, konstruktiver mit ihr umzugehen. Probieren Sie es aus und schauen Sie selbst. Wenn ein starkes Gefühl aufkommt, dann sagen Sie zu sich: „Es ist nur Angst (oder Traurigkeit, Wut, Scham, Schuldgefühl, Einsamkeit, Verwirrung, Zorn, Feindseligkeit). Es ist nur ein unangenehmes Gefühl." Denken Sie daran, dass diese Emotionen universell sind. Es gab sie in allen Kulturen und schon immer, und schon bei den kleinsten Babys.

Wie bei Gedanken ist bei Emotionen das Entscheidende, dass man sie fühlt und anerkennt und sie weder wegdrängt noch sich mit ihnen identifiziert oder sich von ihnen mitreißen lässt. Achtsamkeitsmeditation ist hier äußerst nützlich. Sie kann einem helfen zu sehen, wie man gewohnt ist zu versuchen, alles Mögliche zu vermeiden, auch schmerzhafte Emotionen. Sie hilft Ihnen auch, die Fähigkeit zu entwickeln, die Emotionen anzunehmen und zuzulassen, die man bisher zu vermeiden versucht hat. Dies ist wichtig, da Emotionen eine große Rolle dabei spielen, wie man sich selbst findet und mit anderen in Kontakt ist. Wenn sich jemand als minderwertig empfindet, können sich Emotionen gegen Gedanken durchsetzen.

Mit Achtsamkeit und Selbstmitgefühl kann man lernen, Emotionen kommen und gehen zu lassen, indem man sie einfach als angenehm, unangenehm oder neutral anerkennt. Auch wenn sie einem nicht gefallen oder man sie nicht haben will, muss man eine Weise finden, wie man sie fühlen und da sein lassen kann. Wenn sie lange genug unterdrückt und verleugnet werden, können sie übermächtig werden und viel Leiden hervorrufen. Wie bei Gedanken kann Achtsamkeit einem helfen, sie nur als Emotionen, als Teil des Bewusstseins und nicht als das ganze Bewusstsein zu sehen. Es ist wichtig, dass man lernt, schwierige Emotionen zu regulieren, aber man kann das nur, wenn man sich ihnen zuwendet und lange genug bei ihnen bleibt, um sie gründlich kennenzulernen. Mit der Zeit werden schwierige Emotionen einfach zu Wut, zu Angst oder zu Scham und sind keine Geschichten mehr, die definieren, wer man ist. Wenn man sie zulässt und da sein lässt, kommen und gehen Emotionen. In späteren Kapiteln werden wir Techniken und Ansätze beschreiben, die einem helfen können, schwierige Emotionen zu verstehen, zu integrieren und zu regulieren.

Zum Verstehen von Emotionen gehört, dass man ergründet, woher sie kommen. Sie können von Gedanken oder Wahrnehmungen ausgelöst werden, aber manchmal scheinen sie keine klare oder einsichtige Ursache zu haben. Ein anderer Zugang zum Verständnis von Emotionen besteht darin, dass man beobachtet, wie sie sich auf einen auswirken. Manche Emotionen scheinen jahrelang in Geist oder Körper im Hintergrund zu sein. Beispiele dafür wären Angst vor einem Elternteil oder der Groll gegenüber einem Partner, der einen verraten oder betrogen hat.

ÜBUNG

Emotionen im Körper wahrnehmen

Wenn Sie genau auf Ihre emotionalen Zustände achten, werden Sie finden, dass sie oft Empfindungen in Ihrem Körper auslösen. Manche sind universell. Zum Beispiel energetisiert Wut die Hände und Arme, um einen dafür bereit zu machen, zu kämpfen, und Angst steigert die Durchblutung der Beine, um so zum Fliehen bereit zu machen (Dalai Lama und Ekman, 2011). Manche körperliche Reaktionen sind eher idiosynkratisch, wie das Erröten, wenn man verlegen ist oder sich schämt, oder schwitzige Hände oder kalte Füße, wenn man Angst hat. Man erkennt Emotionen an ihren physiologischen Merkmalen, die andere so darüber informieren können, was man fühlt. Dadurch wird es möglich, Beziehungen mit anderen aufzubauen (oder nicht aufzubauen). Grundlage dafür sind die Emotionen, die wir im Gesicht anderer Menschen lesen und in ihrer Gegenwart empfinden können.

> Sitzen Sie bequem und richten Sie Ihre ganze Aufmerksamkeit auf den Atem in Ihrem Bauch. Lassen Sie ihn einfach und natürlich kommen und gehen. Bleiben Sie bei der Atmung, bis Sie sich ganz im Hier und Jetzt geerdet fühlen.
> Erweitern Sie Ihre Aufmerksamkeit und spüren Sie Ihren Körper als Ganzen, von der Schädelkrone bis zu den Zehenspitzen. Bleiben Sie mit Ihrem Körper in Kontakt und erinnern Sie sich an eine der weniger schwierigen Emotionen aus der Übung zum Entschärfen von Bewertungen und an die Geschichten und Überzeugungen, die mit dieser Emotion verbunden sind. Nehmen Sie wahr, was im Körper passiert, wenn Sie diese Emotion empfinden. Bleiben Sie einfach neugierig und mit Mitgefühl bei dieser Empfindung, so gut Sie können. Nehmen Sie sich für diese Untersuchung mindestens fünf Minuten Zeit.
> Lassen Sie diese Reflexionen wieder sein und kommen Sie mit Ihrer Aufmerksamkeit wieder zur Atmung in Ihrem Bauch, wobei Sie präsent sind und sich da sein lassen. Lassen Sie von dieser Stelle aus Wertschätzung dafür ausgehen, dass Sie diese achtsame Selbsterforschung machen. Seien Sie auch mit Selbstmitgefühl bei allen schwierigen Gedanken und

Gefühlen, die aufgetaucht sind, und legen Sie eine Hand auf Stellen Ihres Körpers, die mit der Emotion in Resonanz waren. Halten Sie sich mit Liebender Güte.

Nehmen Sie sich etwas Zeit und halten Sie in Ihrem Tagebuch fest, was Sie bei dieser Übung erlebt haben. Welche körperlichen Empfindungen waren mit der Emotion verbunden, die Sie untersucht haben? Wie veränderten sich die Emotion und verwandte Empfindungen, als Sie Mitgefühl auf sich selbst richteten?

Sie können so mit allen schwierigen und unangenehmen Emotionen arbeiten, wann immer sie auftauchen. Die Entdeckungen, die Sie machen, können Ihnen helfen, das nächste Mal, wenn Sie merken, dass starke Emotionen Sie im Griff haben, auf sie zu antworten, statt nur zu reagieren.

Emotionen spüren

Viele Menschen machen die Erfahrung, dass Fokussieren auf die körperlichen Empfindungen, die mit schwierigen Emotionen verbunden sind, helfen kann, diese Emotionen zu entschärfen und allmählich zu integrieren. Es ist jedoch wichtig, festzuhalten, dass Integrieren und Regulieren schwieriger Emotionen ein sehr schwieriger und langer Prozess sein kann, der viel Geduld und Mitgefühl mit sich selbst verlangt. Nehmen Sie sich für diese Arbeit viel Zeit und Raum.

Seien Sie sich auch bewusst, dass Emotionen Sie zu Handlungen veranlassen können, die konditioniert und automatisch sind, und dass diese automatischen Reaktionen oft die größte Ursache von Leiden in Ihrem Leben und in dem Leben der Menschen in Ihrem Umfeld sind. Das Problem wird dadurch erschwert, dass Emotionen typischerweise hochkommen, bevor man auch nur wahrnehmen kann, dass sie kommen. Gewöhnlich nimmt man eine Emotion erst dann wahr, wenn man sich schon mitten in ihr befindet. Ferner ist es wahrscheinlich, dass man, wenn einen eine Emotion im Griff hat, nur die Dinge wahrnimmt, die diese Emotion unterstützen, und diejenigen ausblendet, die das nicht tun.

Dies ist der Grund, weshalb es so nützlich ist, wie in der vorigen Übung zu untersuchen, wie Sie Emotionen in Ihrem Körper erleben. Sinnesempfindungen, die mit Emotionen verbunden sind, können zu einem Signal dafür werden, dass man sich im Griff einer Emotion befindet, bevor man automatisch auf sie reagiert. Dann kann man die Aufmerksamkeit bewusster auf das emotionale Signal richten und darauf reagieren. Wenn man weiß, dass Anspannung im Kiefer darauf hinweist, dass man vielleicht wütend ist, kann einem das helfen, innezuhalten und zu reflektieren, bevor man handelt. Es gelingt einem vielleicht nicht, einzugreifen, bevor man emotional wird, aber mit Achtsamkeit und Selbstmitgefühl kann man lernen, geschickt auf Emotionen zu antworten, statt automatisch zu reagieren.

Ein oft wiederholtes Zitat beschreibt diese Dynamik treffend: „Zwischen Stimulus und Reaktion gibt es einen Raum. In diesem Raum liegen unsere Freiheit und unsere Macht, unsere Reaktion zu wählen" (Pattakos, 2011). Achtsamkeit ist der Raum zwischen dem Stimulus und der Reaktion, der einem erlaubt, bewusstere und überlegtere Entscheidungen zu treffen, wenn man emotional ist.

Stimmungen

Intensive Emotionen, die entweder durch ein wiederholtes Ereignis oder durch Grübeln über ein Ereignis immer wieder ausgelöst werden, können als eine Stimmung eingebettet werden, die man als einen andauernden emotionalen Zustand betrachten kann. Manchmal halten Stimmungen nur ein paar Stunden an, aber ein andermal kann es sein, dass man Tage oder länger in einer Stimmung verharrt. Manche Menschen scheinen besonders dazu zu neigen und so veranlagt zu sein. Wenn man lange genug in einer Stimmung bleibt, kann sie das Leben mit so tiefen Tönen färben, dass sie jede neue Information übertönt, die dem widerspricht, was man erwartet. Zum Beispiel können Jungverheiratete in einer abgehobenen Stimmung praktisch durch Verspätungen und andere Misslichkeiten einer Reise hindurchschweben, die sie normalerweise vor Frustration fast verrückt machen würde.

Emotionen und Stimmungen unterscheiden sich auch insofern, als man im Falle einer Emotion den Auslöser herausfinden kann, im Falle der Stimmung gelingt einem das möglicherweise nicht. Schließlich sind nicht alle Jungverheirateten in einer abgehobenen Stimmung – manche sind überrascht, wenn sie feststellen, dass sie ängstlich und nachdenklich sind, und verstehen vielleicht nicht, warum sie so empfinden. Das liegt daran, dass Stimmungen den Zugang auf früher erworbenes Wissen einengen, so dass man Schwierigkeiten hat, neue Informationen aufzunehmen, die nicht verstärken oder bestätigen, was man fühlt. Zum Beispiel kann eine junge Braut, die nachdenklicher Stimmung ist, die Dinge, die ihrem Mann Anlass zu Freude sind, anschauen und sich fragen, was daran so besonders ist.

Wenn man lange genug in einer Stimmung lebt, kann sie zu einer Geschichte oder zu einem Charakterzug werden, mit dem man sich identifizieren und von dem man dann zum Beispiel glauben kann: „Ich bin ein unglücklicher und unbeliebter Mensch und niemand interessiert sich besonders für mich." Dies kann einfach eine Geschichte über einen selbst sein, an die man glaubt, auch wenn sie nichts damit zu tun hat, wer man wirklich ist. Zum Beispiel ist einer der liebenswertesten und berühmtesten Freunde von Pu dem Bär, der Esel Eyore, in einer leicht unglücklichen und düsteren Stimmung versunken, die zu seiner Haltung dem Leben gegenüber geworden ist. Er glaubt die Geschichte, dass sich niemand für ihn interessiert, voll und ganz, auch wenn jeder in seiner Nähe ihn liebt.

Emotionale Vorgaben

Der Dalai Lama hat gesagt, Glück sei kein feststehendes Charakteristikum, sondern eher etwas, was durch mentales Training verbessert werden kann (Dalai Lama und Cutler, 1998). Diese Aussage, die auf seine eigene tiefe innere Verpflichtung zur Praxis von Meditation und Mitgefühl zurückgeht, wurde durch die Jahrhunderte in den Lehren des Buddhismus überliefert und wird auch durch die zeitgenössische Neurowissenschaft bestätigt. Wir haben alle *emotionale Vorgaben* (emotional set points). Sie sind so etwas wie die Einstellungen eines Thermostats für Emotionen. Sie haben Einfluss darauf, wann jemand typischerweise von einer Emotion wie Wut oder Glück überwältigt wird, wie extrem die emotionale Reaktion ist und wie lange sie anhält.

Diese Vorgaben wurden bisher als relativ stabil im Leben eines Menschen betrachtet, aber Richard Davidson, einer der wichtigsten Neurowissenschaftler, die Emotionen erforschen, hat festgestellt, dass eine Meditationspraxis zu anhaltenden positiven Veränderungen im Gehirn führen kann, unter anderem auch zur Veränderung emotionaler Vorgaben (Davidson, 2009). Diese Vorgaben können in nur acht Wochen durch Übungen von Achtsamkeit und Mitgefühl zum Besseren verändert werden. Mit anderen Worten, Sie können die Vorgaben Ihres Gehirns für Glück (oder für jede andere Emotion) verändern. In ähnlichem Sinn belegt eine Studie, die zurzeit von Forschern an der Harvard-Universität durchgeführt wird, signifikante positive Korrelationen zwischen Glücksgefühlen und Leben im Hier und Jetzt. Je mehr die Probanden auf den gegenwärtigen Moment fokussiert sind, umso glücklicher sind sie, und je mehr sie innerlich abschweifen, umso unglücklicher sind sie (Killingsworth und Gilbert, 2010). Ist es nicht wunderbar, dass die moderne Wissenschaft bestätigt, was die uralte Psychologie des Buddhismus seit 2500 Jahren empfiehlt?

Selffulfilling Prophecy

Wenn man einmal unter dem Einfluss mächtiger Emotionen wie Scham ein eingeschränktes und einschränkendes Selbst entwickelt hat, sucht man nach Möglichkeiten, wie man diese Emotionen wieder hervorrufen kann, um diese Identität aufrechtzuerhalten. Der Forscher Paul Ekman (Dalai Lama und Ekman, 2011) nennt das „emotionales Skripting". Er erklärt, wie die tiefen emotionalen Erfahrungen der Kindheit zu etwas werden können, das dem Skript eines Theaterstücks ähnelt und mit dem man die Lebenserfahrungen wiederholt überformt. Das zeigt zum Beispiel Mikes Geschichte. Er überformte von seiner Schulzeit an seine Liebesbeziehungen mit seinem emotionalen Skript von Schrecken und Hilflosigkeit. Dieses Skript rief Gefühle von Unzulänglichkeit, Hilflosigkeit und Unsicherheit hervor. Deshalb hat er nach all diesen Jahren, wenn seine Frau wütend oder ärgerlich wird, immer noch dieselben schlimmen Gefühle, die das Verhalten seiner Eltern ausgelöst hatte, und er reagiert so, als wäre sie gefährlich und würde ihn verletzen.

Man nennt dies auch eine *Selffulfilling Prophecy*. Aber wie immer man es nennt, es ist eine Weise, wie wir die Geschichten, in denen wir leben, immer wieder herstellen. Man kann das mit allen Emotionen und Stimmungen machen. Sie könnten zum Beispiel zu dem Schluss kommen, dass Sie von Natur aus nicht liebenswert sind und dann aus Angst vor Ablehnung entscheiden, es nicht zu riskieren, vor anderen Ihren angeblich mangelhaften und leeren Charakter erkennbar werden zu lassen. Stattdessen zeigen Sie ihnen eine verbesserte, aber falsche Version Ihres Selbst. Diese Art des Verbergens und des Auftretens macht es wahrscheinlich, dass Sie nie eine tiefe Beziehung mit anderen haben, denn niemand kann den sehen und bei dem sein, der Sie wirklich sind. Wie eine Ratte in einem Labyrinth können Sie diesen selben Weg in einer Beziehung nach der anderen gehen, und wenn Sie das viele Jahre lang so machen, das Muster als unwiderleglichen Beweis betrachten, dass Sie tatsächlich nicht liebenswert sind.

Wenn man einmal eine Identität der Mangelhaftigkeit angenommen hat, können Gedanken und Interpretationen so das Leiden nähren, das mit dem Gefühl der Minderwertigkeit verbunden ist. Emotionen werden zu Flammen, die aus Gedanken lodern, mangelhaft zu sein, und führen zu Wahrnehmungen und Handlungen, die das Leben definieren können. In gewissem Sinn sorgt Ihr Leben für den Transport Ihrer Erwartungen, und Sie kommen genau dahin, wohin Sie Ihrer Überzeugung nach gehen werden. Wenn das Fahrzeug Ihres Lebens ein Heißluftballon wäre, könnten Sie Gedanken über Ihre Unzulänglichkeit in den emotionalen Brenner eingeben, der die sengende Hitze der Scham herausdrücken und den Ballon Ihres beschädigten Selbst aufblasen und füllen würde. Ein Gefühl von einem Selbst, das von allen anderen getrennt ist, macht sich auf dem Weg. Solange Sie diese Gedanken verwenden, um den Brenner zu betreiben, nähren Sie die Flammen des Leidens weiter. Ihr beschädigtes Selbstgefühl wird immer höher in Winde steigen, die Sie immer wieder demselben Scheitern entgegentragen, bis Sie ohne einen Schatten eines Zweifels wissen, dass etwas an Ihnen schrecklich verkehrt ist. In dem Fall von Menschen, die mit einem Gefühl der Minderwertigkeit kämpfen, würde Descartes' bekannter Satz abgewandelt so lauten: „Ich denke, also leide ich."

Der Preis des Vermeidens

Wir haben untersucht, wie man sich in Gedanken und Emotionen verlieren kann, indem man von ihnen überwältigt oder mit ihnen identifiziert wird, aber es gibt noch eine andere sehr belastende Weise, wie man Leiden erzeugt. Sie besteht darin, dass man Gedanken und Emotionen in das Unbewusste verschiebt. In der Sprache der Psychologie ist das ein Abwehrmechanismus des Egos, den man Verdrängung nennt und der bedeutet, dass man etwas „unbewusst macht". Gedanken wie auch Gefühle können schädlich werden, wenn man sie in dunkle, unerforschte Kammern des Inneren sperrt. Meistens sind das beunruhigende Emotionen, die man zu verbannen trachtet. Sie können aus dem wachen Bewusstsein verschwinden, aber sie verschwinden nicht aus der unbewussten Haltung dem Leben gegenüber. Daher bleiben sie erreichbar, um als Fundament für ein Gefühl der Minderwertigkeit oder Unzulänglichkeit zu dienen.

Um dieses Leiden zu heilen, muss man einen Weg finden, wie man diese dunklen, schattigen Orte untersuchen und verbannte Gedanken und Gefühle dann allmählich wieder in die Persönlichkeit integrieren kann. In den Gruppen, die mit 12 Schritten arbeiten, sagt man, dass man „nur so krank ist, wie das, was man geheim hält". Das ist ein Plädoyer dafür, die Wahrheit zu sagen und Geheimnisse offenzulegen – wenigstens sich selbst und einem anderen Menschen gegenüber, wenn man kann.

Ein großer Teil der Psychotherapien geht davon aus, dass Verdrängung eine Hauptursache von psychischen Störungen ist. Depression, Angst, Phobie, Sucht und viele andere psychische Probleme können Versuche sein, schmerzhafte und unerwünschte Gedanken und Gefühle zu vermeiden. Depression zum Beispiel wird oft als Ersatz für schmerzhaftere Gefühle wie Wut betrachtet. Man könnte Depression als nach innen gerichtete Wut bezeichnen. So schlimm sich Depression oder andere Formen von Störungen anfühlen können, man zieht sie möglicherweise der Scham, dem Horror oder Terror vor, die sie verdecken können.

Schatten erforschen

Um das Selbst, das sich unwert und unzulänglich fühlt, zu heilen, muss man die Dinge aufsuchen, die man abgelehnt und in den Schatten verschoben hat. Psychotherapie wie auch Meditation helfen, das Unbewusste bewusst zu machen und das Licht von Bewusstheit und Mitgefühl an dunkle und verborgene Stellen von Geist und Herz zu bringen. Man kann lernen, in den eigenen Schatten zu blicken und mit Mitgefühl und Akzeptanz für sich bei Quellen von Scham und dem Gefühl der Unzulänglichkeit zu bleiben. Mit der Zeit kann man lernen, Teile von sich anzunehmen, die man lange abgelehnt hat, weil sie zu schrecklich oder schmerzhaft zu sein schienen, um sie annehmen zu können. Dies ist natürlich eine schwierige Arbeit, aber es ist lebenswichtig für Sie, die Last von Gefühlen wie Scham und Empfindungen von Unzulänglichkeit und Minderwertigkeit abzulegen. Man muss sich nicht einmal mit Hilfe von Meditation oder Therapie auf die Suche nach diesen verdrängten inneren Erfahrungen machen. Wenn man ihnen ein wenig Raum gibt, Beachtung schenkt und mit Offenheit begegnet, kommt das, was man vermieden hat, von selbst an die Oberfläche.

Denken Sie daran, dass Emotionen, auch Gefühle von Scham und Selbstvorwurf, nicht verschwinden, wenn man sie verdrängt. Sie werden einfach in das Unbewusste verlagert – in den Schatten –, wo sie quasi schwären und eitern, schädlich werden und psychische Probleme und sogar körperliche Krankheiten hervorrufen können. Dies kann zu einer zunehmenden Verschlechterung Ihres Befindens führen, wenn Sie sich weiter davon ablenken, die Gefühle zu fühlen, die Sie fühlen müssen.

Die einzige Weise, wie man sich von diesen Störungen von Geist und Körper befreien kann, besteht darin, die Ursache an der Wurzel anzugehen: die Gefühle, die man zu vermeiden versucht hat. Zum Weg der Heilung gehört, dass man diese blockierten und abgelehnten Emotionen fühlt, sie anerkennt und lernt, bei ihnen zu bleiben und sie da sein zu lassen. Mit der Zeit werden Sie lernen, Ihrem Herzen zu folgen und mit den Dingen zurechtzukommen, wie sie sind – auch mit schwierigen inneren Erfahrungen wie Gedanken und Emotionen.

Gedanken und Emotionen wahrnehmen

Wir Menschen neigen dazu, uns mit so vielen Dingen zu identifizieren: mit unserem Namen, dem Beruf, unserem Besitz, mit dem, was wir getan haben, wo wir gewesen sind, was mit uns passiert ist – die Liste ist endlos. Es ist wichtig, nicht zu vergessen, dass alle diese Perspektiven das Selbst als ein Ding in Beziehung zu vielen anderen Dingen sehen, aber die wichtigste Perspektive von allen vernachlässigen: dass man nur in diesem Moment existiert.

Wir haben betrachtet, wie es möglich ist, dass ein Selbst entsteht, das sich unzulänglich fühlt, damit man dieses Selbst und seine Ursprünge verstehen kann. Es ist nützlich, wenn man ein gewisses Verständnis davon hat, warum man so ist, wie man ist, aber es ist noch nützlicher, wenn man sieht, was man jetzt, in jedem einzelnen Moment tut. Dies ist die mentale Fähigkeit, die ermöglicht, den mentalen Webstuhl zu beobachten, auf dem man sein Leben in diesem Moment webt. Dieses Bewusstsein ist das Licht, das die Geschichten erhellen und entkräften kann, die man sich immer wieder erzählt, was dazu führt, dass man sich wertlos fühlt. Dies ist ganz entscheidend, wenn man die Identifikation mit diesem narrativen Selbst lösen und den Frieden und das Glück realisieren will, die immer in einem da gewesen sind. Manchmal kann man nur erkennen, wer man wirklich ist, wenn man wahrnehmen kann, wer man nicht ist.

ACHTSAMKEITSÜBUNG

Wahrnehmen und Benennen

Diese altehrwürdige Übung kann Ihnen helfen, Geschicklichkeit zu entwickeln, zu erkennen, was in Körper und Geist passiert, wenn Sie meditieren. Das Entscheidende ist, dass man die Benennung dessen, was man wahrnimmt, sehr knapp hält, damit man sich nicht in einen Denkprozess gerät und mentale oder körperliche Aktivität analysiert. Sobald Sie feststellen, was Sie erleben oder wahrnehmen, erkennen Sie es an und kommen Sie zur Achtsamkeit auf die Atmung zurück.

Dies ist eine Technik, die man jederzeit anwenden kann, besonders wenn man wahrnimmt, dass man innerlich sehr aktiv und unruhig ist. Manchmal wird man Gedanken und Gefühle wahrnehmen, die damit zu tun haben, was man mag oder nicht mag oder will oder nicht will. Benennen Sie sie dann einfach mit dem Wort „Bewerten". Bei anderen Gelegenheiten haben Sie vielleicht ein Gefühl, an etwas zu hängen oder etwas festzuhalten. Dann können Sie es mit dem Wort „Klammern" benennen. Andere Gedanken und Emotionen können zu Abneigung oder Widerwillen führen, was Sie mit „Abscheu" oder „Abneigung" benennen könnten. Lassen Sie solche inneren Erfahrungen kommen und gehen, wie sie wollen, und lassen Sie all das da sein. In dem Moment, wenn Sie eine Bewertung, eine Begierde oder Abneigung beobachten und zulassen, dass sie kommt und geht, werden Sie nicht von ihr kontrolliert und sie kann nicht die Wirkung haben, dass Sie sich minderwertig fühlen. So verschafft Ihnen dieses Benennen von Wahrnehmungen ein wenig Abstand zu ungesunden inneren Zuständen, und das wird Ihnen helfen, sich von ihnen zu befreien.

Es geht bei dieser Übung nicht darum, aktiv bestimmte mentale Zustände anzustreben, sondern still zu sitzen und zu beobachten, was entsteht und passiert. Wenn nichts auftaucht, bleiben Sie einfach bei der Atmung als einem Anker im gegenwärtigen Moment. Nehmen Sie sich für diese Übung etwa 30 Minuten Zeit. Suchen Sie sich einen Platz, wo Sie sich sicher und gelassen fühlen und nicht gestört werden. Stellen Sie Ihr Telefon und andere elektronische Geräte ab. Es kann nützlich sein, wenn Sie Ihre Familie oder Freunde wissen lassen, dass Sie meditieren, oder tun Sie das mit einer Notiz „Bitte nicht stören!" an der Tür kund.

> Sitzen Sie bequem und bleiben Sie sich achtsam bei der Atmung, bis Sie sich ganz präsent fühlen. Lassen Sie Ihren Atem normal und natürlich kommen und gehen.
> Bleiben Sie mit der Atmung in Kontakt, erweitern Sie Ihr Bewusstsein dahin, dass Sie Ihren körperlichen Zustand beobachten. Nehmen Sie

Sinnesempfindungen wahr, wenn sie auftauchen und verschwinden, und benennen Sie sie mit einem einfachen Satz, wie „Rücken tut weh" oder „Kiefer angespannt". Wenn eine Empfindung sehr unangenehm ist, verändern Sie Ihre Körperhaltung, wenn das hilft. Sonst nehmen Sie einfach körperliche Empfindungen wahr. Lassen Sie sie da sein und bleiben Sie auf die Atmung konzentriert. Bleiben Sie etwa fünf Minuten bewusst bei körperlichen Zuständen.

Bleiben Sie weiter mit der Atmung in Kontakt, richten Sie Ihre Aufmerksamkeit auf Gedanken. Nehmen Sie sie einfach wahr und lassen Sie sie da sein. Sie können Sie einfach mit „Denken" benennen. Wenn Sie möchten, können Sie auch etwas genauer sein, zum Beispiel mit „Planen" oder „Grübeln". Formulieren Sie aber ganz einfach. Je komplizierter und analytischer Sie werden, um so eher kann es passieren, dass Sie sich in Denken verwickeln. Bleiben Sie etwa fünf Minuten bewusst bei dem, was Sie denken.

Schließen Sie die Übung damit ab, dass Sie zur Atmung zurückkehren und 10 Minuten achtsam bei der Atmung bleiben.

Nehmen Sie sich etwas Zeit und beschreiben Sie in Ihrem Tagebuch, was Sie bei dieser Meditation erfahren und wahrgenommen haben. Listen Sie die Wörter auf, die Sie zum Benennen bei dieser Übung verwendet haben. Schreiben Sie darüber, wie diese Methode, mentale und emotionale Zustände mit „einem Schritt Abstand" zu beobachten, Ihre Reaktion auf bestimmte Gedanken und Emotionen beeinflusst hat. Kamen Ihnen, während Sie die Übung gemacht haben, Gedanken, die Sie normalerweise innerlich aufwühlen? War Ihre typische Reaktion auf diese Gedanken dadurch verändert, dass Sie sie benannt haben?

Wenn Sie in diesem Benennen geschickter werden, wird es auch müheloser. Mit der Zeit kann Ihnen diese Übung helfen, allmählich zu erkennen, dass diese Sinneswahrnehmungen, Gedanken und Emotionen vergänglich sind. Sie kommen und sie gehen und sie sind nicht Sie. Wie bei anderen Techniken wird man mit Übung geschickter im Benennen. Arbeiten Sie daher weiter damit, und zwar sowohl formell wie informell. Es kann ein wirkungsvolles Hilfsmittel sein, destruktive mentale Gewohnheiten zu entschärfen.

Dieser Abschnitt der Reise

In diesem Kapitel haben Sie eine andere wichtige Achtsamkeitsübung kennengelernt. Aktives Beobachten und Benennen Ihrer Erfahrung oder Wahrnehmung – einschließlich mentaler und emotionaler Zustände – kann die befreiende Einsicht vermitteln, dass Sie nicht mit Ihren Gedanken oder Emotionen identisch sind. Sie können diese flüchtigen Erfahrungen von Moment zu Moment als Zeuge mit der weit expansiveren Orientierung auf Achtsamkeit beobachten. Wir ermutigen Sie, dieses Benennen in den nächsten Wochen häufig zu üben. Wenn Sie das eine Zeit lang formal geübt haben, wird es zu einer natürlichen, selbstverständlichen Weise, Ihre Welt zu betrachten und mit ihr in Beziehung zu sein – und Sie gewöhnen sich so daran, sich und Wertungen über sich nicht so ernst zu nehmen.

3 Achtsamkeitspraxis

*Was kann dir jemand Größeres geben als jetzt,
was hier anfängt, genau in diesem Zimmer,
wenn du dich umdrehst?*
WILLIAM STAFFORD

In Kapitel 1 haben wir besprochen, wie sich aus westlicher Sicht ein Gefühl der Unzulänglichkeit entwickelt. Wir haben auch die buddhistische Perspektive kennengelernt, die alle Vorstellungen von einem getrennten Selbst als irreführend ansieht. In Kapitel 2 wurde betrachtet, was eigentlich Gedanken und Emotionen sind, und wie sie ein Gefühl nähren können, mangelhaft zu sein. In diesem Kapitel wollen wir Achtsamkeit näher betrachten, und wie Sie sie auf Ihre Situation anwenden können. Achtsamkeit sehen wir bei der Arbeit mit Gefühlen der Minderwertigkeit und ihrer Transformation als fundamental an. Sie bringt das Licht der Bewusstheit in die dunklen und nicht wahrgenommenen Winkel in Ihrer Psyche, um zu helfen, selbstbeschränkende Geschichten darüber aufzulösen, wer Sie sind, so dass Sie anfangen können, mehr Selbstmitgefühl und Freiheit zu erleben.

Was ist Achtsamkeit?

Achtsamkeit ist eine uralte Übung, zu der im Wesentlichen gehört, dass man ein objektiver und nicht bewertender Beobachter von allem ist, was im gegenwärtigen Moment auftaucht. Der buddhistische Mönch und Gelehrte Bhikkhu Anālayo, der die Übersetzung eines wichtigen Textes und einen Kommentar über die vier Grundlagen der Achtsamkeit verfasste, sagt: „Der Sinn von *Sati* (Achtsamkeit) besteht allein darin, Dinge bewusst zu machen, nicht sie auszulöschen" (Anālayo, 2010). Weil Achtsamkeitsmeditation darauf gerichtet ist, die Wurzeln von Leiden zu verstehen und mehr Freiheit zu erleben, betrachtet man sie als eine Form der Einsichtsmeditation (vipassanā). (Das sind buddhistische Übungen, mit denen man Einsicht in die Natur der Realität gewinnen kann.) Der Sinn ist ausdrücklich weder Entspannung noch Visualisierung.

Das Wesen der Praxis von Achtsamkeit ist die tiefe Erforschung der Vorgänge im Inneren, um die Ursachen von Leiden zu erkennen und mit mehr Frieden und Glück zu leben. Wenn man besser versteht, was die Gefühle der Unzulänglichkeit, Scham und Minderwertigkeit nährt, geht es einem besser. Kurz gesagt, Achtsamkeitspraxis kann einem helfen, Freiheit von allem zu erleben, was einen mit Klammern, Abneigung und Unbewusstheit in Abhängigkeit hält. Sie spielt bei der mentalen Entwicklung eine äußerst wichtige Rolle, indem sie die Fähigkeit verleiht, einen Schritt zurückzutreten und den Geist klar und ohne Entstellungen oder falsche Vorstellungen zu sehen. Es ist so, als wäre man ein objektiver und nicht reagierender Zuschauer bei einem

Schauspiel und kein Schauspieler, der die Handlung unvermeidlich ausleben muss. Wenn man sich selbst so beobachtet, kann man anfangen, alte gewohnte Reaktionen bei sich zu erkennen, und lernen auf äußere Ereignisse mit mehr Geschicklichkeit und mit mehr Leichtigkeit zu reagieren.

Diese Qualitäten der Achtsamkeit unterstreichen ihren Wert, Gefühle des Mangels oder der Minderwertigkeit zu erleichtern. Das buddhistische Dhammapada sagt (Vers 1): „Vom Geist geführt die Dinge sind, Vom Geist beherrscht, vom Geist gezeugt" (Ñānatiloka). Daher betont die buddhistische Psychologie die große Bedeutung der Absicht oder des Wollens, da diese als der Same aller Unternehmungen oder Vorhaben gelten. Sie formen all Ihre Gedanken, Worte und Handlungen. Wenn Ihre Absichten freundlich sind, sind die Folgen positiv. Aus dieser Perspektive ist jeder mittels der eigenen Absichten der Architekt des eigenen Himmels und der eigenen Hölle. Dies ist eine gute Sache, denn es bedeutet, dass Sie ein großes Potential für positive Veränderung besitzen. Achtsamkeit kann eine bedeutende Rolle für Ihr psychisches und physisches Wohlbefinden spielen, weil sie Ihnen hilft, „unter die Motorhaube" der unbewussten Muster zu schauen, die Ihr Verhalten antreiben. Das ist ein notwendiger erster Schritt, wenn man Veränderung will.

Achtsamkeit als Lebensform

Achtsamkeit ist eine Weise, wie man lernen kann, mit dem eigenen Leben unmittelbar in Beziehung zu sein, statt mit vorgefertigten Vorstellungen, die man vom Leben hat. Niemand kann einem diese Arbeit abnehmen. Ein alter Spruch in Kreisen derer, die Achtsamkeitsmeditation praktizieren, drückt es so aus: „Du kannst nicht durch meine Nasenlöcher atmen, und ich kann nicht durch deine atmen."

Sie fragen sich vielleicht, ob Sie in der Lage sind, diese Arbeit zu machen. Seien Sie versichert: Sie können das. Achtsamkeit ist nicht etwas, was Sie erst „bekommen" oder auch nur lernen müssen, denn sie ist schon in Ihnen da. Es geht nur darum, Zugang zu ihr zu bekommen, indem Sie präsent werden. Dies ist eine einfache, aber tiefe Wahrheit: In dem Moment, in dem Sie merken, dass Sie nicht präsent sind, sind Sie schon wieder präsent. Sie können also immer wieder achtsam werden. So nah ist Achtsamkeit, immer.

In einem weiteren Sinn ist Achtsamkeit eine Lebensform, die man auf zwei verschiedene Weisen leben kann: durch formale Praxis und durch informelle Praxis. Formale Praxis bedeutet, dass man sich jeden Tag Zeit nimmt, um während eines bestimmten Zeitraums bewusst zu sitzen, zu liegen oder auch zu stehen und bestimmte Formen von Meditation zu praktizieren. In diesem Buch werden wir verschiedene formale Übungen vorstellen, darunter Achtsames Atmen, die Reise durch den Körper, die Achtsamkeitsmeditation und die Meditation Liebender Güte. Wir möchten Sie dazu ermutigen, täglich 45 Minuten eine dieser formalen Übungen zu machen, aber wenn Sie nicht so viel Zeit erübrigen können, reichen auch 30 oder 15 Minuten. Selbst eine einzige Minute Achtsamkeit kann nützlich sein! Tun Sie, was Sie können, und betrachten Sie es, gleich, wie lange Sie üben, als ein unglaubliches Geschenk, das Sie sich selbst machen – und als etwas, was Ihnen niemand sonst geben kann.

Informelle Achtsamkeitsübungen bestehen darin, dass man achtsame Bewusstheit in den Alltag mit seinen Tätigkeiten bringt – dass man bei alltäglichen Aufgaben und Erfahrungen achtsam ist. Wir haben alle schon den Rat gehört, dass man das Leben Tag für Tag leben sollte. Achtsamkeit bedeutet, dass man das Leben *Moment für Moment* lebt. Und warum sollte man schließlich nicht ganz für den Moment da sein, da man in Wirklichkeit ja nur im gegenwärtigen Moment lebt? Man kann achtsam sein, wenn man die Zähne putzt, abwäscht, beim Gehen, Arbeiten, Reden, Essen, Bügeln, und wenn man mit der Familie zusammen ist – bei allem, was man tut.

Jetzt fangen Sie vielleicht an, sich Sorgen zu machen, wie schwer es Ihnen fallen wird, in Ihrem Alltag achtsam zu sein. Solche Schwierigkeiten sind unvermeidlich und kein weiterer Grund, sich unzulänglich oder mangelhaft zu finden. Sie sollten wissen, dass das jedem passiert, auch jemandem, der sehr viel Erfahrung mit Achtsamkeitsmeditation hat. Entscheidend ist, mit Freundlichkeit zu üben, und wenn Sie merken, dass Sie nicht präsent gewesen sind, anzuerkennen, dass es nichts gibt, was Sie an dem ändern können, was schon passiert ist. Fangen Sie stattdessen einfach in diesem Moment von vorne an und seien Sie präsent und für alle Möglichkeiten offen.

Edward Espe Brown, Zen-Priester und Autor, sagt es in seinem Gedicht „Kein Vergleichen" (2009):

Jetzt nehme ich mir Zeit,
um Kartoffeln zu schälen, Salat zu waschen
und Rüben zu kochen, den Boden zu schrubben,
Waschbecken sauber zu machen und Müll rauszubringen.
Versunken im Alltag,
habe ich Zeit, mich zu lösen, zu entspannen,
den ganzen Körper, Geist,
Atem, Denken und wilden Impuls einzuladen,
mitzumachen, sich ganz der Aufgabe hinzugeben.
Keine Zeit damit verschwendet, zu meinen,
irgendwo anders sei es besser.
Keine Zeit damit verschwendet, mir vorzustellen,
woanders bekäme ich mehr.
Unmöglich zu sagen, dass dieser Moment
nicht reicht.
Gib mir den Pfannenheber:
Jetzt geht es darum, zu schmecken, was ist.

Es gibt eine allzumenschliche Neigung, sich in Gedanken über die Vergangenheit oder die Zukunft zu verlieren. Und auch wenn diese Gedanken positiv sind, verpassen wir das Leben selbst, wenn wir damit beschäftigt sind, über die Vergangenheit oder die Zukunft nachzudenken. Vielleicht haben Sie bemerkt, dass Sie in Ihrem Leben von Moment zu Moment nicht besonders da sind. Vielleicht spielen Sie innerlich durch, was Sie vorhaben, in der Hoffnung, dass es Ihnen hilft, besser abzuschneiden und sich weniger wertlos zu fühlen. Oder Sie gehen innerlich durch, was Sie gemacht haben, und denken darüber nach, wie Sie es besser hätten machen können. In jedem Fall verpassen Sie, was in diesem Moment passiert.

Wenn man achtsamer wird und sich erlaubt, ganz in der Gegenwart zu sein, erweitert man allmählich seine Lebenserfahrung und lernt, mit Neugier und Mitgefühl bei sich zu sein. Man erkennt alle Aspekte von sich und seiner Erfahrung an und akzeptiert sie – das Gute, das Schlechte und das Hässliche an körperlichen Empfindungen, Gedanken und Emotionen. Man erweitert allmählich auch diesen so entscheidenden Raum zwischen dem Stimulus und der Reaktion und macht damit möglich, bewusst zu entscheiden, wie man reagieren möchte, statt einfach nur zu reagieren, wie man gewohnt ist.

Mit Achtsamkeit hat man mehr Möglichkeiten, wie man handeln kann, wenn man das Gefühl hat, dass eine Reaktion ausgelöst wird. Sie ermöglicht einem, auf Gefühle, unzulänglich und mangelhaft zu sein, bewusst zu antworten, statt nur auf sie zu reagieren. Wenn man auf Stress reagiert, fällt man in alte, unbewusste automatische Reaktionsweisen zurück. Wenn man dagegen bewusst antwortet, nimmt man achtsam wahr, dass man Stress empfindet, und sieht, dass es die Möglichkeit gibt, etwas Konstruktiveres zu tun. Dies erlaubt einem, der Falle gewohnter Muster zu entkommen, die Gefühle der Scham oder der Minderwertigkeit weiter am Leben erhalten.

Achtsamkeit leben

Praxis von Achtsamkeit besteht darin, bewusst hier und jetzt da zu sein, ohne etwas zu wollen und ohne zu werten. Wenn man für diesen Moment hier ist, wird deutlich, wie kostbar er ist, wenn auch nur aus dem Grund, dass jeder Moment, der vergeht, nie wiederkommt. Dieser Moment, und dieser Moment, und dieser Moment – in diesem Moment leben Sie ... oder Sie leben nicht. Gewöhnlich verwendet man den Ausdruck „eine tolle Zeit haben" (‚having the time of my life') nur dann, wenn es einem richtig gut geht, aber in Wahrheit ist eigentlich jeder einzelne Moment eine tolle Zeit (‚the time of my life'). Man kann die Zeit positiv oder negativ bewerten, angenehm oder unangenehm finden, aber die Tatsache bleibt, dass *dieser* Moment alles ist, was man hat.

ACHTSAMKEITSÜBUNG

Raum kultivieren

Machen Sie sich klar, dass Sie sich selbst ein Geschenk der Liebe machen, wenn Sie Achtsamkeit kultivieren. Machen Sie sich, um Ihre Praxis zu unterstützen und die Zeit und die Absichten zu würdigen, die Sie investieren, noch ein weiteres Geschenk: einen Raum, der ganz für Ihre Praxis da ist. Suchen Sie sich bei sich zu Hause eine Stelle, an der Sie einen stillen, einfachen Platz gestalten können, der frei von den Ablenkungen ist, die Sie von sich wegbringen könnten – frei von den Geräuschen, den Apparaten, den vielen Dingen, die so oft an einen zu appellieren scheinen, dass man sich mit ihnen beschäftigt. Wenn Sie diesen physischen Raum für sich schaffen, denken Sie darüber nach, wie Sitzen in Meditation eine Form ist, einen Raum in Ihrem Inneren, in Ihrem Denken, frei zu machen und in ihm zu sitzen. Dies ist es, was Ihnen ermöglicht, alles zu beobachten, was in jedem Moment in diesen Raum eintritt oder in ihm auftaucht. Wenn Sie einmal für sich einen physischen Raum in diesem Sinn frei gemacht haben, kann Ihnen die folgende Übung helfen, einen Raum in Ihrem Inneren frei zu machen. Nehmen Sie sich für diese Übung etwa 20 Minuten Zeit.

Beginnen Sie damit, bewusst bei Ihrer Atmung zu sein. Dabei nutzen Sie als Ihre Form, präsent zu sein, die Empfindungen im Bauch oder an den Nasenlöchern, wie der Atem kommt und geht. Bleiben Sie 10 Minuten lang achtsam bei Ihrem Atem und lassen Sie ihn dabei natürlich fließen. Nehmen Sie nun wahr, wie auch die Gedanken, wie die Empfindungen der Atmung kommen und gehen, und dass Sie vielleicht in sie hineingezogen werden und vielleicht auch nicht. Achtsame Bewusstheit ist der innere Raum, in dem man erkennen kann, wie Sinnesempfindungen, Gedanken und Emotionen kommen und gehen. Er ist der Himmel, und die mentalen und körperlichen Ereignisse, die Sie wahrnehmen, sind wie Wolken, die erscheinen, sich entwickeln und wieder verschwinden. Sie brauchen mit diesen vorübergehenden Ereignissen nichts zu machen. Beobachten Sie nur, wie sie kommen und gehen. Wenn Sie von irgendwelchen dieser vorübergehenden Ereignisse angezogen werden und Sie sich in sie verwickeln lassen, nehmen Sie auch das wahr. Dann lassen Sie sie einfach da sein und richten Sie Ihre Aufmerksamkeit wieder auf den weit offenen Himmel der Bewusstheit. Und sind präsent …
Bleiben Sie in diesem Raum der Bewusstheit 10 Minuten lang, wenn Sie möchten, länger. Wenn Sie so weit sind, bedanken Sie sich bei sich für dieses Geschenk der Achtsamkeitsübung und dafür, dass Sie diesen ruhigen, offenen Raum geschaffen haben, wo Sie einfach sein und beobachten können.

Halten Sie nun in Ihrem Tagebuch fest, was Sie hier entdeckt haben. Wie war es für Sie, der offene Himmel der Bewusstheit zu sein und die Wettersysteme von Körper und Geist kommen und gehen zu lassen? Haben Sie wahrgenommen, wie sich sogar Gefühle der Scham oder Unzulänglichkeit dauernd verändern und wie vergänglich sie sind?
Es ist nützlich, wenn man einen stillen, unverstellten Raum hat, um darin zu üben. Man kann mit dieser Art weit offener Bewusstheit aber überall sitzen und dem Kommen und Gehen von Empfindungen, Gedanken und Emotionen zuschauen. In diesem inneren Raum kann man sehen, dass alle diese Phänomene vergänglich sind, auch die Geschichten, die Probleme und alles, wovor man Angst hat, woran man sich klammert, wonach man sich sehnt und was

man bereut oder bedauert. Nehmen Sie wahr, wie die ganze Parade einfach in diesem Raum vorüberziehen kann und Sie ihr zuschauen können, ohne sich daran zu beteiligen. So transzendieren Sie die Identität, die von Minderwertigkeit bestimmt ist und deren Urheber Sie während Ihrer langen Geschichte mit sich selbst gewesen sind. Dies ist die Stelle, wo Sie etwas Neues wahrnehmen und etwas Neues werden können.

Joes Geschichte

Joe, ein Klempner mittleren Alters, verlor bei der Arbeit häufig die Kontrolle über sich und hatte als Folge davon viele Kunden verloren. Wenn frühere Kunden nicht wiederkamen, wurde er sehr bedrückt und machte sich Vorwürfe: „Wenn ich nur mehr Geduld hätte! Wenn ich nur meinen Mund halten könnte! Ich bin so unglaublich dumm!" An dieser Stelle war er innerlich schon sehr oft gewesen. Im Laufe der Jahre hatte er eine tief eingegrabene Gewohnheit von Selbstverurteilung, Vorwürfen und Schmerz entwickelt. Nach Jahren auf immer demselben Weg und ohne ein anderes Ergebnis als noch tiefere Selbstablehnung sah Joe, dass sich etwas ändern musste. Ein Freund empfahl ihm ein Programm zur Stressbewältigung durch Achtsamkeit (MBSR), und trotz eines gewissen Widerstandes beschloss Joe, einen Versuch zu wagen. Es dauerte nicht lange, und Joe war total von dem Ansatz überzeugt, denn Achtsamkeit half ihm lernen, diese vertrauten Wutausbrüche und Impulse, um sich zu schlagen und zu reagieren, rechtzeitig zu erkennen.

Als Joe übte, bei diesen Gefühlen zu bleiben und sie anzuerkennen, begann er wahrzunehmen, dass er tatsächlich eine Wahl hatte und geschickter auf Frustrationen reagieren konnte. Er nahm auch wahr, wie er seinen Körper hielt, wenn er wütend war, und er sah, dass er eine Menge Spannung in seiner Muskulatur hatte. Er sah, dass er auch hier eine Wahl hatte – dass er viel von dieser Spannung loslassen konnte und dass es ihm körperlich besser ging, wenn er das tat.

Als seine Erfahrung mit dieser Praxis zunahm, begann Joe zu verstehen, was seine Ungeduld und Frustration nährte. Als er bei dem Gefühl der Wut blieb und sie erforschte, erinnerte er sich an alte Gefühle, in den Augen seines Vaters niemals etwas Gutes oder etwas, was wert hat, tun zu können. Dadurch hatte er das Gefühl bekommen, dass er hoffnungslos unzulänglich war. Als das Gefühl der Last, nicht gut genug zu sein, schwächer zu werden begann, machte Joe die Entdeckung, dass er mehr Geduld hatte. Dadurch bekam er den Raum, auch in Situationen unter Stress achtsam zu reagieren, und das half ihm, Frustrationen und Rückschläge zu ertragen. Er wusste, dass er immer noch einen weiten Weg vor sich hatte, aber er hatte auch das Gefühl, auf dem richtigen Weg zu sein.

Innere Haltung als Grundlage von Achtsamkeit

Bisher haben wir Ihnen kurze Meditationsübungen vorgestellt, die auf den Atem und das *Benennen* körperlicher Empfindungen, Gedanken und Emotionen fokussieren. Als Nächstes werden wir die Reise durch den Körper, eine längere formale Übung, beschreiben. Wenn Sie Ihre Praxis mit der Reise durch den Körper vertiefen, ist es wichtig, bestimmte Qualitäten zu entwickeln, die für die Achtsamkeitsmeditation wichtig sind. Die acht inneren Haltungen, die unten beschrieben werden, sind wichtige Grundlagen von Achtsamkeit. Sie können vermitteln, wie man alles, was bei den Übungen in der Praxis und im täglichen Leben auftaucht, halten, untersuchen und dann durcharbeiten kann. Wenn man diese Qualitäten kultiviert, vertieft man damit seine Achtsamkeit. Sie sind für alle lebenswichtig, aber sie wirken sich auch günstig aus, wenn man sich von den Gefühlen, fehlerhaft oder unwert zu sein, befreien will, wie wir unten besprechen werden.

Anfängergeist. Dies ist eine innere Einstellung, mit der man Erfahrung von Moment zu Moment anders sieht. Im Hinblick auf das Gefühl, mangelhaft zu sein, öffnet sie die Tür dahin, sich selbst anders zu sehen, statt in einem narrativen Selbst gefangen zu bleiben. Dies macht einen frei dafür, aus alten, konditionierten Formen der Beziehung mit sich und mit anderen herauszutreten.

Nichtbewerten. Diese innere Haltung führt zu einem Gefühl der Unparteilichkeit und Offenheit für jede Erfahrung, auch die Erfahrung von sich selbst. Wenn man Nichtbewerten praktiziert, kann man anfangen, sich von dem Gefühl zu befreien, weniger (oder mehr) als andere zu sein. Nichtbewerten hilft einem sehen, dass wir alle versuchen, unser Leben zu leben, so gut wir können, und dass jeder von uns verwundet worden ist und jeder auch selbst andere verwundet hat, meistens aufgrund von Unbewusstheit und Angst.

Nichtstreben. Diese Qualität erlaubt einem, da zu sein, wo man ist. Viele Menschen verbringen soviel Leben damit, entweder bestimmte Erfahrungen zu suchen oder sie zu vermeiden – in jedem Fall entfernt man sich damit von dem, was genau hier ist. Nichtstreben kann einem helfen, sich von dem Schmerz zu befreien, irgendwie anders sein zu wollen, und sich zu erlauben, mit offenem und neugierigem Herzen zu sein, wer man ist.

Anerkennen. Anerkennen bedeutet, die unmittelbare Erfahrung für gültig zu erklären. Das Tor zur Heilung des Selbst, das sich unwert fühlt, besteht in der Fähigkeit, Dinge zu beobachten und anzuerkennen, wie sie sind.

Seinlassen. Seinlassen ist ein innerer Zustand der Ausgeglichenheit, der Dingen zu sein erlaubt, wie sie sind. Es ist ein Vorläufer und Voraussetzung dafür, Dinge loszulassen, die dem Wohlbefinden nicht dienen. Wenn man anfängt, alles anzuerkennen, was man fühlt, wird man die Erfahrung machen, dass dieser Weg – der Weg da hindurch – darin besteht, auf den Wellen dessen zu reiten, was ist.

Selbständigkeit. Selbständigkeit bedeutet, der eigenen unmittelbaren Erfahrung im Moment zu vertrauen. Wenn man selbständiger wird, wächst das Selbstvertrauen. Das hilft einem, sich von eingeschränkten und einschränkenden Definitionen seiner selbst zu befreien.

Selbstmitgefühl. Dies ist das wunderbarste Elixier für ein Herz, das sich gegen sich selbst verhärtet hat. Mitgefühl mit sich selbst bedeutet, dass man sich mit Freundlichkeit und Zärtlichkeit für sich selbst öffnet, statt sich Vorwürfe zu machen und mit Kritik zu entwerten.

Gleichmut. Diese Qualität der Bewusstheit ist die Fähigkeit, in emotionalem Gleichgewicht und mit Weisheit bei Dingen zu sein, wie sie sind. Dazu gehören Verstehen und Annehmen der Unvermeidbarkeit von Veränderung und Durchschauen des Missverständnisses, das eine starre Vorstellung vom Selbst darstellt. Dies kann einen von der Identifikation mit Scham, Unzulänglichkeit und Minderwertigkeit befreien.

Eines der Dinge, die Sie vielleicht bei diesen inneren Qualitäten erkennen, ist, dass sie eigentlich die mentale Fähigkeit der Bewusstheit charakterisieren, die alle Menschen besitzen, aber meist vernachlässigen. Wenn man diese Qualitäten des Geistes kultiviert, nährt man seine Praxis und bereichert sein Leben.

Arbeiten mit Schwierigkeiten

Es ist völlig normal, dass man gewissen Schwierigkeiten begegnet, wenn man Achtsamkeitsmeditation praktiziert. Ihr Geist wird umherschweifen, das geht jedem so. Da Sie schon angefangen haben, mit den früher in diesem Buch beschriebenen Ansätzen Achtsamkeit zu üben, ist Ihnen das zweifellos schon passiert. Es kann Ihnen innerlich so gehen, wie das Wetter oft ist – es ändert sich ständig. Sie haben wahrscheinlich bemerkt, dass Sie dazu neigen, sich in Erinnerungen oder in Gedanken über die Zukunft zu verlieren, auch im Alltag. Es kann zum Beispiel sein, dass Sie beim Frühstück den Tag planen oder sich an etwas Vergangenes erinnern, sei es, dass Sie staunen, wie wunderbar das letzte Wochenende war oder wie schmerzhaft die Auseinandersetzung gewesen ist, die Sie am Abend zuvor mit Ihrem Partner hatten. Es sieht so aus, als würden wir den größten Teil unserer wachen Stunden mit Gedanken über die Vergangenheit oder die Zukunft verbringen und selten im Hier und Jetzt leben. Wenn Sie während der Achtsamkeitsmeditation die Vorgänge in Ihrem Bewusstsein genau beobachten, werden Sie sehen, wie oft Sie nicht präsent sind.

Ihre Aufgabe ist nicht, sich deshalb Vorwürfe zu machen, sondern einfach wahrzunehmen, dass Sie abschweifen, und dann zur Meditation zurückzukommen. Wenn Sie es schwierig finden, der Versuchung zu widerstehen, sich zu kritisieren, dann bedenken Sie dies: Wenn Sie nicht achtsam wären, würden Sie nicht einmal wissen, dass Sie innerlich abwesend sind. Wichtig ist, dass Sie zum gegenwärtigen Moment zurückgekommen sind.

Arbeit mit dem inneren Abschweifen bringt drei gute Dinge mit sich: Einmal stärken Sie jedes Mal, wenn Sie mit Ihrer Aufmerksamkeit zurückkommen, den Muskel der Konzentration. Es ist tatsächlich wie Gewichtheben. Der Geist schweift ab, und Sie bringen ihn immer wieder zurück. Durch die Wiederholung bauen Sie Muskelmasse auf – und Konzentrationsfähigkeit. Das Zweite ist, dass Sie Zweifel, Begehren oder Wut entdecken können, in denen Sie sich verfangen haben, wenn Sie in den gegenwärtigen Moment zurückkommen und wahrnehmen, wohin Sie weggedriftet sind. So bekommt man Einsicht in Hindernisse und Schwierigkeiten, auch in den Mechanismus, wie das bewertende Denken Gefühle von Mangelhaftigkeit und Unzulänglichkeit erzeugt. Sie können sich auch Ihrer Sorge, Traurigkeit oder Verwirrung bewusst werden, die Ihnen vielleicht signalisieren, dass Sie auf bestimmte Dinge in Ihrem Leben mehr achten oder da etwas tun sollten. Das Dritte ist, dass Sie ein Verständnis von der Beziehung von Körper und Geist bekommen und davon, wie die Gedanken, die Sie denken, und die Emotionen, die Sie fühlen, sich im Körper niederschlagen. Sie fangen an zu verstehen, wie z. B. ein angespannter Kiefer oder Magenbeschwerden körperlicher Ausdruck bestimmter Gedanken und Emotionen sein können.

Andere Probleme zeigen sich in Form der „Fünf Hindernisse": Begehren, Wut, Ruhelosigkeit, Schläfrigkeit und Zweifel. Diese Probleme sind in der Achtsamkeitspraxis so verbreitet, vorhersehbar und vorherrschend, dass viele Bücher über Achtsamkeitsmeditation sich damit befassen, wie man mit ihnen arbeiten kann.

- Sinnliches Begehren, oder der hungrige Geist, ist ein Aspekt des Geistes, der z. B. mit dem Wunsch beschäftigt ist, sich gut zu fühlen. Er verbringt viel Zeit mit Phantasien, Tagträumen und Plänen. Wenn man sich wertlos fühlt, kann man von dem Verlangen verzehrt werden, besser oder anders zu sein. Es ist wie ein Durst oder ein Hunger, der selten nachlässt.

- Wut spiegelt ein Gefühl oder eine Haltung, dass man nicht gut findet, wie die Dinge sind. Man kann Wut auf sich selbst empfinden, weil man so unzulänglich sei. Der wütende Geist ist von Abneigung, Groll oder Hass erfüllt.

- Ruhelosigkeit ist wie ein auf- und abschreitender Tiger. Wenn Ihr Geist von Scham erfüllt ist, wird er unstet und unruhig und brodelt vor ungezügelter Energie, die schwer auszuhalten ist. Sie kann einem das Gefühl geben, dass man am liebsten aus seiner Haut kriechen möchte, so als müsste man etwas tun oder woandershin gehen.

- Bei Schläfrigkeit und Mattheit ist die Konzentration stumpf, und man fühlt sich antriebslos oder müde oder spürt wenig Energie. Ein Gefühl der Minderwertigkeit oder Scham oder Unzulänglichkeit kann sich so überwältigend anfühlen, dass man einfach zusammenbrechen, verschwinden, nicht hier sein oder einschlafen möchte.

- Bei Zweifel kann es sein, dass man sich fragt, ob Meditation einen Sinn hat oder einem überhaupt irgendwie helfen kann. Man wird dann vielleicht von Selbstzweifel erfüllt und glaubt nicht, dass es möglich ist, zu heilen und damit Frieden zu finden, wie und wer man ist. Dadurch wird es umso leichter, den anderen vier Hindernissen zu erliegen.

Alle Fünf Hindernisse sind eine Herausforderung und Aufgabe und können Ihre Praxis behindern. Das ist der Grund, weshalb es so wichtig ist, sie wahrzunehmen, wenn sie auftauchen, und sie benennen und anerkennen zu können. Bei der Übung mit dem Wahrnehmen und Feststellen haben Sie die Erfahrung gemacht, dass Benennen an und für sich schon Distanz herstellen hilft. Das kann Ihnen helfen, den Zugriff der Fünf Hindernisse zu lockern. In dem Moment, in dem Sie merken, dass Sie in der Falle sitzen, sind Sie achtsam geworden und können anfangen, die Falle zu verlassen.

Manchmal ist die Metapher eines klaren Teiches hilfreich, um zu verstehen, wie man mit den Hindernissen arbeiten kann, da jedes Hindernis die Fähigkeit trübt, die schönen Kieselsteine am Grund des Teiches klar und deutlich zu sehen. Wenn man in einem Zustand sinnlichen Begehrens ist, erscheint der Teich nicht klar. Er ist von dem Rot der Leidenschaft gefärbt. Die Leidenschaften verfärben alles. Versuchen Sie, still zu bleiben und achtsam zu atmen, um Körper und Geist zu beruhigen. Wenn Sie Wut empfinden, friert das Wasser zu und wird zu hartem Eis, und auch das trübt Ihre Sicht. Vielleicht ist dies ein Signal dafür, sich für die Wärme des Mitgefühls zu öffnen. Bei Ruhelosigkeit ist das Wasser aufgewühlt und es gibt kurze Wellen. Fangen Sie an, diese Energie auf eine konstruktive Weise einzusetzen und zu nutzen, statt zuzulassen, dass sie Ihnen in den Hintern beißt. Wenn Sie matt und müde sind, ist das Wasser von Algen getrübt oder mit Tang bedeckt. Vielleicht ist es am besten, wenn Sie aufwachen und erkennen, dass Sie nicht ewig hier sind. Wenn Zweifel da sind, erscheint der Teich trübe oder schlammig. Dies kann ein Anstoß sein, darüber nachzudenken, warum Sie diese Übungen machen und was Sie bisher über sich erfahren und gelernt haben. Vielleicht spornt Sie das an, durchzuhalten.

Wenn Ihnen bewusst wird, dass eines dieser Hindernisse da ist, dann nehmen Sie wahr, wie sich Körper und Geist anfühlen. Spüren Sie die Beschaffenheit dieser Zustände und nehmen Sie wahr, was passiert, wenn Sie sich von ihnen zur Trance verführen lassen. Geht es Ihnen besser mit sich selbst oder schlechter?

ACHTSAMKEITSÜBUNG

Reise durch den Körper

Die Reise durch den Körper ist eine sehr wirksame formale Achtsamkeitsübung, die Ihnen helfen kann, wieder Kontakt zu Ihrem Körper und zu Ihrem Geist zu bekommen. Wir beide haben zahlreiche Kurse über Achtsamkeit geleitet, und wir haben, wer weiß wie oft, Menschen sagen hören, dass sie ihren Körper praktisch nicht wahrnehmen, fast als würde ihr Körper gar nicht existieren. Wenn Sie die Reise durch den Körper machen, werden Sie mit mehr als nur Ihrem Körper in Kontakt kommen. Sie bekommen unmittelbar Kontakt mit Ihrem Leben. Ihr Körper ist sozusagen das Fahrzeug, in dem Sie leben, während Sie durch dieses Leben reisen, und Ihre ganze Lebensgeschichte steckt in ihm: alle Ihre Gedanken, Emotionen, Träume und Erinnerungen und Ihre Erfahrungen. Wenn Sie mit Gefühlen der Minderwertigkeit oder Unzulänglichkeit arbeiten, kann die Reise durch den Körper eine gewaltige Ressource sein. Sie kann Ihnen erkennen helfen, was Sie körperlich empfinden und wie diese Sinneswahrnehmungen mit Ihrer Geschichte und den Geschichten in Verbindung stehen, mit denen und aus denen Sie eine Identität der Minderwertigkeit konstruieren.

Die Reise durch den Körper ist eine Übung, bei der man methodisch vorgeht. Sie beginnt mit der bewussten Wahrnehmung Ihres linken Fußes, und Sie gehen dann systematisch, Schritt für Schritt, den ganzen Körper durch bis zu Ihrem Kopf. Während Sie auf einen Körperteil nach dem anderen fokussieren, nehmen Sie wahr, wie sich der jeweilige Körperteil anfühlt. Wie fühlt er sich an? Was für Empfindungen der Sinne gibt es? Sind sie angenehm, unangenehm oder neutral? Sie sind wie ein Wissenschaftler, der seine unmittelbare Erfahrung von Moment zu Moment wahrnimmt und beobachtet: Jucken, Schmerzen, Kribbeln, Wärme, Kühle – was auch immer. Außer den körperlichen Empfindungen ist Ihr Ziel auch, achtsam bei allen Gedanken oder Emotionen zu sein, die durch die Übung hervorgerufen werden, und sie anzuerkennen.

Machen Sie diese Übung in einer entspannenden Umgebung, in der es keine Ablenkungen gibt. Wir empfehlen, die Übung im Liegen zu machen, aber wenn Sie merken, dass Sie müde sind oder dabei lieber sitzen oder stehen, können Sie das auch so versuchen. Bringen Sie Ihre volle, ungeteilte Aufmerksamkeit zu dieser Übung, unabhängig von der Körperhaltung. Lesen Sie die ganze Anleitung der Übung durch, bevor Sie mit ihr beginnen. Nehmen Sie sich für diese Übung wenn möglich mindestens 30 Minuten Zeit. Versuchen Sie, während Sie sich auf die jeweiligen Körperteile konzentrieren, eine oder zwei Minuten an jeder Stelle zu bleiben. Aber wenn Sie wenig Zeit haben, kann das natürlich auch kürzer sein. Anfangs kann es nützlich sein, die Anleitung aufzunehmen und die Aufnahme anzuhören und dabei die Übung zu machen. Wenn Sie das tun, dann denken Sie daran, jeweils eine Pause einzuschalten, bevor Sie zum nächsten Körperteil weitergehen. Bei www.yourheartwideopen.com können Sie auch eine CD mit der Anleitung zur Reise durch den Körper bekommen (auf Englisch).

Sie werden aber bald so vertraut mit der Übung sein, dass Sie die Anleitung nicht mehr zu hören brauchen. Unsere Anleitung haben wir dem Buch *Stressbewältigung durch Achtsamkeit* von Bob Stahl und Elisha Goldstein (Arbor, 2010) entnommen.

Nehmen Sie sich ein paar Momente Zeit, um sich im Raum der Achtsamkeit willkommen zu heißen, in dem Sie die Reise durch den Körper machen. Beginnen Sie damit, dass Sie achtsam in sich spüren, was Sie mit den Sinnen wahrnehmen und was Sie denken und fühlen. Lassen Sie einfach da sein, was immer Sie finden. Vielleicht war es ein anstrengender Tag, und jetzt werden Sie zum ersten Mal langsamer. Lassen Sie sich einfach fühlen, wie es Ihnen geht und was Sie in diese Meditation mitbringen, und lassen Sie es da sein. Es ist nicht nötig, etwas zu bewerten, zu analysieren oder etwas herauszufinden. Nehmen Sie einfach wahr, wie es Ihnen geht. Bleiben Sie etwa zwei Minuten bei diesem achtsamen Spüren in den Körper.
Verschieben Sie den Fokus jetzt auf die Atmung. Bringen Sie Ihre Aufmerksamkeit entweder zur Nase, zum Brustkorb oder zum Unterbauch – dahin, wo Sie den Atem am deutlichsten spüren können. Achten Sie nur auf das Ein- und Ausatmen. Sie atmen ein und sind sich bewusst, dass Sie einatmen … Sie atmen aus und sind sich bewusst, dass Sie ausatmen … Manchmal nehmen Sie vielleicht wahr, dass Sie innerlich von der Atmung abschweifen und weggehen. Wenn Sie das merken, erkennen Sie, wohin Sie innerlich gegangen sind, und kommen Sie dann zu Ihrer Atmung zurück und atmen Sie bewusst ein und aus. Bleiben Sie etwa zwei Minuten dabei.
Gehen Sie mit dem Fokus jetzt von der Atmung zur Reise durch den Körper über. Beginnen Sie damit, dass Sie Ihre Aufmerksamkeit auf Ihren ganzen Körper richten: wie er sich anfühlt und was Sie alles empfinden. Während dieser ganzen Übung kann es sein, dass Sie auf Stellen stoßen, die eng oder angespannt sind. Wenn das passiert, lassen Sie diese Empfindungen da sein und geben Sie ihnen Raum, damit sie dahin gehen können, wohin sie gehen müssen. Wenn Gedanken oder Emotionen auftauchen, lassen Sie auch sie da sein. Erlauben Sie sich, einfach alles wahrzunehmen, was in Körper und Geist da ist, und lassen Sie es da sein.

Bringen Sie Ihre Aufmerksamkeit jetzt zur Unterseite des linken Fußes, dahin, wo Sie den Kontakt mit dem Boden spüren. Das kann die Ferse oder die Sohle des Fußes sein.

Dehnen Sie Ihre Aufmerksamkeit aus und richten Sie sie auf den ganzen linken Fuß, wobei Sie in die Ferse, in den Ballen und die Sohle des Fußes spüren. Spüren Sie in die Zehen und die Oberseite des Fußes.

Gehen Sie jetzt mit Ihrer Aufmerksamkeit zurück zur Achillessehne und hinauf in das linke Fußgelenk.

Richten Sie die Aufmerksamkeit jetzt in den linken Unterschenkel, spüren Sie in die Waden und das Schienbein und in die Verbindung des Unterschenkels mit dem Knie.

Lassen Sie Ihre Aufmerksamkeit jetzt hinauf in den linken Oberschenkel wandern und spüren Sie den Oberschenkel und seine Verbindung mit der Hüfte.

Richten Sie jetzt langsam die Aufmerksamkeit von der linken Hüfte hinunter zum linken Fuß und gehen Sie zum rechten Fuß und richten Sie Ihre Aufmerksamkeit auf die Stellen, an denen Sie seinen Kontakt mit dem Boden spüren. Das kann die Ferse oder die Fußsohle sein.

Erweitern Sie Ihre Aufmerksamkeit, um in den ganzen rechten Fuß zu spüren, und spüren Sie die Ferse, den Ballen und die Fußsohle. Spüren Sie in die Zehen und die Oberseite des Fußes.

Verschieben Sie jetzt Ihre Aufmerksamkeit zurück in die Achillessehne und hinauf zum rechten Fußgelenk.

Richten Sie Ihre Aufmerksamkeit zum rechten Unterschenkel, spüren Sie in die Wade und das Schienbein und in die Verbindung des Unterschenkels mit dem Knie.

Lassen Sie Ihre Aufmerksamkeit jetzt in die rechte Hüfte hinauf wandern, wobei Sie in den Oberschenkel und seine Verbindung mit der rechten Hüfte spüren.

Gehen Sie mit Ihrer Aufmerksamkeit jetzt in den Beckenbereich, den Sitz der Organe, die mit Ausscheidung, Sexualität und Fortpflanzung zu tun haben, und spüren Sie in das Geschlecht, die Pobacken und den analen Bereich. Achten Sie auf alle Empfindungen, Gedanken oder Emotionen und lassen Sie sie einfach sein.

Verschieben Sie Ihre Aufmerksamkeit jetzt zum Bauch und zum Unterbauch, dem Sitz der Systeme der Verdauung. Spüren Sie bewusst in den Bauch und Unterbauch und lassen Sie sie da sein.

Bringen Sie Ihre Aufmerksamkeit jetzt hinunter in das Steißbein und zur Basis der Wirbelsäule und fangen Sie an, in den unteren Rücken zu spüren. Nehmen Sie alle Empfindungen wahr und lassen Sie sie da sein.

Verschieben Sie Ihre Aufmerksamkeit jetzt zum mittleren Rücken und nehmen Sie alle Empfindungen wahr und lassen Sie sie da sein.

Richten Sie Ihre Aufmerksamkeit jetzt auf den oberen Rücken und nehmen Sie alle Empfindungen wahr und lassen Sie sie da sein. Lassen Sie alle Empfindungen gehen, wohin sie gehen müssen, wohin auch immer, wie Wellen, die sich ausbreiten. Wenn Sie irgendwo eine Enge, einen Schmerz oder ein Unbehagen empfinden und diese Empfindungen weich werden lassen können, lassen Sie das zu. Wenn Sie das nicht können, lassen Sie sie einfach da sein.

Verschieben Sie Ihre Aufmerksamkeit jetzt sanft zum Brustkorb. Spüren Sie in die Haut der Brust, in die Brüste und in den Brustkorb und tiefer in Lungen und Herz, den Sitz der Atmung und des Blutkreislaufs. Sie sind ganz bei allen körperlichen Empfindungen, Gedanken, Emotionen und lassen sie da sein …

Ziehen Sie jetzt sanft Ihre Aufmerksamkeit von der Brust zurück und richten Sie sie auf die Fingerspitzen der linken Hand. Spüren Sie in die Finger und in die Handfläche und dann den Handrücken und hinauf in das linke Handgelenk.

Verschieben Sie jetzt Ihre Aufmerksamkeit zum linken Unterarm und seiner Verbindung mit dem Ellbogen.

Verschieben Sie Ihre Aufmerksamkeit jetzt zum linken Oberarm und zu seiner Verbindung mit der Schulter und der Achselhöhle. Spüren Sie die Empfindungen in Ihrem Oberarm und in der Schulter.

Lenken Sie jetzt Ihre Aufmerksamkeit von der linken Schulter hinunter zu den linken Fingerspitzen und gehen Sie dann zu den Fingerspitzen der rechten Hand. Spüren Sie in die Finger und in die Handfläche und dann den Handrücken und hinauf in das rechte Handgelenk.

Verschieben Sie nun Ihre Aufmerksamkeit zum rechten Unterarm und seiner Verbindung mit dem Ellbogen.

Verschieben Sie jetzt Ihre Aufmerksamkeit zum rechten Oberarm und zu seiner Verbindung mit der rechten Schulter und zur Achselhöhle. Nehmen Sie die Empfindungen in Ihrem Oberarm und in der Schulter wahr.

Bringen Sie Ihre Aufmerksamkeit jetzt in beide Schultern und nehmen Sie dabei alle Empfindungen wahr und lassen Sie sie einfach sein.

Bringen Sie Ihre Aufmerksamkeit jetzt in den Nacken und in den Hals, wobei Sie bei allen Empfindungen, Gedanken oder Emotionen präsent sind und sie einfach da sein lassen.

Lassen Sie Ihr Bewusstsein in Ihren Kiefer, in die Zähne und in die Zunge, in den Mund und die Lippen hinauf gehen und nehmen Sie alle Empfindungen wahr und lassen Sie sie gehen, wo immer sie hingehen müssen. Dehnen Sie Ihre Aufmerksamkeit auf die Wangen, die Stirn und die Schläfen aus, spüren Sie in die Augen, in die Muskeln um die Augen und die Nebenhöhlen, die tief in den Kopf hineingehen. Seien Sie präsent ...

Spüren Sie jetzt in die oberste Stelle des Kopfes, die Schädelkrone und in den Hinterkopf, in die Ohren und in das Innere Ihres Kopfes, in das Gehirn. Spüren Sie in Ihr Gesicht und den Kopf, den Sitz Ihres Gehirns und der Sinne: in die Augen, die sehen, die Nase, die riecht, die Ohren, die hören, die Zunge, die schmeckt, den Körper, der spürt und fühlt.

Fangen Sie jetzt an, das Feld Ihrer Aufmerksamkeit auf den ganzen Körper auszudehnen. Spüren Sie, wie der Kopf mit dem Hals, mit den Schultern, den Armen und Händen, der Brust, dem Rücken, den Hüften und dem Beckenbereich, den Beinen und den Füßen verbunden ist. Spüren Sie Ihren Körper vom Kopf bis zu den Zehen und den Fingerspitzen als einen ganzen Organismus. Seien Sie präsent ... Beim Einatmen spüren Sie, wie sich der ganze Körper hebt und ausdehnt. Beim Ausatmen spüren Sie, wie sich der ganze Körper senkt und zusammenzieht. Seien Sie präsent ...

Wenn Sie an das Ende der Reise durch den Körper kommen, beglückwünschen Sie sich dafür, dass Sie sich die Zeit genommen haben, präsent zu sein.

Nehmen Sie sich etwas Zeit und beschreiben Sie in Ihrem Tagebuch, wie die Reise durch den Körper für Sie war. Was ist für Sie in Ihrem Körper, in Gedanken und Emotionen aufgetaucht? Was haben Sie entdeckt? Haben Sie zum Beispiel irgendwo in Ihrem Körper Spannungen oder Enge wahrgenommen? Haben die Empfindungen, die Sie wahrgenommen haben, Erinnerungen hervorgerufen? Gab es welche, die Gefühle der Minderwertigkeit oder Unzulänglichkeit oder im Gegenteil Glück oder Verbundenheit ausgelöst haben?

Die Reise durch den Körper ist eine sehr konkrete, unkomplizierte Übung, mit der man anfangen kann zu lernen, sich wahrzunehmen und nicht zu bewerten. Wenn man die Reise durch den Körper macht, kann man erkennen, wie Gefühle der Unzulänglichkeit, Scham oder Minderwertigkeit mit dem Körper und mit inneren Zuständen verbunden sind. Vielleicht beobachten Sie selbst, wie Sie sich kritisch bewerten oder ablehnen, wenn Sie Ihr Körperbild wahrnehmen. Vielleicht entdecken Sie, wie Sie körperliche Spannung, die auf frühere emotionale Wunden zurückgeht, aufgestaut haben. All das kann Ihnen helfen, sich darauf vorzubereiten, Achtsamkeit in ähnlicher Weise auf Phänomene anzuwenden, die formloser sind, wie Gedanken und Emotionen.

Dieser Abschnitt der Reise

In diesem Kapitel haben wir zwei neue Achtsamkeitsübungen vorgestellt: Kultivieren von Raum und die Reise durch den Körper.

Kultivieren von Raum kann einem helfen, die Grundlagen von Achtsamkeit zu entwickeln, besonders die innere Haltung, nicht zu bewerten, nicht nach etwas zu streben, sondern nur wahrzunehmen, und das, was man wahrnimmt, einfach anzuerkennen und da sein zu lassen. Diese Übung kann auch dabei helfen, einen gewissen Raum zu schaffen, so dass man seine Erfahrung beobachten kann, ohne in sie verwickelt zu werden. Dies kann als eine wichtige Orientierung auch bei allen anderen Achtsamkeitsübungen dienen. Wir empfehlen Ihnen, diese Übung häufig zu machen, bis Sie mit formaler Achtsamkeitsmeditation beginnen, die Sie im nächsten Kapitel kennenlernen werden.

Weil die Reise durch den Körper sowohl eine strukturierte als auch längere Übung ist, kann sie helfen, den achtsamen Fokus zu stärken. Und weil der Körper und die Emotionen so eng miteinander verflochten sind, öffnet diese Übung auch Zugang zu und Einsicht in emotionale Zustände. Mit der Zeit können Sie lernen, die körperlichen Anzeichen von schwierigen Gedanken und Emotionen zu erkennen, und sie als Signale nutzen, um achtsam wahrzunehmen, was gerade in Ihnen vor sich geht. Wir empfehlen Ihnen, diese Reise durch den Körper anfangs häufig zu machen und in den kommenden Jahren dann wöchentlich. Das ist eine gute Möglichkeit, wie Sie mit Körper, Geist und Emotionen in Kontakt bleiben können.

4 Hinter den Vorhang des Selbst schauen

*Das Selbst ist das einzige Gefängnis,
das die Seele je binden kann.*
HENRY VAN DYKE

Achtsamkeitsmeditation ist eine erforschende Praxis. Man betritt einen Raum der Bewusstheit, in dem man Gedanken und Emotionen beobachten und untersuchen kann, aus denen man ein Selbstgefühl herstellt. Und wenn man sitzt und erlebt und sieht, wie Gedanken kommen und gehen, wird man sich unweigerlich fragen: „Wer denkt diese Gedanken? Wenn ich es bin, der sie beobachtet, woher kommen sie dann?" Man fragt sich vielleicht auch, warum so viele von ihnen sich wiederholen oder einfach verrückt sind. Doch auch wenn man beobachtet, wie oft man in Geschichten hineingezogen wird, deren Inhalt darin besteht, dass man beschämt wird und sich Vorwürfe macht, wird man auch sehen, dass Identifikation mit diesen Geschichten nicht unvermeidlich oder zwingend notwendig ist – sie liegt ganz bei einem selbst. Mit Übung können Sie also lernen, bei Ihren Gedanken zu sein und Ihre Emotionen zu fühlen, ohne sie zu Geschichten über sich zu machen, mit denen Sie sich definieren.

In diesem Kapitel werden wir Ihnen die Kunst der Achtsamkeit vorstellen, mit deren Hilfe man die Geschichten anschauen kann, die eine Identität der Mangelhaftigkeit herstellen. Sie sehen, dass Sie viel mehr als eine Geschichte sind, gleich, wie alt sie schon ist. Wenn Sie mit leidenschaftsloser Aufmerksamkeit beobachten, wie Ihre Psyche funktioniert, ist es ein bisschen so, als schauten Sie hinter den Vorhang, hinter dem der Zauberer von Oz seine Illusionen erschuf. Wenn Sie einmal sehen, wie Ihr eigener Geschichtenerzähler wie ein scheinbar mächtiger Zauberer verzweifelt auf Knöpfe drückt und Schalter umlegt, um eine Illusion aufrechtzuerhalten, ist es schwer, weiter im Bann der Geschichte zu bleiben. Wie Sie jetzt sehen, ist der Standpunkt, von dem aus man diese mentalen Prozesse beobachten und erkennen kann, von diesen Prozessen selbst unterschieden, das heißt, nicht mit ihnen identifiziert. Er enthält den Schlüssel zu einer viel größeren Erfahrung davon, wer man ist. Dieser Schlüssel kann das Herz für Freiheit, Weisheit und Mitgefühl öffnen.

Ihr Herz öffnen

Achtsamkeit ist sowohl eine Übung wie auch ein innerer Zustand, ein Weg und das Ziel eines Weges – oder vielleicht genauer: Sie ist ein Weg, der sein eigenes Ziel ist. Diese Praxis besteht darin, Aufmerksamkeit ohne zu bewerten und auf eine offene und liebevolle Weise, die nicht von Begierden oder Abneigung beeinflusst ist, bewusst auf die Momente Ihres Lebens zu richten. Diese Form von Bewusstheit, die Raum gibt und annimmt, was da ist, ist eine mentale Fähigkeit, zu der wir alle Zugang haben, auch wenn wir sie vielleicht nicht oft anwenden. Normalerweise geraten wir eher zufällig in diesen weit offenen inneren Zustand und sind ein paar Minuten lang von Staunen über das normale und doch außergewöhnliche Wunder des Lebens erfüllt, das sich um uns herum entfaltet. Plötzlich sind da Lebendigkeit und Klarheit in dem, was wir beobachten. Die Zeit scheint sich zu verlangsamen, die Dringlichkeit, irgendwo oder jemand anders zu sein, verschwindet, und das Herz ist weit offen. Wenn Sie Achtsamkeit praktizieren, wird es mehr solche Momente in Ihrem Leben geben.

Kristas Geschichte

Krista, eine berufstätige Mutter zweier Kinder, hatte seit etwa sechs Wochen Achtsamkeit geübt. An einem Morgen wie viele andere war sie damit beschäftigt, Frühstück und Schulbrote für die Kinder zu machen, dafür zu sorgen, dass sie sich anzogen, und mit ihrem Mann Pläne für den Abend zu besprechen – abgesehen davon, dass sie sich selbst für ihre Arbeit fertig machen musste. Sie rief ihren fünfjährigen Sohn zum Frühstück, aber der reagierte nicht. Schließlich schaute sie aus dem Fenster und sah, wie er im Regen stand, sein Haar zu einer Irokesenfrisur umgestaltete und mit seiner Zunge Regentropfen zu fangen versuchte. Einen Moment lang wurde sie von Frustration über die Verspätung und seine Vergesslichkeit überwältigt und fing an zu schreien, er solle sofort ins Haus kommen. Aber in diesem Moment sah sie die reine Freude im Gesicht ihres Sohnes und empfand als Resonanz eine Freude über das Glück, dessen Zeugin sie war. Ihr Drang, alles zu erledigen, was erledigt werden musste, verschwand, und die Zeit schien stillzustehen.

Sie nahm ihre zweijährige Tochter auf den Arm und schaute noch eine Minute nur ihrem Sohn zu. Sie genoss eine Art von Glück, das sie lange Zeit nicht empfunden hatte. Die Schönheit und das Glück der Erfahrung färbten den Rest ihres Tages. Und an diesem Abend kritisierte sie sich zum ersten Mal seit langer Zeit nicht dafür, dass sie eine unzulängliche Mutter war – auch wenn sie ihren Sohn zu spät und mit nassen Kleidern zur Schule gebracht hatte.

Die Bewusstheit, die das Selbst sieht, ist frei vom Selbst

Als wir vor vielen Jahren bei einem langen Meditationsretreat waren, informierte uns der Meditationslehrer darüber, dass er an keiner unserer Geschichten interessiert sei. Wir waren betroffen und irritiert – bis er weiterredete und die tiefe Zartheit, Verletztheit und den Schmerz anerkannte, die unsere Geschichten enthielten. Er sagte, er wolle uns helfen, Möglichkeiten zu erforschen, die jenseits dieser selbstbeschränkenden Definitionen von uns lägen. Als wir eine Weile bei diesen Ideen blieben, wurde uns klar, wie leicht es ist, sich mit alten Geschichten zu identifizieren, denen wir immer wieder erliegen. Immer wieder finden wir uns im selben Schwarm mentaler und emotionaler Hornissen, die uns schon so oft gestochen haben. Wie oft müssen wir gestochen werden, bevor wir sehen, dass die Geschichte nicht das ist, wer und was wir sind? Hier können Achtsamkeit und Mitgefühl mit sich selbst so nützlich sein. Sie ermöglichen einem, die Verletzlichkeit und den Schmerz in der Geschichte zu sehen und anzuerkennen, ohne der Täuschung zu verfallen, dass die Geschichte definiert, wer man ist. Es ist vielleicht die eigene Geschichte, aber sie ist nicht, wer man ist.

Ein umfassendes Gefühl von Wertlosigkeit enthält Elemente von Selbstvorwurf, Befangenheit und Groll. Diese gewohnten inneren Haltungen und Gefühle hängen zusammen und sind Ausdruck einer Weise, die Dinge zu sehen. Sie stellen Ihr Selbstgefühl immer wieder her, in jedem Moment. Und jedes Mal, wenn Sie diese Aktivität erkennen, mit der Sie sich quasi erschaffen, kann Ihnen das helfen, sich ein bisschen mehr aus dem engen Raum zu befreien, den Sie selbst geschaffen haben.

ÜBUNG

Fünf Schritte

Wie man mit Geschichten über das Selbst wirksam arbeiten kann, kann man in fünf Schritten zusammenfassen: Zulassen, Beobachten als Zeuge, Anerkennen, Loslassen und Nachgeben.

Zulassen, dass alle Gedanken und Gefühle kommen und gehen, wie sie wollen. Dies kann einem helfen, die Reaktionen auf alles, was im Raum achtsamer Bewusstheit auftaucht, weicher werden zu lassen. Zulassen ist eine freundliche und neugierige Haltung, die einem ermöglicht, tief in seine Geschichten zu schauen und aus ihnen zu lernen, statt in ihren Bann zu geraten oder zu versuchen, sie zu blockieren. Beides hat zur Folge, dass man noch mehr ihrem Einfluss ausgesetzt ist. Wenn man seine Erfahrung so zulässt, kann man lernen, alle Gedanken als Hilfsmittel für Einsicht anzunehmen, statt beispielsweise als Beweis für inhärente Minderwertigkeit oder Unzulänglichkeit. Zulassen ermöglicht einem zu erkennen, dass ein Gedanke nur ein Gedanke ist, ob einem das gefällt oder nicht.

Die Geschichten über das Leben (die Narrative) anschauen, mit denen man sein Gefühl dafür herstellt, wer man ist. Manchmal ist man selbst derjenige, der gehandelt hat: „Ich habe ... das und das getan", „Ich hätte ... sollen", „Ich hätte nicht ... sollen", „Ich wollte, ich hätte ...". Manchmal ist etwas mit einem gemacht worden: „Jemand hat dies oder jenes mit mir gemacht", „Alle haben mich ignoriert", „Die Leute haben immer ...", „Niemand hat jemals ...". In beiden Fällen geht es immer so weiter, solange man es geschehen lässt. Aus der Perspektive achtsamer Bewusstheit kann man als Zeuge, und ohne sich zu identifizieren, anschauen, wie man innerlich sein narratives Selbst herstellt. Dieses Anschauen ist eine Form von Neugier und Interesse und man bewertet nicht dabei. Man hängt dabei nicht an etwas und vermeidet nichts. Mit diesem Hilfsmittel kann man auch sehr schmerzhafte Ereignisse genauer und mit weit offenem Herzen anschauen. So wie ein Arzt in einer Notaufnahme eine Wunde genau anschaut, ohne davor zurückzuweichen, und Splitter in ihrer Tiefe findet, kann man Dinge entdecken, die man nicht mehr tragen oder die man sich nicht mehr vorwerfen muss.

Anerkennen, was man in den Geschichten erlebt, die man sich über sich selbst erzählt. Man verwendet die Technik des Wahrnehmens aus der Übung in Kapitel 2 und nimmt die Sinnesempfindungen, Gedanken und Emotionen wahr, wie sie kommen und gehen, und benennt sie. Es ist wichtig, einfache Wörter zu verwenden, mit denen man die Erfahrung wahrnimmt, wie „Angst", „abgelehnt", „einsam" und so weiter. Gibt es einen Charakter, den man zu erschaffen oder loszuwerden und auszulöschen versucht? Nehmen Sie alle vertrauten Elemente wahr, die Sie wiederholen und aus denen Sie das narrative Selbst herstellen. Gibt es ein Thema? Ist der Geschichtenerzähler grausam oder freundlich, brillant oder blind? Gibt es vertraute Bewertungen? Gibt es vertraute Sehnsüchte? Es ist wichtig, alles anzuerkennen, was man wahrnimmt.

Selbst-Konzepte loslassen, die man aus diesen alten Geschichten und Konzepten hergestellt hat. Lösen der Identifikationen mit diesen gewohnten und vertrauten Bildern von sich selbst. Ansehen, Scham, Verlust, Gewinn, Lust und Schmerz sind alles vergängliche Erfahrungen, keine Attribute des Selbst. Wenn man Zulassen, Anschauen als Zeuge und Anerkennen benutzt, um den Geschichtenerzähler am Werk zu sehen, kann man schließlich aufhören, sich mit dem Selbst zu identifizieren, das man mit seinen Geschichten geschaffen hat. Man muss nicht alles glauben, was man denkt. Warum in einem Gefängnis des Selbst bleiben, wenn die Tür weit offen ist? Lassen Sie alles los. Lassen Sie alles da sein.

Nachgeben und Auftauchen aus dieser Trance der Minderwertigkeit. Wenn man auf ein Selbstbild von Unzulänglichkeit und Minderwertigkeit fixiert ist, besteht das innere Selbstgespräch zu einem großen Teil aus Kommentaren darüber, wie es einem geht, wie man aussieht oder dasteht. Ein großer Teil dieses inneren Dialogs regt dazu an, sich mit anderen zu vergleichen und sich selbst zu bewerten. Das ist weder notwendig noch besonders geschickt, und es macht nie Spaß. Es geht nicht immer um einen selbst. Außerdem verpasst man, wenn man so in Gedanken über sich selbst befangen ist, was in jedem einzelnen unersetzlichen Moment des Lebens wirklich passiert.

Zulassen, Anschauen, Anerkennen, Loslassen und Nachgeben sind primäre Fertigkeiten der Meditationspraxis. Sie dienen einem auch gut im Strom der sich entfaltenden Momente des Lebens – bei der Arbeit, zu Hause, mit Freunden und bei allem, was man tut. Das ist besonders dann so, wenn man merkt, dass das innere Selbstgespräch bewertend kritisch und unfreundlich geworden ist. Diese fünf Schritte können zu einer Lebensform werden, die einem hilft, immer freier zu werden, wenn man sie lebt.

Sich der verwundeten Stelle zuwenden

Rūmī, Sūfi und Dichter des dreizehnten Jahrhunderts, besaß tiefe Einsicht in die Vorgänge, wie eine unrichtige, schädliche Geschichte über das Selbst hergestellt und aufrechterhalten wird. Sein Gedicht „Freunde aus der Kindheit" handelt von den Themen, die wir besprochen haben:

> Vertraue deine Wunde der Behandlung eines Lehrers an.
> Fliegen sammeln sich auf einer Wunde. Sie bedecken sie,
> diese Fliegen deiner Gefühle, die dich schützen,
> deiner Liebe zu dem, was du für deinen Besitz hältst.
> Lass einen Lehrer die Fliegen verscheuchen
> und ein Pflaster auf die Wunde tun.
> Wende deinen Kopf nicht ab. Schau weiter
> auf die verbundene Wunde. Das ist die Stelle, wo
> das Licht in dich eintritt.
> Und glaube keinen Moment,
> dass du dich selbst heilst.

Die Wunden, die eine Folge schmerzhafter Lebensereignisse sind, können helfen, sich für Einsicht und Heilung zu öffnen, wenn man sie bewusst und mit Mitgefühl wahrnimmt. Wenden Sie Ihren Blick nicht von Ihrem Schmerz ab. Man kann nicht auslöschen, was passiert ist – was man getan oder nicht getan hat oder was andere getan oder nicht getan haben. Wenn man diese Wunden wahrnimmt und akzeptiert, statt den Blick abzuwenden, werden Sie zu einem Ort der Heilung. Wenn man sie zulässt und sein lässt und sie tief kennt, können diese alten Wunden zum eigenen Herzen zurückführen. Wenn man zum Beispiel etwas getan hat, was man bedauert oder bereut, kann der Schmerz beißender Scham einen an die Folgen ungeschickter Handlungen erinnern und in der Entschlossenheit stärken, in ähnlichen Situationen anders zu reagieren. Auch wenn man ohne sein eigenes Zutun verletzt wurde, kann dieser Schmerz einen anleiten, vorsichtig damit zu sein, wie man mit anderen umgeht und sich in Beziehungen verhält, damit man niemanden auf gleiche Weise verletzt. Dies ist eine gute Sache. So wie physischer Schmerz einem helfen kann, achtsam mit seinem Körper umzugehen, kann emotionaler Schmerz einem helfen, mit Achtsamkeit zu handeln. Eine emotionale Wunde wird zu etwas Positivem, wenn die Erinnerungen, die mit ihr verbunden sind, einem helfen, sein Leben mit Bewusstheit und Mitgefühl umsichtiger zu leben.

ACHTSAMKEITSÜBUNG

Achtsame Selbsterforschung

Man kann lernen, bei bestimmten Gedanken Verdacht zu schöpfen, wie zum Beispiel bei den meisten bewertenden und sich wiederholenden Gedanken und bei allen, an denen Selbsthass beteiligt ist oder die von Selbsthass begleitet sind. Es ist ein Ausdruck von Weisheit, wenn man bei dieser Art Denken vermutet, dass etwas nicht stimmt. Es kann Anlass sein, zu untersuchen und aufzudecken, wie man seine Welt färbt und wie man sich selbst durch den

Filter seiner Gedanken unglücklich oder glücklich macht. Diese Art Selbsterforschung kann einem sehen helfen, was wirklich ist und was nicht und welchen Gedanken man glauben kann und welchen nicht. Wenn man nicht automatisch an all seine Gedanken glaubt, verlieren sie ihre Macht, ein falsches Selbstgefühl zu formen.

Achtsame Selbsterforschung ist eine Übung, die einem helfen kann, alles näher anzuschauen und zu untersuchen, auch den Schmerz alter Wunden sowie andere unangenehme Gedanken und Geschichten, die Leiden hervorrufen. Weil das Gefühl der Minderwertigkeit eine Art Trance ist, die klares Sehen verhindert, kann Selbsterforschung nützlich sein, wenn man den Schleier zurückziehen und die unbewussten Reaktionen sehen will, die den Zirkel von Schmerz und Leiden aufrechterhalten. Dazu gehört, dass man tief und ohne zurückzuweichen in sein verwundetes Herz schaut, um objektiver zu sehen – ohne zu bewerten und ohne etwas zu vermeiden. Bei dieser Arbeit braucht man Feingefühl und eine freundliche Form von Neugier.

Nehmen Sie sich für diese Übung mindestens 30 Minuten Zeit. Diese Arbeit ist schwierig und kann sich manchmal sogar bedrohlich oder gefährlich anfühlen. Suchen Sie sich für sie daher einen Ort, der sich sicher anfühlt und an dem Sie bequem und ungestört sitzen können. Wenn Sie möchten, haben Sie dabei Gegenstände in Ihrer Nähe – zum Beispiel in einem Regal oder auf einem Tisch –, die eine beruhigende Wirkung oder eine besondere Bedeutung für Sie haben.

Beginnen Sie damit, dass Sie mindestens 10 Minuten lang achtsam atmen. Lassen Sie Ihren Atem kommen und gehen, wie er will, und nutzen Sie die Empfindungen beim Atmen dafür, ganz präsent zu sein.

Nehmen Sie sich ein paar Minuten Zeit, um über Ihre Lebenserfahrung mit ihren Höhen und Tiefen und den Faden der Scham oder des Gefühls der Minderwertigkeit nachzudenken, der Sie dazu gebracht hat, sich diesem Buch zuzuwenden.

Rufen Sie sich jetzt die Erinnerung ins Gedächtnis, wie Sie sich zum ersten Mal wertlos oder minderwertig gefühlt haben. Spüren Sie in alle körperlichen Empfindungen, die diese Erinnerungen auslösen, und nehmen

Sie bewusst Ihre Gefühle wahr, die dabei entstehen, und beobachten Sie einschränkende Definitionen von sich, die dabei auftauchen. Seien Sie mit neugierigem Interesse und Mitgefühl bei der Erinnerung, auch wenn sie unangenehm ist, so wie Sie an der Grenze einer Streckung beim Yoga anhalten und in die Stelle hineinatmen könnten, die sich unangenehm anfühlt. Versuchen Sie nicht, mit Anstrengung durch die Erinnerung hindurchzugehen oder ihr und allem Unangenehmen zu entkommen, was mit ihr vielleicht verbunden ist. Bleiben Sie einfach bei dem Schmerz und Ihrem wunden Gefühl mit soviel Freundlichkeit und Offenheit wie möglich. Achten Sie darauf, ob diese Erinnerung irgendwelche bewertenden Geschichten über Sie oder Ihre Eigenschaften ins Bewusstsein bringt. Wenn das geschieht, erkennen Sie an und lassen Sie sie da sein. Richten Sie Ihre Aufmerksamkeit dann, um sich in der Gegenwart zu erden, auf alles, was Sie möglicherweise körperlich empfinden. Machen Sie sich bewusst, wenn Sie mit Ihrer Aufmerksamkeit unmittelbar bei diesen Empfindungen sind, dass sie im Vordergrund Ihres Bewusstseins und die Gedanken und Emotionen Ihres narrativen Selbst im Hintergrund sind. Setzen Sie diese Übung etwa 10 Minuten lang fort und wenn Sie anfangen, sich in Gedanken oder Emotionen zu verlieren, die Sie als unwert definieren, kommen Sie immer wieder zu diesen körperlichen Empfindungen zurück. Nehmen Sie wahr, ob sich während dieser ganzen Übung Ihre Gefühle der Minderwertigkeit irgendwie verändern, wenn Sie alte Geschichten untersuchen, während Sie mit den Empfindungen im Hier und Jetzt in Kontakt bleiben. Nehmen Sie sich ein paar Minuten Zeit, um zur Achtsamkeit auf die Atmung zurückzukehren. Dann schließen Sie diese Übung damit ab, dass Sie über den Mut reflektieren, der Ihnen ermöglicht, diese mentalen, emotionalen und physischen Zustände zu erforschen. Beglückwünschen Sie sich dazu, dass Sie bereit sind, diese schwierige Arbeit auf sich zu nehmen.

Nehmen Sie sich ein wenig Zeit und halten Sie in Ihrem Tagebuch fest, was für Sie bei der achtsamen Selbsterforschung körperlich, mental und emotional aufgetaucht ist. Beschreiben Sie körperliche Empfindungen, die die Erinnerungen an das Gefühl, wertlos oder unzulänglich zu sein, und die emotionalen Erfahrungen begleitet haben, die während des Prozesses bei Ihnen aufgetaucht sind.

Seien Sie sich bewusst, dass das Benennen von etwas bedeutet, dass man sich davon trennt und dass das der erste Schritt ist, eine Identifikation damit zu lösen. Wenn man von schwierigen Gedanken und Emotionen zu körperlichen Empfindungen übergeht, verändert man die Orientierung von dem narrativen Selbst zum unmittelbaren Selbst. Wenn Sie weiter mit dieser Übung arbeiten, nehmen Sie wahr, dass der Teil von Ihnen, der sich der Erinnerungen, Gedanken, Emotionen und körperlichen Empfindungen bewusst ist, die mit Unzulänglichkeit zu tun haben, einen Schritt von den Gefühlen der Unzulänglichkeit entfernt ist. Ihr achtsames, narratives Selbst ist dasjenige, das die Selbstvorwürfe und die Selbstbewertung und den Drang wahrnimmt, sich zu verbergen oder zu fliehen.

Achtsame Selbsterforschung ist eine Praxis, die man den Rest des Lebens nutzen kann, um die Geschichten und Bewertungen zu untersuchen, die man sich selbst erzählt und dauernd wiederholt. Sie kann einem helfen, die Ursprünge dieser Geschichten zu entdecken und wie man ihnen verhaftet geblieben ist. Sie kann die Tür zu einer Weise, in der Welt zu sein, öffnen, die nicht durch ein narratives Selbstbild eingeschränkt ist. Mit dieser erweiterten Bewusstheit kann man etwas Neues wahrnehmen – ein Selbst, das nicht in einer Geschichte gefangen oder von ihr bestimmt ist, ein Selbst, das im Hier und Jetzt existiert und reagiert, neben allen und allem, was um einen herum da ist.

Licht in die Dunkelheit bringen

Wenn Sie regelmäßig achtsame Selbsterforschung praktizieren, kommen Sie immer mehr mit dem in Kontakt, was in Ihnen vor sich geht – mit den Myriaden Gedanken und Emotionen, mit den zehntausend Freuden und Sorgen. Achtsamkeit sorgt für einen Raum, in dem man all diese Erfahrungen direkt beobachten kann, ohne zu verdrängen oder sich verwickeln zu lassen. Beides kann ein Gefühl von Minderwertigkeit aufrechterhalten. Sie können lernen, von alten Formen des Sehens zu neuen Möglichkeiten überzugehen.

Wir wollen anerkennen, dass es enorm schwierig sein kann, ein unparteilicher Beobachter zu sein, wenn man sich selbst von Angesicht zu Angesicht in einem Spiegelkabinett begegnet, das die Emotionen, Gedanken und Erinnerungen spiegelt, die den Gefühlen von Scham, Schuld, Unzulänglichkeit und einer Menge anderer unangenehmer Heimsuchungen zugrunde liegen. Das Geschenk der Achtsamkeit besteht darin, dass sie Ihnen einen Raum gibt, diesen Schwarm von Abneigungen, Phantasien, Bewertungen und wahrgenommenen Kränkungen zu beobachten, wie sie kommen und gehen. Allmählich lernen Sie, diese Gefühle anzuerkennen und ihre Ursprünge genauer zu verstehen. Sie sehen deutlicher, auf welche Weise sie selbsteinschränkende Definitionen davon nähren, wer Sie sind und wer Sie sein können. Dadurch wird es möglich, tiefere Zustände von Akzeptanz, Freiheit und Frieden zu erleben.

Wenn Sie sich an diese schwierige Arbeit machen, dann trösten Sie sich mit dem Rat Francois Fénelons, eines katholischen Priesters des siebzehnten Jahrhunderts, der in einem Brief an ein Gemeindemitglied diese Schwierigkeit anspricht (2002):

> Wenn das Licht zunimmt, sehen wir, dass wir schlechter sind, als wir dachten. Wir staunen über unsere frühere Blindheit, wenn wir aus den Tiefen unseres Herzens einen ganzen Schwarm von Gefühlen der Scham hervorströmen sehen, wie schmutzige Reptilien, die aus einer versteckten Höhle kriechen. Wir hätten nie geglaubt, dass wir solche Dinge in uns hatten, und wir sind erschüttert, wenn wir sie allmählich auftauchen sehen. ... Aber während unsere Fehler weniger werden, wird das Licht heller, bei dem wir sie sehen, und wir sind von Horror erfüllt. Trösten Sie sich damit, dass man seine Krankheit erst sieht, wenn die Heilung beginnt.

Henrys Geschichte

Als Henry 10 Jahre alt war, hatte sein Vater eine Affäre mit einer Nachbarin, die die beste Freundin seiner Mutter war. Eines Tages wurden sie ertappt, und das nächste Jahr war eine einzige Katastrophe endloser Kämpfe. Henrys Zuhause zerbrach. Seine Eltern ließen sich scheiden, als er 12 war, und er zog mit seiner Mutter in ein Appartement mit seltsamen Möbeln und lauten Nachbarn.

Henry wusste, dass sein Vater etwas Schlimmes getan hatte, aber er liebte ihn trotzdem weiter. Er konnte seinen Vater nur einmal die Woche besuchen, und diese Besuche fühlten sich meistens seltsam an, weil sein Vater viel trank und schlecht gelaunt war und solche bösen Dinge über seine Mutter sagte. Obwohl sein Vater einen Swimmingpool hatte, schämte Henry sich, seine Freunde mitzubringen, weil sein Vater unberechenbar war und ihn in Verlegenheit brachte, wenn er betrunken über Frauen und die Welt im Allgemeinen schimpfte. Inzwischen hatte seine Mutter neue Freunde und sie wurde Mitglied in einer Kirche. Obwohl sie glücklicher zu sein schien, hatte sie sich verändert. Sie fing an, viel von Gott zu reden, und heiratete schließlich einen Mann, der nett war, aber auch viel von Gott redete. Henry wollte seine alte Mama wiederhaben. Er hatte das Gefühl, dass er sowohl seine Mutter als auch seinen Vater verloren hatte. Es sah so aus, als liebten sie ihn nicht mehr, und er fragte sich, ob das seine Schuld war.

Jahre später, in der Highschool, ließ ein Mädchen, das Henry liebte, ihn fallen, weil er mit einem anderen Mädchen flirtete. Bald danach ging seine Freundin mit jemand anders. Alle wussten, was passiert war, und Henry schämte sich. Für ihn war es so, als hätte er denselben Fehler wie sein Vater gemacht. Das nahm er als Beweis, dass er fehlerhaft und wenig wert war. Nach und nach ging es ihm aufgrund weiterer peinlicher Situationen und Fehlschläge noch schlechter mit sich, und später, als er älter war, nahm er Drogen und schwänzte die Schule. Er sagte sich, dass es keine Rolle spielte, was man von ihm hielt, er sei ohnehin Ausschuss.

Gesunde Scham vs. schädliche Scham

In seinem Bestseller *Wenn Scham krank macht* (2006) unterscheidet John Bradshaw zwischen gesunder und schädlicher Scham. Damit machte er die westliche Welt auf eine Wahrheit aufmerksam, die in der uralten buddhistischen Psychologie schon lange bekannt war: Gesunde Scham zeigt an, dass man etwas falsch gemacht hat, während schädliche Scham impliziert, dass *man selbst* falsch ist. Gesunde Scham bezieht sich auf bestimmte Ereignisse, während schädliche Scham zur Identität wird (Bradshaw, 1988). Gesunde Scham ist etwas Gutes. Sie gehört zum moralischen Kompass und hilft einem, Entscheidungen treffen, mit denen man andere nicht verletzt. Schädliche Scham andererseits ist ein Produkt des narrativen Selbst und gibt vor zu definieren, wer man ist. Sie vergiftet einen, wenn man sich mit den negativen Bewertungen identifiziert, mit denen man sich belegt oder die man von anderen hört.

Scham und Furcht als Wächter der Welt
In der buddhistischen Psychologie ist das, was John Bradshaw gesunde Scham nennt, mit einer moralischen Furcht verbunden und führt damit zu einem Paar von Gefühlen, die als Wächter der Welt gesehen werden. Moralische Furcht ist das Angstgefühl, das entsteht, wenn man dabei ist, etwas zu tun, was in der Vergangenheit zu Scham geführt hat. Wenn man für diese Wächter unempfindlich wird, ist man in Gefahr. Ohne Scham und Furcht als Führer kann es passieren, dass man Dinge tut, die andere und einen selbst verletzen.

Wenn man gesunde Scham verdrängen würde, weil sie sich schlecht anfühlt, wäre das so, als würde man Rauchmelder aus seinem Haus entfernen, weil man ihren durchdringenden Ton nicht aushält. Wenn die Warnungen dieses moralischen Leitsystems ungehört bleiben, kann es passieren, dass man sich schließlich an den Flammen verhängnisvoller Entscheidungen verbrennt.

Abgesehen davon ist auch gesunde Scham manchmal schmerzhaft und kann brennend scharf sein. Doch das hat einen guten Grund. Das Gehirn ist dafür gemacht, bei negativen Ereignissen wie eine Klettverbindung und wie Teflon bei positiven Ereignissen (R. Siegel, 2010) zu wirken. Das ist kein grausamer Zug des Schicksals. Diese Einseitigkeiten des Gedächtnisses machen vor dem Hintergrund der Evolution Sinn: Ein besseres Gedächtnis für negative Ereignisse hilft, sie in Zukunft zu vermeiden. Das Gehirn kann dann lebendige Erinnerungen an negative Ereignisse bewahren, in denen man Scham empfunden hat, damit man Furcht empfindet, wenn man in ähnliche Situationen gerät. Gefühle wie diese helfen einem vermeiden, katastrophale Entscheidungen zu wiederholen.

Niemand ist eine Insel

Die Wurzel des Wortes „Scham" bedeutet „verdecken" oder „verstecken". Weil Scham so schneidend und unangenehm ist, ist es verständlich, dass man sich verbergen möchte. Aber wenn man das tut, legt man damit möglicherweise die Fundamente für ein privates Gefängnis schädlicher Scham. Je mehr man sich mit Scham identifiziert, umso mehr isoliert man sich. Wenn man sich so versteckt, verliert man nicht nur Kontakt damit, wer man wirklich ist, sondern man verliert auch den Kontakt zu anderen. Dies sind dunkle Stellen, wo man sich mit grausamen Bewertungen und Selbstverurteilungen quält.

Indem die buddhistische Psychologie die Scham und die Furcht zu Wächtern der Welt erklärt, betont sie, dass wir alle davon betroffen und wir miteinander unentrinnbar verbunden sind. Dies macht deutlich, dass man auf Gefühle wie gesunde Scham achten muss, um in seinem Leben oder dem Leben anderer kein Leiden hervorzurufen. Wir sind miteinander tief in einem Geflecht von Beziehungen verbunden, in dem wir andere beeinflussen und von anderen beeinflusst werden, auch wenn wir uns selbst von den

Menschen, die uns am nächsten sind, manchmal ziemlich getrennt fühlen. Achtsamkeitsmeditation und Selbsterforschung können einem helfen, allmählich eine tiefe Verbundenheit mit anderen zu entdecken oder vielleicht wiederherzustellen.

Mit schädlicher Scham umgehen

Es ist klar, dass gesunde Scham eine lebenswichtige Rolle spielt. Daher ist es wichtig, zwischen gesunder und schädlicher Scham unterscheiden zu lernen. Wenn Sie bestimmte Gefühle der Scham untersuchen, dann bedenken Sie diese Fragen: Beurteilen Sie ein bestimmtes Verhalten oder beurteilen Sie sich selbst? Haben Sie bestimmte Fehler gemacht oder meinen Sie, dass Sie sich allgemein schämen sollten? Lernen Sie aus Ihren Fehlern oder meinen Sie, dass Sie an sich unmöglich sind?

Das englische Wort „suffer" (leiden) geht auf ein Wort zurück, das „ertragen" oder „tragen" bedeutet, und von den vielen Lasten, die man vielleicht trägt, ist schädliche Scham eine der schwersten. Sie liegt zentnerschwer auf den Schultern und besteht aus vielen Selbstvorwürfen, die aufgrund der Dinge, die man getan oder nicht getan hat, zusammen ein hartes Urteil über das ganze eigene Wesen darstellen. Doch diese Bausteine schädlicher Scham sind willkürlich. Vielleicht schämen Sie sich, weil Sie nicht in der Lage waren, Schulden abzutragen und Ihrer Familie mehr zu geben. Oder Sie empfinden Scham, weil Sie reich sind, während andere unter Armut leiden. Vielleicht empfinden Sie Scham über Dinge, für die Sie absolut nicht verantwortlich sind, wie für Ihre Rasse oder für Ihr Geschlecht. Oder für die Fehler oder Unzulänglichkeiten Ihrer Eltern oder anderer Familienmitglieder – für ihre Süchte, ihre Verbrechen, ihre scheinbare Unfähigkeit, Sie zu lieben oder besser für Sie zu sorgen. Sie machen sich vielleicht sogar Vorwürfe dafür, dass Sie missbraucht oder traumatisiert wurden. Es ist möglich, sich für fast alles zu schämen.

Sie sehen, die Last der Scham besteht nicht unbedingt aus schrecklichen Missetaten. Und letztlich geht es nicht wirklich darum, was man getan oder nicht getan hat. Es geht darum, wie man sich die Dinge in den Geschichten zur Last legt, die man sich über sich selbst erzählt.

Die individuellen Geschichten unserer Gefühle von Minderwertigkeit werden auf zahllose Weisen erzählt, aber das Muster ist immer dasselbe: Etwas sehr Unangenehmes oder Schmerzhaftes ist passiert, das Ereignis wurde streng bewertet, was mächtige Emotionen auslöste, und dieser Zirkel wiederholte sich immer wieder, entweder in Form tatsächlicher Ereignisse oder in der Erinnerung und in der Phantasie. Wenn die Emotion wiederholt ausgelöst wurde, wurde sie zu einer ständig im Hintergrund anwesenden Stimmung. Schließlich entstand aus der Stimmung eine innere Haltung, die sich zu einem falschen Selbst verdichtete, das aus den Geschichten der Minderwertigkeit künstlich hergestellt wurde.

Aber ist dieses Selbstgefühl wirklich das, was Sie sind? Denken Sie daran: Wie Sie sich zu Ihren Geschichten verhalten, kann entscheidend dafür sein, ob sie schädlich oder heilend sind. Man kann in ihnen hängen bleiben und sich mit ihnen identifizieren, oder man kann sie nutzen, um kluge Entscheidungen zu treffen und Handlungen günstig zu beeinflussen, wenn man sich weiterentwickelt.

Die mühsame Befreiung aus schädlicher Scham und aus der Isolation kann sich wie eine überwältigende Aufgabe anfühlen, aber in Wahrheit geht es nur um eine Veränderung Ihrer Perspektive. In seinem Buch *Aktive Meditation* erzählt Chögyam Trungpa, dass der Buddha gesagt hat: „Wenig klug sind die Bauern, die ihren Mist wegwerfen und Mist von anderen Bauern kaufen. Die aber, die klug sind, sammeln ihren eigenen Mist, trotz des schlechten Geruchs und der unreinen Arbeit, und wenn es so weit ist, bringen sie ihn auf ihr Land, und darauf bauen sie ihre Feldfrüchte an" (Trungpa, 2006). Mit anderen Worten, er schlägt vor, dass man den Mist seines Lebens sammelt und ihn auf das Feld des eigenen Erwachens bringt. Das Herausbringen dessen, was in einem ist, kann einem wie ein unmöglich schwieriger Akt der Selbstentblößung vorkommen. Aber eigentlich sorgt man damit für das, was man braucht, damit neues Wachstum möglich wird. Das ist der Grund, weshalb eine Selbstentblößung ohne Ausweichen so ein entscheidender Bestandteil bei Ansätzen wie den 12-Schritte-Programmen und dem „Beichtstuhl" der Psychotherapie ist – ebenso wie bei achtsamer Selbsterforschung. Betrachten Sie sie als eine Form von „Lichttherapie", bei der die Heilung an dunklen Stellen zu wirken beginnt und im vollen Licht von Bewusstheit und Selbstmitgefühl zunimmt.

Es braucht Mut, sein Inneres zu erforschen. Jede persönliche Expedition nach innen ist eine Heldenreise. Fassen Sie sich ein Herz und seien Sie gewiss, dass jede neue Entdeckung, gleich wie schmerzhaft oder schwierig, ein weiterer Schritt in Richtung Freiheit ist. Eine achtsame Form der Arbeit mit schwierigen Emotionen wie Scham besteht darin, dass man sie in die Meditationspraxis einbezieht. Man muss sie nicht zensieren oder wegdrücken. Erkennen Sie unangenehme Gefühle einfach an, wenn Sie üben und meditieren. Es kann zwar Angst machen, aber die Wendung nach innen zu den dunklen Stellen ermöglicht Ihnen, Ihr Herz zu öffnen und zu heilen. Wenn Sie Ihre Zehen in das kalte Wasser Ihrer Ängste tauchen, gewöhnen Sie sich mit der Zeit an die Temperatur. Machen Sie es langsam und halten Sie sich dabei mit Ruhe und Selbstmitgefühl. Mit der Zeit sieht man dann, dass es überall Lehrer gibt, wie Rūmī es so wunderbar in seinem Gedicht „Das Gasthaus" ausgedrückt hat:

Das Gasthaus

Ein Gasthaus ist dieses menschliche Dasein.
Jeden Tag eine Neuankunft.

Eine Freude, ein Kummer, eine Gemeinheit,
ein kurzes Achtsamsein
kommt als unerwarteter Gast.

Heiße alle willkommen und mach's allen schön!
Auch wenn sie ein Haufen Leiden sind,
die dir brutal alle Möbel rausfegen.
Egal. Behandle jeden Gast mit Respekt.
Vielleicht schafft gerade er in dir Platz
für ganz neue Wonnen.

Den dunklen Gedanken, der Scham, der Boshaftigkeit –
öffne allen mit Lachen die Tür
und lade sie ein, deine Gäste zu sein.

Sei dankbar für jeden, der kommt,
denn jeder wurde als Führer von oben geschickt.

ACHTSAMKEITSÜBUNG

Formale Achtsamkeitsmeditation

Die Achtsamkeitsübungen, die Sie bisher kennengelernt haben, sind alle nützlich dabei, die Identifikation mit dem narrativen Selbst zu lösen. Die Reise durch den Körper und Achtsamkeit auf die Atmung helfen einem, den Körper hier und jetzt ganz zu bewohnen. Feststellen und Benennen helfen einem, einen Raum zwischen sich selbst und den eigenen Gedanken und Emotionen herzustellen, und achtsame Selbsterforschung hilft, die dunklen, lange nicht beachteten und besuchten Stellen in sich zu erhellen. Wir werden Ihnen die Achtsamkeitsmeditation vorstellen, eine Praxis, die Ihnen eine vollkommen neue Perspektive vermitteln kann. Sie kann Ihnen sehen helfen, dass alle Zustände von Körper und Geist vergänglich sind und sich ständig verändern. Sie werden entdecken, dass es viel schwerer ist, sich mit etwas zu identifizieren, wenn man einmal versteht, dass es vergänglich ist.

Bei der Achtsamkeitsmeditation richtet man die Aufmerksamkeit auf die Atmung, dann auf körperliche Empfindungen, dann auf Geräusche, dann auf Gedanken oder Emotionen und schließlich gelangt man zu unvoreingenommener Bewusstheit oder Bewusstheit des gegenwärtigen Moments. Dies ist die Form von Achtsamkeitsmeditation, bei der man am meisten im Fluss ist. Man übt einfach, achtsam bei allem zu sein, was im gegenwärtigen Moment auftaucht – was auch immer in den Vordergrund kommt und deutlich erkennbar ist, ganz gleich, ob das Geräusche, Empfindungen im Körper oder Gedanken, Emotionen oder andere innere Zustände sind. Man beobachtet sie wie ein Zeuge als Phänomene, die kommen und gehen und sich ständig verändern. Die Anleitung für diese Übung haben wir dem Buch *Stressbewältigung durch Achtsamkeit* von Bob Stahl und Elisha Goldstein (Arbor Verlag, 2010) entnommen. Lesen Sie bitte die ganze Anleitung, bevor Sie anfangen. Nehmen Sie sich für diese Übung 30 Minuten Zeit. Wenn Sie wenig Zeit haben, können Sie sie aber auch abkürzen. Wie bei der Reise durch den Körper finden Sie es vielleicht nützlich, wenn Sie die Anleitung lesen und aufnehmen und der Aufnahme zuhören, wenn Sie die Übung machen. Sie können sich auch eine CD mit der Anleitung beschaffen (auf Englisch: www.yourheartwideopen.com). Sie werden bald mit der Übung vertraut sein und die Anleitung nicht mehr brauchen. Nehmen Sie eine sitzende Körperhaltung ein, die bequem ist und Ihnen doch erlaubt, wach zu sein. Bringen Sie Ihre volle, ungeteilte Aufmerksamkeit zu dieser Übung.

Beginnen Sie damit, dass Sie achtsam in sich hineinspüren, dass Sie in Ihre körperlichen Empfindungen, Gedanken und Emotionen hineinfühlen. Was immer Sie finden, lassen Sie es einfach da sein. Es ist vielleicht das erste Mal, dass Sie heute langsamer werden, daher lassen Sie einfach alles da sein, was Sie auch fühlen. Sie müssen nichts herausfinden oder lösen. Erkennen Sie einfach alles an, was in Ihrem Inneren ist, und lassen Sie es da sein. Spüren Sie etwa fünf Minuten so achtsam in sich hinein. Verschieben Sie den Fokus der Achtsamkeit allmählich zur Atmung. Atmen Sie normal und natürlich. Wenn Sie einatmen, seien Sie sich des Einatmens bewusst, und wenn Sie ausatmen, seien Sie sich des Ausatmens bewusst. Richten Sie Ihre Aufmerksamkeit auf Ihre Nase, Ihre Brust oder den Bauch, dahin, wo Sie den Atem am stärksten und deutlichsten spüren. Wenn Sie auf die Nase fokussieren, spüren Sie die Empfindung der Luft, wenn Sie ein- und ausatmen. Wenn Sie bei der Brust oder dem Unterbauch sind, spüren Sie, wie sich bei jedem Einatmen der Körper ausdehnt und wie er beim Ausatmen kontrahiert. Bleiben Sie einfach achtsam dabei, wie sich die Atmung im Körper anfühlt, und erleben Sie einen Atemzug nach dem anderen, erst mit dem Einatmen, dann mit dem Ausatmen, dann mit dem Einatmen. ... Atmen Sie ein- und aus und beobachten Sie, wie der Atem kommt und geht. ... Bleiben Sie etwa fünf Minuten lang bei der Atmung. Nehmen Sie jetzt Ihren Fokus von der Atmung und verschieben Sie ihn zu körperlichen Empfindungen. Beobachten Sie, wie sich die Empfindungen verändern, wie sie kommen und gehen, entstehen und vergehen. Wenn keine Empfindungen deutlich im Vordergrund sind, spüren Sie in die Stellen, an denen Ihr Körper mit dem Stuhl, dem Kissen oder dem Boden in Kontakt ist. Spüren Sie, wie sich die Empfindungen ständig verlagern und verändern. Sie müssen Empfindungen nicht bewerten oder analysieren. Lassen Sie sie einfach da sein, während sie sich im Körper von einem Moment zum nächsten verändern. Bleiben Sie etwa fünf Minuten bei den Empfindungen der Sinne.

Lösen Sie jetzt ruhig Ihre Aufmerksamkeit von den Empfindungen und richten Sie sie auf Geräusche. Es ist nicht nötig, die Geräusche zu identifizieren, zu analysieren, zu bewerten oder zu interpretieren. Seien Sie sich einfach dessen bewusst, was Sie hören – ein auditorisches Phänomen, das so flüchtig ist wie der Atem oder körperliche Empfindungen. Vielleicht hören Sie Geräusche in der Nähe oder andere in der Ferne. Wenn sich Ihre Konzentration vertieft, hören Sie vielleicht auch Geräusche im Inneren Ihres Körpers, wie den Atem, den Puls oder den Herzschlag oder ein Klingen in den Ohren. Unabhängig davon, ob die Quellen von Geräuschen innen oder außen sind – es sind einfach Geräusche, die da sind und wieder vergehen. Bleiben Sie etwa fünf Minuten dabei.

Richten Sie Ihre Aufmerksamkeit jetzt auf innere Zustände, auf Gedanken und Emotionen. Erleben Sie, wie innere Zustände kommen und gehen, so wie der Atem, wie Empfindungen und Geräusche. Sie müssen nichts über sie herausfinden und müssen sie nicht analysieren. Es sind einfach mentale Phänomene, die kommen und gehen. Nehmen Sie wahr, wie sie auftauchen und verschwinden, einfach Gedanken und Emotionen. Wenn man auf innere Zustände achtet, nimmt man vielleicht wahr, dass der Geist einen eigenen Willen hat. Er ist ständig damit beschäftigt, zu analysieren, zu vergleichen, zu kontrastieren, zu mögen und nicht zu mögen, sich zu erinnern oder zu planen, oder er ist angefüllt mit einer Vielzahl von Emotionen. Lassen Sie einfach zu, dass innere Zustände kommen und gehen, und beobachten Sie, wie flüchtig sie sind und wie sie unablässig einander ablösen und fließen. ... Wenn Sie merken, dass Sie sich in Gedanken und Emotionen verloren haben und nicht mehr nur achtsam und bewusst bei ihnen sind, kommen Sie einfach zur Atmung zurück, um Konzentration und Achtsamkeit zu schärfen. Dann richten Sie den Fokus wieder auf innere Zustände. Bleiben Sie etwa fünf Minuten dabei.

Gehen Sie jetzt einfach mit Ihrer Aufmerksamkeit von den inneren Zuständen weg und richten Sie sie auf den gegenwärtigen Moment selbst als den primären Gegenstand der Aufmerksamkeit. Beobachten Sie einfach die sich verändernden Phänomene, die sich präsentieren – sinnliche Erfahrungen, Gedanken und Emotionen. Lehnen Sie sich einfach zurück und seien Sie achtsam bei den sich ständig verändernden Gezeiten von Geist und Körper. Auch wenn man still sitzt, sind Geist und Körper im Fluss und dynamisch, in ständiger Veränderung.

Sehen Sie sich am Ufer eines Baches sitzen und einfach schauen, was alles den Bach hinuntertreibt. Manchmal gibt es Geräusche, manchmal Empfindungen, manchmal Gedanken und Emotionen. Wenn nicht viel passiert, können Sie immer zum festen Boden der Atmung zurückkommen. Wenn etwas Schmerzhaftes passiert, gehen Sie eher mit, als dagegen zu kämpfen. Lassen Sie schwierigen Gedanken und Emotionen Raum, einfach da zu sein. Bleiben Sie etwa fünf Minuten bei der unvoreingenommenen bzw. offenen Bewusstheit.

Lösen Sie sich jetzt langsam von der unvoreingenommenen Bewusstheit und kommen Sie zur Atmung zurück. Spüren Sie den ganzen Körper, wie er ein- und ausatmet. Spüren Sie, wie der Körper sich beim Einatmen hebt und beim Ausatmen senkt. Spüren Sie den Körper als einen einzigen Organismus, verbunden und ganz.

Wenn Sie an das Ende dieser Meditation kommen, beglückwünschen Sie sich dafür, dass Sie sich diese Zeit geschenkt haben. Möge Ihnen bewusst sein, dass Sie direkt etwas für Ihre Gesundheit und Ihr Wohlbefinden tun.

Nehmen Sie sich ein wenig Zeit und halten Sie in Ihrem Tagebuch fest, was Ihnen bei dieser Übung begegnet ist. Zu welcher Tageszeit haben Sie sie gemacht? Wie lange sind Sie bei ihr geblieben? Wie sind Sie mit Hindernissen wie Unruhe oder Mattigkeit umgegangen? Was haben Sie an Gedanken, Emotionen und Empfindungen beobachtet? Wenn man nach jeder Meditationsübung ein wenig dazu aufschreibt, kann das eine nützliche Form sein, die Übung zu verfeinern und sie immer mehr zu nutzen.

Wenn Sie weiter die Achtsamkeitsmeditation praktizieren, werden Sie sehen, dass das Leben ein Fluss ist und dass Sie umso mehr Schmerzen haben, je mehr Sie sich gegen diesen Fluss stellen. Diese Übung wird Ihnen auch helfen, mehr Gleichmut und Ausgeglichenheit zu entwickeln. Also auch wenn Sie Stürme von Gefühlen der Minderwertigkeit, Unzulänglichkeit, Angst, Traurigkeit, Wut oder Verwirrung erleben, können Sie sie da sein lassen und anerkennen. Wie alle anderen Phänomene: Auch diese Emotionen kommen und gehen wieder, und wenn Sie ihnen den Raum geben, den sie brauchen, kann es sein, dass sie schneller vergehen.

Verstehen der flüchtigen und veränderlichen Natur von Geist und Körper kann auch sehr dazu beitragen, sich von der Verwicklung in einschränkende Geschichten über sich selbst zu befreien. Es bietet eine Perspektive, aus der man Neues oder unerwartete Dinge über sich und über andere und alle Lebenserfahrungen wahrnehmen kann, und das kann einen dafür frei machen, auf neue Weise zu reagieren.

Dieser Abschnitt der Reise

In diesem Kapitel haben Sie zwei neue Achtsamkeitsübungen kennengelernt: achtsame Selbsterforschung und formale Achtsamkeitsmeditation. Bei der achtsamen Selbsterforschung richten Sie den Fokus der Bewusstheit, den Sie bei früheren Übungen geübt haben, auf schwierige Gedanken und Emotionen, besonders auf solche, die an starken Gefühlen von Minderwertigkeit beteiligt sind. Obwohl diese Arbeit schwierig und anspruchsvoll ist, sollten Sie wissen, dass sie zu tiefer Heilung führen kann, wenn man anfängt, den Raum von Bewusstheit zu nutzen, um sich zu helfen, Identifikationen mit schmerzhaften Gedanken und Emotionen und selbsteinschränkenden Geschichten über sich zu lösen. Achtsame Selbsterforschung gibt einem auch Gelegenheit, zu üben, sich aus den Fallen des narrativen Selbst zu befreien. Man tut das, indem man mit seiner Aufmerksamkeit unmittelbar beim gegenwärtigen Moment ist. Üben Sie diese achtsame Selbsterforschung während der nächsten Wochen häufig. Mit Zeit und Übung kann sie eine Hilfe sein, neue Formen zu entwickeln, wie man auf schmerzhafte Gefühle reagieren kann, statt so wie gewohnt zu reagieren.

Formale Achtsamkeitsmeditation ist eine Weise, wie man immer wieder zum Anfängergeist zurückkehren kann. Sie bietet auch eine außerordentlich tiefe und heilende Einsicht: dass alle Phänomene und Erfahrungen flüchtig sind. Verstehen, dass alles vergänglich ist – dass „auch dies vergehen wird" –, hilft schwierige Erfahrungen weicher werden zu lassen und zu lernen, sie zu akzeptieren. Zugleich erhöht es das Bewusstsein, wie kostbar jeder flüchtige Augenblick ist. Das Bewusstsein, das man bei dieser Übung kennenlernt und übt, ist wahrhaftig das Wesen von Achtsamkeit. Wir empfehlen Ihnen, die formale Achtsamkeitsmeditation für den Rest Ihres Lebens zu einer permanenten Übung zu machen.

5 Selbstmitgefühl

Sei freundlich zu dir. Sei freundlich zu dir.
Du bist vielleicht nicht vollkommen, aber du hast nichts
anderes, womit du arbeiten kannst. Der Prozess des Wer-
dens, wer du sein wirst, beginnt mit der totalen Annahme
dessen, der du bist.
HENEPOLA GUNARATANA

Wie Sie gesehen haben, wird ein starkes Gefühl der Minderwertigkeit typischerweise durch Geschichten aufrechterhalten, die man sich erzählt und die einen als eine Persönlichkeit beschreiben. Diese Geschichten und das narrative Selbst, das sie erzeugen, können einem vielleicht manchmal ermöglichen, dem Schmerz unerwünschter und abgelehnter Gefühle zu entgehen. Sie bauen aber eine falsche Identität auf, die sich entfremdet und von anderen getrennt anfühlt. Und sie erzeugen das, was die Meditationslehrerin und Psychologin Tara Brach „die Trance der Minderwertigkeit" (2006) nennt.

Die buddhistische Psychologie betrachtet die Vorstellung eines getrennten und stabilen Selbst, eines Selbst, das die Zeit überdauert, als eine falsche Vorstellung. Wenn man diese falsche Vorstellung mit Geschichten aufrechterhält, die man sich immer wieder erzählt, schafft man eine Art Leiden, das den ursprünglichen Schmerz verdeckt. Manche Grundauffassungen der westlichen Psychologie entsprechen dieser fundamentalen Aussage buddhistischer Psychologie. Zum Beispiel hat der Psychologe Albert Ellis, der von vielen als der Vater der Kognitiven Verhaltenstherapie betrachtet wird, festgestellt, dass die Sätze, die man zu sich selbst sagt, den größten Teil unseres Leidens erzeugen. Es seien besonders die Sätze, die man sich sagt, wenn man meint, etwas falsch gemacht zu haben (Ellis, 1969). Er identifizierte Selbstvorwürfe als den Kern dessen, was wir in diesem Buch als schädliche Scham bezeichnen („Weil ich diesen Fehler gemacht habe, tauge ich nichts als Mensch"). Ellis betonte den fundamentalen Unterschied zwischen eines bedauerlichen Verhaltens und einer beschädigten Identität. Etwas Schlechtes tun und als Mensch schlecht sein sind verschiedene Dinge. Wenn man sich sagt, dass man nichts taugt, weil man etwas falsch gemacht hat, ist das eine todsichere Weise, die taub machende Trance des Minderwertigkeitsgefühls hervorzurufen.

Weil die Geschichten, die man sich erzählt, oft dazu dienen, sich von seinen Gefühlen zu isolieren, beginnt Heilen, sobald man diese abgelehnten Gefühle wieder in sein Leben aufnimmt und willkommen heißt. Wenn man anfängt zu meditieren, ist das oft der Moment, wo diese Arbeit anfängt, denn diese schmerzhaften und unerwünschten Gefühle machen sich oft dadurch bemerkbar, dass sie ungebeten in das eindringen, was man sich als eine friedliche Zeit meditativen Glücks vorgestellt hatte. In solchen Momenten wird auch sofort deutlich, wie schnell unsere Geschichten von einem unzulänglichen Selbst in dem Moment entstehen, in dem man diesen schmerzhaften Gefühlen nahe kommt. Das ist so, als wollten sie uns helfen, Emotionen zu entkommen, für deren Annehmen wir noch nicht bereit sind.

Schmerz gehört zu unserem Leben. Er ist unvermeidlich, doch Entkommen ist oft einer der ersten Impulse, wenn man schmerzhaften Dingen begegnet, die man nicht ändern kann. Wenn alles andere nicht hilft, versucht man möglicherweise zu entkommen, indem man sich von der Erinnerung trennt. Das ist ein innerer Akt, den man *Dissoziation* nennt. In diesem inneren Zustand muss man nicht fühlen, was mit einem passiert oder passiert ist. Genau aus diesem Grund gibt es die Süchte, die dazu dienen, sich tiefer in diese emotional taub machende Trance zu begeben.

Viele von uns sind mit Anstrengungen vertraut, zu vermeiden, emotionalen Schmerz zu fühlen. Vielen wurde beigebracht, nicht zu weinen, auch wenn äußerst traurige Dinge passieren, wie der Verlust eines Familienmitglieds. Es scheint, dass man oft alles tut, was man kann, um Schmerz zu vermeiden. Das wirkt zwar vielleicht im Moment, aber das verwundete und verlassene Herz in seinem einsamen Exil kann niemals heilen. Es hört nie auf, sich nach Liebe und Mitgefühl zu sehnen.

Das Herz, das man aufgegeben hat, wartet immer noch da, wo man es allein gelassen hat, und in ihm steckt die ganze Vitalität, die man verloren hat, als man sich von dem Schmerz abgewendet hat. Mitgefühl mit sich selbst erlaubt einem, die Tür zu seinem Herzen zu öffnen und die Vitalität der Gefühle und die Orientierung, die sie vermitteln, wieder in seinem Bewusstsein willkommen zu heißen. Mit Selbstmitgefühl kann man lernen, den Schmerz, den man früher einmal verbannt hat, zu stillen und zu heilen.

Was ist Selbstmitgefühl?

Um Selbstmitgefühl zu verstehen, kann es nützlich sein, sich auszuschauen, was im weiteren Sinn Mitgefühl ist, wenn wir es mit anderen erleben. Betrachten wir als Erstes den englischen Begriff *compassion* selbst. Das Präfix „com" bedeutet „mit", und die Wurzel des Wortes „passion" bedeutet „leiden". Das Wort „compassion" (Mitgefühl) drückt also einen Akt aus, in dem man sich mit Leiden verbindet. Wenn man Mitgefühl praktiziert, bedeutet das, dass man sich Leiden mit einem offenen und liebenden Herzen zuwendet, das nach einer Möglichkeit sucht, Leiden zu lindern. Wenn man sich dem Leiden anderer zuwendet, erkennt man, dass niemand leiden möchte, dass jeder glücklich und in Frieden sein möchte, so wie man selbst. Wenn man nichts anderes tun kann, um ein gequältes Herz zu trösten, dann ist es manchmal schon sehr heilend, wenn man Anteil nimmt und bei ihm bleibt und bei ihm ist.

Es ist leichter, die heilende Kraft von Mitgefühl zu verstehen, wenn man an die Momente in seinem Leben denkt, als andere mit Mitgefühl auf einen reagiert haben, vielleicht nur mit ganz kleinen Gesten. Vielleicht wurden Sie in der Schule gekränkt und ein Mädchen, das Sie nicht einmal kannten, hat sich Ihnen freundschaftlich zugewandt. Oder man hat Ihnen im Wartezimmer eines Arztes angesehen, wie schlecht es Ihnen ging, und Sie vorgelassen.

Selbstmitgefühl gibt Ihnen das, was Sie gern von anderen bekommen würden. Es bedeutet, dass man freundlich und liebevoll zu sich ist, und nicht streng oder kritisch bewertend. Es bedeutet, bei schmerzhaften Gedanken und Gefühlen zu sein, ohne sich übermäßig mit ihnen zu identifizieren oder sie zu einer Geschichte über sich zu machen. Es ist eine Form, sich anzunehmen, auch wenn man nicht vollkommen ist. Wenn man lernt, bei unangenehmen Emotionen zu sein und zu bleiben, können sie schwierige Erinnerungen in einem wachrufen, die vielleicht in ganz frühen Beziehungen entstanden sind. Mit jeder Erinnerung, gleich wie schmerzhaft, bekommt man ein weiteres Stück seines Herzens zurück. Heißen Sie alle willkommen – die Erinnerungen, die Emotionen und alle früher abgelehnten Anteile. Dies ermöglicht Ihnen nicht nur, sich wieder ganz in Besitz zu nehmen, sondern es enthüllt auch eine tiefe Verbundenheit mit anderen Menschen. Denn wenn Sie lernen, bei Ihrem eigenen Leiden zu sein, lernen Sie allmählich auch sehen, dass Ihr Schmerz dem aller anderen Menschen gleicht. Je tiefer Sie mit Ihrem eigenen Herzen in Beziehung sein können, umso tiefer sind Sie in der Lage, sich mit anderen Herzen verbunden zu fühlen. Natürlich geschieht das nicht über Nacht. Dies ist ein Weg des allmählichen Erwachens, und Geduld und Nichtstreben werden Sie bei dieser Arbeit sehr unterstützen.

Vielen fällt Mitgefühl mit sich selbst schwerer als Mitgefühl mit anderen. Die meisten Menschen sagen, dass sie sich selbst gegenüber weniger freundlich und kritischer als gegenüber anderen sind (Neff und McGehee, 2008). In der buddhistischen Psychologie wird Selbstmitgefühl aber als genauso wichtig wie Mitgefühl für andere angesehen. Übungen mit Mitgefühl und Liebender Güte beginnen sogar traditionell mit Mitgefühl für sich selbst. Das mag seltsam und zuerst irgendwie maßlos oder sogar zügellos erscheinen. Aber wenn man sich selbst das gibt, wonach sich das Herz immer gesehnt hat, ist das heilend. Und dieses Heilen kann die Barrieren zwischen uns und anderen aufweichen. Schließlich füllt sich das körperliche Herz mit Blut, bevor es Blut in andere Teile des Körpers pumpt. Wenn man sich selbst mit Selbstmitgefühl füllt, kann man leichter Mitgefühl für andere empfinden.

Interessanterweise hat man in der Forschung über Selbstmitgefühl gefunden, dass Menschen mit mehr Selbstmitgefühl anderen eher vergeben oder verzeihen können als solche mit weniger Selbstmitgefühl. Sie können sich auch eher in die Sichtweise anderer versetzen und leiden weniger dabei, wenn sie das tun (Neff und McGehee, 2008). Wir glauben, dass auch das Umgekehrte gilt: dass das Mitgefühl, dass man für andere empfindet, einem auch helfen kann, mehr Mitgefühl für sich selbst zu haben. Gleich, in welche Richtung es fließt, Mitgefühl ist wie ein Bach, der breiter wird, wenn er tiefer wird.

Die Falle der Selbstoptimierung

Bei der heilenden Arbeit mit Selbstmitgefühl ist es wichtig, zu vermeiden, in die Falle der Selbstoptimierung zu geraten. Wenn man ein starkes Gefühl von Minderwertigkeit hat, kann diese Falle ein Problem sein. Die Identität der Minderwertigkeit entsteht aus Selbstvorwürfen und einer Flut von Selbstbewertungen durch einen inneren Kritiker, der mit Mitgefühl nichts zu tun haben will. Er ist an masochistischen Vorhaben wie Selbstoptimierung, mit denen er nie zufrieden ist, weit interessierter. Aber diese fesseln einen aus verschiedenen Gründen nur noch mehr an das Gefühl, mangelhaft zu sein. Der wichtigste ist gerade die Vorstellung, dass es ein fehlerhaftes und minderwertiges Selbst gibt, das optimiert werden muss.

Wie schon gesagt ist die buddhistische Psychologie der Auffassung, dass gerade die Vorstellung von einem statischen und dauerhaften Selbst die bedeutendste aller Illusionen und Selbsttäuschungen und die Quelle endlosen Leidens ist. Der Glaube, dass man das Selbst, das sich minderwertig oder wertlos anfühlt, reparieren kann, hält einen einfach in dem nie endenden Streben nach dem Ziel gefangen, „gut genug" zu sein. Man kann versuchen, das mit besseren Workshops, neuen Therapien oder einer besseren Ernährung oder einem Fitnessprogramm zu erreichen. In mancher Hinsicht unterscheidet sich das nicht sehr davon, immer noch mehr Geld oder mehr Dinge haben zu wollen. Es ist nur eine Variante des Dranges, ewig mehr oder Besseres haben zu wollen.

So funktioniert diese Falle: Wenn man sich ein besseres Selbst als Ziel setzt, mobilisiert man damit den Willen. Wollen führt zu Streben. Streben führt zu Bewerten. Und Bewerten wird zu einer Lebensweise, bei der man alles kritisch bewertet: „Das gefällt mir! Das gefällt mir nicht! Das ist gut! Das ist schlecht!" Das hört nie auf, und wenn man das innerlich macht, ist man nicht im Hier und Jetzt. Man ist damit beschäftigt, irgendwo anders hinzugelangen. Dieses Hungern danach, irgendwie besser zu sein, kann einen ein Leben lang erfüllen, aber es wird nie befriedigt.

Denken Sie daran, dass dieser Moment wahrhaft zu Ihrer Lebenszeit gehört. Wichtig ist, dass Sie, solange Sie hier sind, Ihr Leben leben, dass Sie wirklich im Hier und Jetzt leben. Es gibt keinen anderen Moment, in dem Sie leben können. Wenn man innerlich immer nach einem besseren Ort oder Zustand strebt, erzeugt man damit Leiden, weil man den gegenwärtigen Moment verlässt, denn der ist der einzige Ort, an dem man Liebe, Frieden oder Glück erleben kann. Wenn man woanders als jetzt ist, kann man die kostbarsten Erfahrungen seines Lebens verpassen. Das ist so ähnlich, wie wenn man seine Kamera sucht, um eine Erfahrung festzuhalten, die man dann schließlich verpasst, weil man nach der Kamera gesucht hat. Ein Denken, das auf die Zukunft hin orientiert ist, ist auf ein Ziel fokussiert, und auch wenn dieses Ziel erreicht wird, wird man, weil man von Streben nach etwas bestimmt ist, dann einzuschätzen versuchen, wie der neue Zustand im Vergleich mit dem vergangenen ist. So sorgt man dafür, dass man ewig mit der Vergangenheit und Zukunft beschäftigt bleibt und selten, wenn überhaupt, im Hier und Jetzt lebt.Leben im gegenwärtigen Moment bedeutet nicht, dass man seine Ziele aufgibt, ganz gleich, ob das ein schönes Auto, eine bessere Wohnung für die Familie oder Umziehen in ein sichereres Viertel oder Abnehmen ist. Es bedeutet, dass man auf das Hier und Jetzt orientiert ist, wenn man auf das hinarbeitet, was man will.

Ein bewertendes Denken findet immer etwas, was nicht ganz richtig ist, besonders wenn man von diesem nebulösen Ding aus schaut, das man „Selbst" nennt. Wir neigen dazu, die Maßstäbe, mit denen wir uns bewerten, daran zu orientieren, was wir sehen, wenn wir uns umschauen und uns mit anderen vergleichen. Wenn man aber bedenkt, wie viele Milliarden Menschen es hier auf dem Planeten gibt, sieht man, dass dies ein Ansatz ist, bei dem man nur verlieren kann. Es wird immer jemanden geben, der schlanker, gesünder, netter, kultivierter, attraktiver, beliebter ist – gleich, worum es geht.

Wahrnehmen, was Sie mit diesen Vergleichen, die Sie innerlich anstellen, machen, kann Ihnen sehen helfen, wie sehr von diesem endlosen Strom von Bewertungen und der Gewalt abwertender Selbstkritik Leiden verursacht ist. Vielleicht hassen Sie Ihren Bauch und wollen ihn loswerden, oder Sie verachten, wie Sie sich verdrücken und nicht sagen, was Sie wirklich denken. Aber wenn Sie etwas an sich hassen und kritisieren, führt das nur zu mehr Leiden. Das ist wie eine militärische Strategie, die auf der Idee beruht, dass man mit Krieg Frieden herstellen kann – dass man das unzulängliche Selbst in die Luft sprengen kann oder das vielleicht nur androht, und dass es einem dann endlich gut geht und dann Frieden ist. Diese Denkweise ritzt die neuronalen Bahnen des Leidens nur noch mehr ins Gehirn ein und färbt die Gedanken mit Geschichten darüber, was mit einem nicht stimmt und wie man besser werden sollte.

Der Weg zum Frieden führt niemals über Krieg, und der Weg zum Glück führt nie über Hass. Frieden ist der Weg zu Frieden, und Glück ist der Weg zum Glück. Wenn Sie wollen, dass Mitgefühl in Ihrem Leben wächst, üben Sie Mitgefühl. Wenn Sie wollen, dass Kritik in Ihrem Leben wächst, üben Sie Kritik. Es ist wirklich einfach: Ihre Haltung ist das Wasser Ihres Lebens. Sie können Gefühle der Unzulänglichkeit und Minderwertigkeit fördern, wenn Sie Selbstvorwurf und bewertende Kritik dazugießen. Wenn Sie Selbstmitgefühl dazugießen, fördern Sie Gefühle wie Glück und Wohlbefinden.

Die Qualität der inneren Haltung wird von vielen Dingen beeinflusst, besonders von der Stimmung und der Orientierung zum Leben selbst. Wenn man eine kritische Orientierung hat, hat man an unendlich vielen Dingen etwas zu kritisieren und findet sich möglicherweise einen großen Teil seines Lebens in der Falle der Selbstoptimierung. Wenn man sich an Mitgefühl orientiert, sieht man viele Gelegenheiten für Mitgefühl und entdeckt vielleicht in diesem Moment Freiheit und Glück in seinem Leben. Die innere Haltung von Mitgefühl für sich selbst kann sogar wachsen, wenn man aufmerksam bei seinem Schmerz und seiner Verwundung bleibt oder wenn man über Fehler nachdenkt, durch die man andere verletzt hat. Man stärkt Selbstmitgefühl, indem man Selbstmitgefühl übt, wie ein Pianist sein Können und seine Kunst verbessert, wenn er übt. Kleine Fehler – zum Beispiel wenn man etwas in einem Geschäft vergessen hat – und große Fehler – vielleicht wenn man den Hochzeitstag vergessen hat – können zu Gelegenheiten werden, ein bisschen mehr an Freundlichkeit und Mitgefühl mit sich zu wachsen.

Ja, es gibt viele Tränen zu weinen, sowie für peinliche Fehler und manchmal beschämende Entscheidungen Verantwortung zu übernehmen. Aber auch wenn man bis in das Innerste von schwierigen Emotionen erschüttert ist, kann man mit Akzeptanz und Selbstmitgefühl aufmerksam bei seinem verwundeten Herzen sein. So kann man die Qualitäten verbessern, die man gern in sich wachsen lassen möchte, auch wenn man mit freundlicher Aufmerksamkeit bei dem Leiden ist. Mit der Zeit lässt Leiden nach, so, wie die Tränen eines Kindes aufhören, wenn es lange genug gehalten und getröstet wurde. Wenn der Schmerz vorüber ist, verändert sich sein Gesicht und es wird schön von der Ruhe nach dem Sturm. Machen Sie sich bewusst, dass auch für Sie eine Zeit kommt, wenn Sie sich ausgeweint haben und ein Gefühl von Frieden Sie umgibt und umfängt. Dies ist einer der größten Schätze von Achtsamkeit und Selbstmitgefühl.

Das verborgene und verwundete Kind

Wenn wir die dysfunktionalen Gewohnheiten unseres Lebens, die wir mit unserem Handeln immer wieder bestätigen, genau anschauen, sehen wir oft, dass sie von einem größeren Schmerz motiviert sind – von einem Schmerz, den das ganze Chaos, das wir geschaffen haben, verdunkeln soll. Die Quelle dieses Schmerzes ist oft ein unschuldiges und verwundetes Herz, das lange verborgen und abgelehnt war. Es ist ein Akt des Selbstmitgefühls, einfach mit freundlicher Bewusstheit und Präsenz nach dieser verwundeten Unschuld zu suchen und bei ihr zu sein. Denken Sie daran, wie eine liebevolle Mutter ihr weinendes Kind hält und ihm ins Gesicht schaut und zu verstehen versucht, warum es unglücklich ist. Alles in ihrem Herzen sehnt sich danach, ihr Kind zu trösten, seinen Schmerz zu verstehen und ihm irgendwie zu helfen. Sie leidet mit ihm. Seien Sie so zu sich selbst.

Das ermöglicht Ihnen dann, sich dem Leiden in Ihrem Herzen zuzuwenden, ohne davon überwältigt zu werden. Schauen Sie nicht weg, und verfallen Sie nicht wieder in dieselben alten Gefühle, mit denen Sie sich schützen wollen. Ihre Fähigkeit zu Selbstmitgefühl ist größer, als Ihnen vielleicht klar ist, und Sie können diesen Schmerz in Ihrem Herzen halten. Wenden Sie sich mit Bewusstheit und Liebender Güte Ihrem Leiden zu. Schauen Sie nach Möglichkeiten, wie Sie sich mit Feingefühl und Mitgefühl begegnen und anschauen können. Jedes Mal, wenn Sie an diese Stelle zurückkommen, kann Ihr Mitgefühl ein wenig wachsen. Dann können Sie ein bisschen mehr aus der Trance der Identifikation mit Minderwertigkeit auftauchen.

Letztlich geht es um Liebe

Wir haben einige der Formen besprochen, wie wir Denkgewohnheiten vertiefen und perpetuieren können, indem wir sie wiederholen. Bis hierher haben wir diesen Prozess im Hinblick auf seine Nachteile besprochen: dass so das narrative Selbst und einschränkende Selbst-Konzepte konstruiert werden. Dieser Prozess hat aber auch ein Gutes – Henry David Thoreau hat darüber vor über 150 Jahren geschrieben: „Wie ein einzelner Fußabdruck noch keinen Pfad auf der Erde hinterlässt, so hinterlässt ein einzelner

Gedanke noch keine gangbare Spur im Denken. Um einen materiell greifbaren Pfad in der Natur zu schaffen, geht man immer wieder denselben Weg. Um eine tiefe mentale Spur zu erzeugen, muss man immer wieder die Gedanken denken, von denen man sich wünscht, dass sie das Leben bestimmen" (2006).

Thoreaus aus Erfahrung geschöpfte Weisheit wurde durch neuere neurologische Forschungen bestätigt, die von Richard Davidson an der University of Wisconsin durchgeführt wurden (Davidson et al., 2003; Davidson, 2009). Bei jeder Erfahrung, besonders bei emotionalen Erfahrungen, verschaltet sich das Gehirn neu und verändert seine physische Struktur. So entstehen neue neuronale Bahnen, die stärker werden, wenn man sie immer wieder denkt und fühlt (wie Wege, die deutlicher werden).

Davidsons Forschung hat gezeigt, dass man das Gehirn bewusst formen und seine Emotionen auf positive Weise verändern kann und dass man diese Techniken lernen kann. Seine Studien von Hirnscans haben gezeigt, dass Menschen, die an einem achtwöchigen Programm in Stressbewältigung durch Achtsamkeit (MBSR) teilgenommen hatten, gesteigerte Aktivität im linken präfrontalen Hirnlappen aufwiesen – in einem Bereich des Gehirns, der zuständig ist für positive Emotionen, gute Stimmung und Selbstkontrolle. Außerdem hatten sie weniger Angst und zeigten eine beträchtliche Verbesserung ihrer Immunfunktionen. Das zeigt, dass schon acht Wochen Üben von Achtsamkeitsmeditation und Praxis Liebender Güte die Fähigkeit verbessern kann, das Leben zu genießen. Als abschließende Bemerkung bei einer Tagung im Jahr 2009 sagte Davidson: „Letztlich geht es um Liebe." Eine interessante Zusammenfassung eines der bedeutendsten Neurowissenschaftlers (Davidson, 2009).

Unterschätzen Sie nie die Macht und die Kräfte der Liebe, und bedenken Sie, dass allein eine Kerze in der Nacht die Dunkelheit erhellen und vertreiben kann. Es gibt ein altes buddhistisches Wort, das besagt: „Hass hört nie auf durch Hass. Er hört nur durch Liebe auf. Dies ist eine zeitlose Wahrheit" (Dhammapada I.5).

Wir sitzen alle in einem Boot

Wenn nur ein Leben in dieser Weise durch Liebe transformiert wird, kann vielleicht eine kleine Welle entstehen, und weil wir alle miteinander verbunden sind, kann durch sie noch viel mehr Leben transformiert werden. Wir Menschen beeinflussen einander unvermeidlich im Großen und im Kleinen. Wenn sich ein Herz verschließt, verschließen sich vielleicht auch viele andere. Wenn ein Herz erwacht, erwachen möglicherweise auch viele andere.

Sind Sie schon einmal zusammen mit einer Gruppe anderer Menschen für längere Zeit auf einem Flughafen oder irgendwo anders gestrandet? Weil man keine Wahl hat und sich nur den gegenwärtigen Umständen überlassen kann, ist man zeitweise von dem typischen zielorientierten Drang befreit, rechtzeitig irgendwohin gelangen zu wollen. In so einer Situation kann man anfangen, die Menschen um sich herum anders zu sehen. Man kommt vielleicht ins Gespräch oder entdeckt Gemeinsamkeiten, und dann merkt man, wie sich die Sicht der Situation verändert. Wo man absolut frustriert und verärgert war, schaut man sich vielleicht um und sieht, dass alle in einem Boot sitzen – man ist in seiner Frustration durch die Situation nicht allein.

In Momenten wie diesen sieht man, dass sich jeder mit Problemen herumschlagen muss, und oft sind es dieselben Probleme, mit denen man selbst konfrontiert ist. Wir müssen alle lernen, mit dem Schmerz der Enttäuschung, Frustration, des Versagens und des Verlustes umzugehen. Niemand ist ohne Leiden. Dieser universelle Aspekt von Mitgefühl kann sehr dazu beitragen, einen aus der Trance der Gefühle der Minderwertigkeit zu wecken.

So, wie die Entwicklung von Selbstmitgefühl zu der Fähigkeit beiträgt, Mitgefühl für andere zu empfinden, kann die Einsicht, dass wir alle in einem Boot sitzen, dass wir alle den Wechselfällen ausgeliefert sind, die mit der Conditio humana verbunden sind, zu der Fähigkeit beitragen, Mitgefühl für sich zu empfinden. Statt sich mit einer Geschichte zu isolieren, dass man irgendwie grundsätzlich anders und fundamental fehlerhaft ist, sieht man, dass andere Menschen ähnliche Erfahrungen machen. Mit der Zeit kann man lernen, für sich selbst dieselbe Akzeptanz und Freundlichkeit zu empfinden, die man vielleicht anderen entgegenbringt.

Selbstmitgefühl kultivieren

Selbstmitgefühl führt dazu, dass man um das Herz herum weicher wird und mit Freundlichkeit und Anteilnahme eine Zeit lang aufhört, sich mit Selbstvorwürfen zu traktieren. Man muss verstehen, dass entwertende Kritik an sich selbst (und an anderen) eine Quelle von Leiden und eine ganz und gar unnötige Form des Denkens ist.

Es sieht vielleicht nicht immer so aus, aber wenn man den Weg der Achtsamkeit und des Selbstmitgefühls geht, entdeckt man irgendwann, dass viel mehr an einem richtig ist als falsch. Manchmal kann man erst dann in sich finden, was richtig und gesund und wertvoll ist, wenn man sich für den Schmerz öffnet, den man bisher vermieden hat. Die Wunde ist schließlich der Ort der Heilung, und wie ein Herz heilt, ist nicht weniger wunderbar als das Heilen einer Schürfwunde am Knie. Wenn man sich mit Mitgefühl um das verwundete Herz kümmert, kommt die Heilung von allein. Wenn man sich seinem verwundeten Herzen mit negativer Bewertung zuwendet, schürt man damit die Flammen des Leidens.

Man kann liebevolle Fürsorge für sich in allen Lebenssituationen praktizieren. Vielleicht fragen Sie sich, wie Sie das anfangen sollen. Probieren Sie Folgendes aus: Das nächste Mal, wenn Sie etwas tun, was Sie falsch oder peinlich finden, wenden Sie sich sich selbst zu, wie Eltern zu einem Kind, und sagen Sie zu sich: „Ich weiß, wie schlimm das für dich sein muss. Es tut mir leid, dass du dies durchmachen musst." Überlegen Sie dann, ob Sie tiefer in die Emotion hineinfühlen und auch Ihre Hand auf die Stelle des

Körpers legen möchten, an der Sie dieses Gefühl am deutlichsten empfinden. Sagen Sie zu sich: „Natürlich fühlt es sich schlimm an. Niemand baut gern Mist oder ist gern mit den Folgen konfrontiert, wenn er eine Dummheit gemacht hat." So können Sie sich mit Freundlichkeit halten und sich wissen lassen, dass Sie geliebt werden, auch wenn Sie leiden und unglücklich sind. Denken Sie daran, dass alle Fehler machen, und bleiben Sie feinfühlig präsent bei sich, bis Sie merken, dass der Schmerz nachlässt. Mitgefühl kann einem helfen, sich mit mehr Bewusstsein allem zu stellen, was auch passiert ist. Dann kann man besser verstehen, wie man in Zukunft besonnener handeln kann.

Es ist noch heilender, wenn man Freundlichkeit so auf das verletzte und verängstigte Kind in sich wirken lässt und Mitgefühl mit sich auf Verletzungen oder Wunden ausdehnen kann, die schon alt sind. Wenn man seine Muster von Selbstvorwurf und Scham genau betrachtet, kann man sich schmerzhaft bewusst werden, wie die Menschen, auf die man in der Kindheit angewiesen war, einen im Stich gelassen haben. Bleiben Sie bei diesen Gefühlen und wenden Sie sich der Not des verlassenen Kindes zu, statt zu versuchen, Gefühle wegzudrücken.

Wenn man lernen kann, auf dieses Leiden mit Annehmen und Freundlichkeit statt mit Vermeiden zu reagieren, kann ein Strom von Trauer und Schmerz an den Stellen zu fließen beginnen, die so viele Jahre hinter Selbstvorwürfen verborgen lagen. Wenn man mit Mitgefühl bei diesem Leiden bleibt, kann man erkennen, dass die Selbstbewertungen, mit denen man so lange gelebt hat, ein Ersatz für die schwierigen Gefühle waren, die ins Bewusstsein kommen, und dazu dienten, sie zu verschleiern. Halten Sie sich mit Mitgefühl und sagen Sie sich: „Kein Wunder, dass du so voller Wut und unglücklich gewesen bist. Es war für ein Kind einfach zu schmerzhaft zu akzeptieren. Aber es war nicht dein Fehler, dass es so gekommen ist, und du warst so tapfer und hast dich so gut gehalten." Mitgefühl mit sich gibt einem das, was andere einem vielleicht nicht geben konnten, wie Rūmī es in diesem kurzen Gedicht ausdrückt:

Eine Perle wird versteigert. Niemand hat genug Geld,
deshalb kauft sich die Perle selbst.

Selbstmitgefühl ermöglicht Ihnen, einfach zu sein, wer Sie sind, wo Sie sind und wie Sie sind, indem es Ihnen ein Mittel gibt, bei Ihrem Schmerz zu sein, statt Geschichten darüber auszuspinnen. Mitgefühl entsteht aus achtsamer Präsenz und Bewusstheit, wenn man sich um seinen Schmerz als Teil des Lebens kümmert. Das offene Herz hat mit jedem Teil des eigenen Seins Mitgefühl, auch mit dem inneren Kritiker, der so gnadenlos bewertet.

Wenn man die Identifikation mit dem inneren Kritiker und dem Gefühl von Unzulänglichkeit oder Opfer zu sein lösen und aus der Perspektive nicht bewertender achtsamer Bewusstheit sehen kann, erkennt man, dass es möglich ist, sich für eine mitfühlende Antwort statt für eine kritische Reaktion auf das zu entscheiden, was man in der Welt in sich und um sich herum beobachtet. Oft entstehen Kritik und Wut aus dem, was Daniel Siegel in seinem Buch *Das achtsame Gehirn* (2007) als „top down"-Orientierung bezeichnet, die in einem mental dominierten und narrativen Selbstgefühl den Ursprung hat. Mitgefühl dagegen entsteht aus einer „bottom up"-Orientierung, die im Körper und im Herzen ihren Ursprung hat. Diese Orientierungen sind einfach Gewohnheiten, und welcher man folgt, liegt ganz bei einem selbst.

Die vielen Wege zum Selbstmitgefühl

Zu einer Untersuchung, wie man Selbstmitgefühl kultiviert, gehört, dass man sich anschaut, was für eine Beziehung zu seinem Körper, zu seinen Gedanken und Emotionen hat und auch damit, wie man Beziehungen auswählt und aufrechterhält. Die Überlegung, wie man mitfühlender mit seinem Körper sein kann, kann vielen von uns sehen helfen, wie wenig Mitgefühl sie für sich haben und wie sehr sie sich körperlich antreiben. Man entdeckt dann vielleicht, dass man noch eine Mail beantwortet, auch wenn man seit einer Stunde auf die Toilette muss. Oder man isst Junkfood am nächsten Imbiss, damit man schneller wieder bei der Arbeit sein kann. Man erkennt vielleicht, dass man keine Zeit hat, sich körperlich zu bewegen, oder man pflegt vielleicht einen etwas perversen Stolz darauf, mit wie wenig Schlaf man auskommt. Wenn man auf die vielen Möglichkeiten achtet, wie man seinen Körper schlecht behandelt, kann man damit viel Einsicht in die Weise gewinnen, wie man anfangen könnte, in diesem Moment Selbstmitgefühl praktisch zu leben – indem man einfach manche dieser Gewohnheiten aufgäbe.

Dasselbe gilt für Gedanken und Emotionen. Man kann lernen, unangenehme Gedanken und Emotionen mit Mitgefühl zu beobachten und sogar dahin kommen, für den inneren Kritiker ein gewisses Mitgefühl zu empfinden (was oft hilft, diese ewige Quelle bewertender Selbstkritik zu beruhigen). Wenn Sie merken, dass Sie sich zum Beispiel eine Verspätung bei einer Verabredung vorwerfen, können Sie sich dieser Selbstkritik mit einer weichen und freundlichen Anerkennung zuwenden, etwa mit dem Satz: „Es ist nur ein kleiner Patzer, ich liebe dich trotzdem." Wenn Sie merken, dass Sie über ein Gefühl wie Schuld grübeln und etwas zu sich sagen, was das Schuldgefühl nur noch verstärkt, können Sie das Maßlose daran anerkennen. Sie könnten dann sagen: „Dies ist nur eine kleine Schuldorgie", oder „Hilft es mir wirklich, aus diesem Fehler zu lernen, wenn ich mich noch mehr anklage?" Wenn man lernt, Gedanken und Gefühlen diese freundliche Aufmerksamkeit zu schenken, ist das für die meisten von uns eine ganz andere Weise, in der Welt zu sein.

Fürsorge für sich selbst in Beziehungen mit anderen ist eine andere Weise, wie man Selbstmitgefühl lernen und üben kann. Muss man wirklich in einer Beziehung bleiben, die einem das Gefühl vermittelt, kleiner oder weniger lebendig zu sein? Muss man sich wirklich auf ein weiteres Telefongespräch mit der „Freundin" einlassen, die nur anruft, wenn sie Rat oder Bestätigung braucht? Muss man immer Einladungen von einem Kollegen zum Essen annehmen, der gern über andere Leute an Ihrem Arbeitsplatz tratscht? Warum nicht versuchen, Annäherungen zurückzuweisen, von denen man das Gefühl hat, dass sie einem Kraft rauben, und Beziehungen zu nähren, die einem das Gefühl vermitteln, geliebt und wertgeschätzt zu werden, und das Beste in einem zum Vorschein kommen lassen? Wir sind dazu da, einander zu lieben und im tiefsten Sinn füreinander zu sorgen, und Kultivieren von Beziehungen, die diese Qualitäten verkörpern, ist genau das Herz von Mitgefühl für sich selbst.

ÜBUNG

Selbstmitgefühl kultivieren

Wie erwähnt, fällt es den meisten Menschen schwerer, für sich selbst Mitgefühl zu empfinden als für andere. In dieser Übung werden Sie daher Selbstmitgefühl üben, indem Sie überlegen, was für eine Art von Unterstützung Sie einem Freund anbieten würden, wenn er sich in Ihrer Situation befände.

Wie würden Sie versuchen, eine Freundin zu trösten oder zu beruhigen, wenn Sie sie träfen und sie Ihnen anvertraute, dass sie sich vollkommen wertlos fühlt und oft mit Scham zu kämpfen hat? Was würden Sie ihr sagen, um ihr beschwertes Herz zu trösten? Wie würden Sie sonst noch Liebende Güte und Mitgefühl ausdrücken? Nehmen Sie sich ein paar Minuten Zeit und denken Sie darüber nach. Dann schreiben Sie auf, was Sie Ihrer Freundin sagen würden.

Überlegen Sie jetzt, wie auch Sie sich schon einmal traurig gefühlt haben oder unglücklich waren, und richten Sie Worte des Mitgefühls an sich selbst, die Sie so ähnlich auch zu einer Freundin sagen würden.

Nehmen Sie wahr, was in Ihrem Körper und in Ihrem Denken passiert, wenn Sie sich selbst gegenüber in dieser Form Mitgefühl und Liebende

Güte ausdrücken. Achten Sie darauf, was körperlich, mental und emotional bei Ihnen passiert. Wenden Sie sich Ihrem wehen Herzen zu und legen Sie vielleicht auch eine Hand auf Ihre Brust. Sagen Sie dann zu sich selbst: „Ich kümmere mich um dieses Leid." Fühlen Sie tief in dieses Leiden hinein und untersuchen Sie die innere Haltung, die Sie gegenüber einer Freundin oder einem geliebten Menschen einnehmen würden, der dasselbe durchmacht.

Seien Sie sich bewusst, dass alle Menschen in ihrem Leben mit Leiden umgehen müssen und dass viele Menschen so gelitten haben, wie Sie jetzt leiden. Wenn Sie fühlen, was es in Wahrheit bedeutet, Mensch zu sein, können Sie ein Gefühl der Verbundenheit mit anderen Menschen spüren, das die isolierende Trance auflöst, zu der persönliches Leiden führen kann. Machen Sie sich klar, dass niemand von Leiden verschont ist.

Atmen Sie in die engen Stellen in Ihrem Körper und lassen Sie mit jedem Ausatmen Spannung los. Gehen Sie auch mit allen Kommentaren, die von Ihrem inneren Kritiker kommen, zart und liebevoll um. Lassen Sie unfreundliche Gedanken einfach kommen und gehen und seien Sie sich bewusst, dass sie wahrscheinlich aus Angst entstehen. Wie alle anderen Phänomene vergehen auch sie. Wenden Sie sich Gefühlen von Verletztheit mit Selbstmitgefühl zu und nutzen Sie diese Momente, um mit Liebender Güte bei sich zu sein. Wiederholen Sie ab und zu den Satz: „Ich kümmere mich um dieses Leid."

Schließen Sie diese Übung damit ab, dass Sie etwa 10 Minuten lang achtsam atmen. Seien Sie sich bewusst dankbar dafür, dass Sie sich Achtsamkeit und Mitgefühl schenken.

Beschreiben Sie in Ihrem Tagebuch, was Sie bei dieser Übung wahrgenommen und erfahren haben. Wie hat es sich angefühlt, sich mit Mitgefühl zu behandeln?

Manchmal muss man erst mehr Mitgefühl mit anderen haben, bevor man Mitgefühl mit sich selbst entdecken kann. Wenn man mit Mitgefühl an andere denkt, weitet sich das Herz. Dies gilt auch, wenn man mit Anteilnahme und Fürsorge an sich selbst denkt. Ihr Herz weitet sich wie ein reifer Granatapfel – es ist so von Liebe und Mitgefühl erfüllt, dass es schließlich seine Schale sprengt.

ACHTSAMKEITSÜBUNG

Meditation über Selbstmitgefühl

Diese Übung baut auf der Übung achtsamer Selbsterforschung auf, die Sie in Kapitel 4 kennengelernt haben. Bei ihr geht es darum, sich auch schmerzhaften Gefühlen mit offenem Herzen zuzuwenden und sie willkommen zu heißen und nicht vor ihnen zu fliehen. Mitgefühl mit sich selbst erlaubt einem, bei der eigenen Verletztheit und bei Schmerz zu bleiben und sich darum zu kümmern und mit weit offenem Herzen zu leben. In dem Moment, in dem man die abgelehnten und verwundeten Teile von sich annimmt, können die Schalen Ihres alten narrativen Selbst wegfallen.

Wir handeln alle manchmal ungeschickt und unklug und treffen Entscheidungen, die andere verletzen. Und manchmal werden wir von den Handlungen anderer verletzt. Seien Sie einfach mit Neugier und Bewusstsein bei Gedanken und Gefühlen, die bei Ihnen auftauchen, statt sie wegzudrücken oder zu versuchen, etwas oder jemanden zu korrigieren. Wenn Sie die Meditation über Selbstmitgefühl praktizieren, ist das Ziel, für alle Ihre Gedanken, Emotionen und Empfindungen offen zu sein, um alle Ströme der Wahrnehmung ungehemmt durch Sie hindurchfließen zu lassen. Es ist die Übung und Praxis, so bei sich zu sein, wie man ist.

Schauen Sie sich noch einmal die Übung mit den Fünf Schritten in Kapitel 4 an, bevor Sie sich der folgenden Meditation zuwenden. Nehmen Sie sich für diese Übung mindestens 30 Minuten Zeit. Suchen Sie sich dafür einen Platz, an dem Sie sich sicher und entspannt fühlen. Wenn Sie möchten, können Sie Gegenstände in Ihrer Nähe haben, die für Sie von besonderer Bedeutung sind und eine beruhigende Wirkung auf Sie haben. Sie können auch eine Kerze oder Blumen in diesen Raum mitnehmen. Seien Sie sich bewusst, dass Sie sich ein Geschenk der Liebe machen.

Beginnen Sie damit, dass Sie 10 Minuten lang achtsam atmen. Kommen Sie mit Selbstmitgefühl zur Atmung zurück, wenn Sie abschweifen. Nutzen Sie während dieser ganzen Übung die Übung mit den Fünf Schritten aus Kapitel 4 (Zulassen, Zeuge sein, Anerkennen, Loslassen und Nachgeben), um mit Gedanken und Emotionen zu arbeiten, die bei Ihnen auftauchen. Lassen Sie Ihre Gedanken und Emotionen kommen und gehen. Seien Sie präsent ...

Bleiben Sie mit Ihrer Atmung in Kontakt, erinnern Sie sich an die stärksten Emotionen, die während der 10 Minuten achtsamen Atmens bei Ihnen aufgetaucht sind. Wenn es keine intensiven Emotionen gab, erinnern Sie sich an eine Erfahrung mit starken Emotionen, die nicht so lange zurückliegt. Nehmen Sie dann wahr, was in Ihrem Körper passiert, wenn Sie das fühlen, und atmen Sie in alle Teile Ihres Körpers, die daran beteiligt sind. Seien Sie offen für alle Emotionen, die sich einstellen, und bleiben Sie dabei präsent. Vielleicht fühlt sich Scham wie ein Seil an, das um Ihre Brust gewickelt ist und das immer enger wird und das Atmen erschwert. Wie ist dieses Gefühl? Wenn Sie tiefer hineinfühlen, entdecken Sie vielleicht andere Gedanken und Emotionen – vielleicht Selbsthass, der in Ihren Bauch hineinreicht, wo er wühlt und wehtut. Seien Sie weiter aufmerksam. Spüren Sie tiefer in alles hinein, was passiert, und bleiben Sie aufmerksam bei Ihrem Körper. Lassen Sie in Ihrem Inneren geschehen, was immer das ist. Wenn alte unerwünschte Erinnerungen auftauchen, die bisher verborgen waren, nehmen Sie sie wahr. Lassen Sie sie kommen und nehmen Sie wahr, wie sie sich im Körper anfühlen.

Lassen Sie alles in dieser uneingeschränkten Form von Aufmerksamkeit da sein, Blenden Sie nichts aus. Lassen Sie die Trance des Gefühls von Minderwertigkeit nicht Ihr Herz verschlingen. Bleiben Sie mit Mitgefühl nah an dem Schmerz. Es ist das erwachte Herz, das dabei bleibt und heilt. Es passiert alles hier und jetzt, da wo Ihr Körper ist. Bleiben Sie bei allem, was Sie erleben, und denken Sie daran, dass es bei dieser Übung darum geht, sich selbst mit Mitgefühl zu begegnen und dieses Mitgefühl zu fühlen. Es geht nicht darum, etwas herauszufinden oder etwas zu reparieren oder loszuwerden. Denken Sie daran, dass es letztlich um Liebe geht, auch um Liebe zu sich selbst. Es geht nur darum, was Sie in diesem Moment tun. Nutzen Sie die Atmung als Ihre Möglichkeit, im gegenwärtigen Moment verankert zu bleiben, indem Sie den Atem kommen und gehen lassen, wie er will.

Lassen Sie Ihre Emotionen auf dieselbe Weise frei kommen und gehen, wie Sie zulassen, dass Ihr freier Atem kommt und geht. Nehmen Sie alle

Wertungen wahr, die bei Ihnen auftauchen, wenn Sie starke und unerwünschte Gefühle auftauchen lassen. Nehmen Sie wahr, wie sich die Wertungen auf Ihre Emotionen auswirken, sie vielleicht blockieren oder aushöhlen oder verschwinden lassen, vielleicht auch andere Emotionen hervorrufen. Heißen Sie alle Ihre Emotionen willkommen, wenn Sie die Bewertungen beobachten und anerkennen, ohne sich mit ihnen zu identifizieren oder von ihnen beherrschen zu lassen.

Seien Sie mit Mitgefühl bei allen Emotionen, die auftauchen. Heißen Sie jede mit Freundlichkeit willkommen und begegnen Sie allen mit Ruhe und Feingefühl. Halten Sie sich in den Armen des Selbstmitgefühls und seien Sie wach bei dem, was Sie fühlen. Bleiben Sie bei dieser Übung und Ihren Emotionen, solange Sie möchten.

Wenn Sie so weit sind, diese Übung zu beenden, kommen Sie für etwa 10 Minuten zu der Übung mit achtsamem Atmen zurück.

Bringen Sie sich Dankbarkeit dafür entgegen, dass Sie sich die Zeit genommen haben, in dieser Weise für sich zu sorgen.

Nehmen Sie sich ein wenig Zeit und schreiben Sie in Ihrem Tagebuch über das, was bei Ihnen während dieser Übung aufgetaucht ist. Schreiben Sie darüber, wie Emotionen, die Sie wahrgenommene haben, mit anderen verknüpft waren, wie Hilflosigkeit Angst hervorgerufen oder Angst Ärger ausgelöst hat. Schreiben Sie über alle Emotionen, die bei Ihnen aufgetaucht sind, und ob oder wie sie sich verändert haben, wenn Sie sie mit Mitgefühl gehalten haben. Wenn Sie weiter Selbstmitgefühl üben, nehmen Sie vielleicht immer mehr Dinge über das Selbst wahr, das Sie mit Ihren ganzen alten Geschichten geschaffen haben. Vielleicht haben Sie versucht, besonders gut zu sein, um die Probleme in Ihrer Familie auszugleichen. Vielleicht haben Sie als eine Form, sich den Wert zu verdienen, den Sie Ihrer Meinung nach nicht hatten, gelernt, großzügig mit sich zu sein. Mitgefühl lässt Sie bei all der Verletzung, Einsamkeit und Angst sein, die das narrative Selbst verborgen hat. In dem weit offenen Herzen des Mitgefühls wird das verletzte Kind zu heilen beginnen.

Dieser Abschnitt der Reise

In diesem Kapitel haben wir eine Meditation vorgestellt, in der es um Selbstmitgefühl geht. Sie kann Ihnen helfen, für das verwundete Herz zu sorgen. Wenn Sie sich mit Freundlichkeit und Zartgefühl für sich selbst öffnen, kann Ihnen das helfen, alte Wunden zu Orten tiefer Heilung werden zu lassen. Wenn Sie diese Übung als eine Form der Praxis für sich übernehmen, kann das zu einem Gefühl von Ganzheit und Selbstannahme führen, das Sie vielleicht für unmöglich gehalten haben. Wir empfehlen Ihnen, diese Übung während der nächsten Wochen häufig zu machen, denn es verhält sich dabei ganz so, wie bei Thoreaus Konzept eines tiefen mentalen Weges, der durch Wiederholung an Deutlichkeit zunimmt, das heißt breiter und tiefer wird. Und weil der Weg des Mitgefühls expansiv ist, das heißt, weil Mitgefühl dazu tendiert, sich auszubreiten und nicht nur in eine Richtung zu wirken, wird in Ihnen auch die Fähigkeit wachsen, Liebende Güte und Mitgefühl anderen entgegenzubringen, wenn Ihr Mitgefühl für sich zunimmt. Meditieren Sie später weiter über Selbstmitgefühl, und zwar immer dann, wenn Sie merken, dass Sie in alte, gewohnte selbsteinschränkende Geschichten von Minderwertigkeit oder Scham zurückfallen. Denken Sie daran, dass Selbstmitgefühl eine der acht Grundlagen von Achtsamkeit ist. Für ein Leben mit weit offenem Herzen ist es essentiell.

6 Liebende Güte

Wie hat die Rose jemals ihr Herz geöffnet
und dieser Welt ihre ganze Schönheit geschenkt?
Sie fühlte die Ermutigung durch das Licht
ihrem Sein begegnen,
sonst bleiben wir alle zu ängstlich.
HAFES

Im vorigen Kapitel haben Sie ein paar Übungen kennengelernt, wie man Selbstmitgefühl kultivieren kann. Das Wort „Übung" ist sehr passend. Sie müssen damit arbeiten, genau so, als wollten Sie ein Musikinstrument spielen lernen. Wie in Kapitel 5 besprochen hat die Forschung auf dem Gebiet der Neurowissenschaften herausgefunden, dass das Wiederholen von Praktiken wie Achtsamkeit und Liebende Güte nützlich ist, wenn man neue Charaktereigenschaften schaffen möchte (Davidson, 2009). Vielleicht ist das der Grund, weshalb Meditationslehrer ihren Schülern zuweilen eine hunderttägige Übungszeit mit Liebender Güte empfehlen. Mary Grace Orr z. B. sagt, dass man nach hundert Tagen Praxis wirklich Liebende Güte für sich und für andere empfinden kann.

Wir möchten bestätigen, dass man neue Formen entwickeln kann, sich selbst und die Welt zu sehen, die einem helfen können, mit einem offenen Herzen zu leben. Aus unserer Sicht bedeutet ein Leben mit einem offenen Herzen, dass das Herz für die Liebe aufgebrochen ist. Es bedeutet, im gegenwärtigen Moment für alles vollkommen offen zu sein und zu lernen, alles anzunehmen – Gutes, Schlechtes und Hässliches und alle Gedanken und Emotionen in der endlosen Prozession der zehntausend Freuden und Sorgen. Das ist eine schwierige Arbeit. Und es ist ein sehr mutiger Schritt, sein Herz für Ängste und andere schmerzhafte Gedanken und Emotionen zu öffnen. Es kommt aber möglicherweise ein Moment, in dem man merkt, dass es nichts Wichtigeres gibt als das, denn Leben mit einem verhärteten oder verborgenen Herzen ist mit einem Schmerz verbunden, der eigentlich nicht zu ertragen ist.

Zum Annehmen all dieser Erfahrungen gehört eine bestimmte Art Vertrauen, das sich durch unmittelbare Erfahrung von Achtsamkeit entwickelt hat. Ihr Herz zu öffnen haben Sie mit den Übungen zum Selbstmitgefühl im vorigen Kapitel begonnen. In diesem Kapitel helfen wir Ihnen, Ihr Herz mit Übungen zu Liebender Güte, Versöhnung und empathischer Freude weiter zu öffnen.

Howards Geschichte

Howard wurde von Angst geplagt, die in dem Moment begann, in dem er morgens aufwachte, und ihn nicht verließ, bis er abends einschlief. Manchmal hielt sie ihn auch nachts wach. Er hatte das Gefühl, als wäre er schon immer mit diesen Gefühlen geschlagen gewesen. Er erinnerte sich daran, dass er schon als Junge nervös und unsicher gewesen war. Wann immer er in eine unangenehme soziale Situation geriet, brach ihm der Schweiß aus, er bekam Herzklopfen und fing an, schnell zu atmen. Er neigte dazu, aus solchen Situationen zu fliehen, und mit der Zeit fing er an, sie ganz zu vermeiden.

Howard verachtete, wie er mit seinem Leben umging, und fand sich feige und unzulänglich. Er fühlte sich sehr einsam und unwohl in seiner Haut. Und als wäre es noch nicht schlimm genug, dass er sich so fehlerhaft und hoffnungslos fühlte, bekam er zunehmend Schlafprobleme und begann unter Stress zu leiden. Er wollte keine Schlafmittel oder Medikamente gegen seine Angst nehmen, deshalb war er interessiert und meldete sich für einen Kurs an, als er las, Stressbewältigung durch Achtsamkeit (MBSR) könnte helfen.

In seinem ersten Kurs merkte Howard, dass er mit seinem Kampf nicht allein war. Allein zu wissen, dass so viele andere auch von Angst geplagt waren, bewirkte sofort Erleichterung. Er war beeindruckt, dass Menschen den Mut hatten, sich der Gruppe vorzustellen und auszusprechen, dass sie mit Angst lebten. Als er an der Reihe war, brachte er den Mut auf, seine Situation zu schildern, und nachher empfand er in sich eine unglaubliche Leichtigkeit. Er war auch stolz auf sich, weil er den Mut hatte, seine Wahrheit laut auszusprechen. Das war der erste Hoffnungsschimmer seit langer Zeit.

Als die Wochen vergingen und Howard Zeuge war, wie andere sich für ihre Angst öffneten und sich danach freier fühlten, gab ihm das den Mut, sich seinen eigenen Ängsten zu stellen. Als ihm die Praxis von Achtsamkeit vertrauter wurde, begann er, Ängste und Schmerz näher anzuschauen. Er nahm schließlich wahr, dass er eine schmerzhafte Kindheit gehabt hatte, und verstand, wie und warum er so viel Selbstvertrauen verloren und so viel Angst vor dem Leben hatte. Als er erst acht Jahre alt gewesen war, war sein kleinerer Bruder gestorben. Seitdem hatte er Angst um seine eigene Sicherheit und die Sicherheit der anderen geliebten Menschen. Als sich diese Gefühle verfestigten, wurde seine Welt von Angst und Misstrauen beherrscht. Das hatte ihn verändert und es war schwer geworden, an ihn heranzukommen. Das war eine Erklärung dafür, dass er Mühe hatte, Freundschaften zu schließen, und warum ihn damals so viele Kinder gehänselt hatten.

Als er wieder mit dem Kummer und dem Schmerz in Kontakt kam, die in seinem Herzen verschlossen waren, half ihm das verstehen, warum er sich in der Schule so unfähig gefühlt hatte. In der Schule hatte er nicht viel Sinn gesehen, weil er mit wichtigeren Themen zu tun hatte. Während er sich mit dem Sinn des Lebens und seiner Vergänglichkeit herumschlug, hatte er keine Beziehung zu der Aufgabe, irgendetwas anderes zu lernen.

Howards Herz begann aufzubrechen, als er seinen emotionalen Schmerz und seine Angst wahrnahm. Als er das Leiden seines jüngeren Selbst verstand, empfand er viel Mitgefühl mit diesem Jungen – Mitgefühl mit seinem jüngeren Selbst. Er sah jetzt auch, dass viele Menschen ähnliche Verluste und ähnliche Kämpfe erleben. Diese Einsichten erweckten sein Herz zu viel Mitgefühl und Liebe.

Was ist Meditation Liebender Güte?

Liebende Güte ist eine Meditation, die darin besteht, sich und allen Wesen bedingungslose Liebe und Wohlwollen entgegenzubringen. Diese Übung ist die Verkörperung von Freundlichkeit und radikaler Gleichbehandlung und kann das Herz für die sublimen Qualitäten altruistischer Liebe öffnen. Sie ist ein mächtiges Mittel gegen das Gefühl der Minderwertigkeit im Herzen. Wenn man sein Herz für Mitgefühl und Liebende Güte für sich und dann auch für andere öffnet, hilft einem das, Gefühle von Unzulänglichkeit, Unterlegenheit und Beziehungslosigkeit oder Isolation aufzulösen. Wir haben viele Menschen gekannt, die durch diese Praxis, die das Herz berührt, tiefe Heilung erfahren haben.

Das Licht Liebender Güte kann man mit dem Licht der Sterne, der Sonne oder des Mondes vergleichen. Es scheint auf alle Lebewesen, überall und ohne Ausnahme und auf alle gleich intensiv. Bei der Meditation Liebender Güte kann man diese großzügige, bedingungslose Liebe allen Wesen entgegenbringen, die die Erde bewohnen. Schließlich kann man sie allen Lebewesen im ganzen Universum entgegenbringen, auch denen, die noch nicht geboren sind. Dies ist eine schöne Übung, um das Herz zu öffnen und alle Lebewesen überall zu würdigen.

ÜBUNG

Sich sicher fühlen

Die Übung Liebender Güte beginnt damit, dass man sich selbst Gutes wünscht und diesen Wunsch dann allmählich auf andere ausdehnt. Weil es ein Prozess ist, bei dem man sein Herz öffnet, ist es wichtig, dass man sich sicher fühlt, wenn man die Übung macht. Denn man könnte zu Konfrontation übergehen oder defensiv werden, wenn man sich nicht sicher fühlt, und das würde erschweren, das Herz mit Liebender Güte zu öffnen. Man kann gute Gründe dafür haben, sich unsicher zu fühlen. Vielleicht ist man in der Vergangenheit stark verletzt worden und es fällt einem jetzt schwer, Menschen zu vertrauen. Es ist normal, dass man sich schützen möchte, deshalb möchten wir Ihnen eine Übung vorstellen, mit der Sie in diesem Sinne arbeiten können.

Nehmen Sie sich jetzt einen Moment Zeit, um in Körper und Geist hineinzuspüren. Nehmen Sie wahr, wie Sie sich körperlich und emotional fühlen und wo Sie innerlich sind. Fühlen Sie sich sicher oder nicht? Nehmen Sie sich Zeit und schreiben Sie auf, wie es Ihnen geht. Was empfinden Sie körperlich? Welche Gedanken oder Emotionen begleiten diese Empfindungen?
Wenn Sie sich nicht sicher fühlen, sind Sie dann dafür offen, dieses Gefühl in diesem Moment zu erforschen? Wenn Sie nicht dafür offen sind, das jetzt zu untersuchen, sorgen Sie bitte für sich und tun Sie, was Sie tun müssen, damit Sie sich sicher fühlen.

Wenn Sie bereit sind, sich genauer anzusehen, warum Sie sich nicht sicher fühlen, beginnen Sie damit, zu akzeptieren, wie es Ihnen geht. Lassen Sie alle körperlichen oder emotionalen Erfahrungen oder Gedanken zu, die sich bei Ihnen einstellen, und lassen Sie alles da sein. Lassen Sie zu, dass sich die Wellen dieser Erfahrungen ausbreiten oder nachklingen, wohin sie auch gehen müssen. Geben Sie einfach allem Raum, was da ist. Wenn Sie diese Erfahrungen da sein lassen, werden Sie schließlich sehen, dass alles, was auftaucht, auch wieder vergeht. Sie werden auch verstehen, was das Gefühl, nicht sicher zu sein, nährt. Mit der Zeit kann Ihnen diese Einsicht helfen, sich zu befreien.
Spüren Sie in Ihre Haut, in Ihr Fleisch und in Ihre Knochen – in Ihren Körper, der hier und jetzt in diesem Raum sitzt. Machen Sie sich bewusst, dass Sie an einem sicheren Ort sind, und dass keine Gefahr damit verbunden ist, wenn Sie Ihr Herz öffnen. … Atmen Sie ein und aus … und öffnen Sie sich dafür, sich sicher zu fühlen.
Fühlen Sie sich jetzt sicher? Können Sie sich in diesem Moment in sich niederlassen und sich sicher fühlen?

Nehmen Sie sich Zeit und halten Sie in Ihrem Tagebuch fest, was bei Ihnen körperlich, mental und emotional aufgetaucht ist, als Sie diese Übung gemacht haben. Konnten Sie an eine Stelle gelangen, an der Sie sich sicher fühlten? Wenn nicht, was haben Sie dann gemacht, um für sich zu sorgen? Wie geht es Ihnen in diesem Moment, nachdem Sie über Ihre Erfahrung geschrieben haben?
Wenn man ein Gefühl der Sicherheit herstellt und stärkt, schafft man damit auch die Bedingungen für die Praxis Liebender Güte. Wenn man sich in seinem Sein sicher fühlt, ist es leichter, sein Herz dafür zu öffnen, sich und anderen Liebe entgegenzubringen.

Josés Geschichte

José hatte eine Menge Wut. Er wirkte so, als würde er sich praktisch über alles ärgern, was ihm begegnete, und er war der Meinung, dass das Leben ihn ungerecht behandelte. Er mochte seine Kollegen nicht, ihm gefiel nicht, wie Leute Auto fuhren, hatte keine Lust, die Wäsche zusammenzulegen oder abzuwaschen, mochte an keiner roten Ampel warten und konnte es vor allem nicht leiden, wenn seine Freundin ihn aufforderte, freundlicher zu sein.

Als sein Chef ihm riet, an Kursen zur Aggressionsbewältigung teilzunehmen, meinte José, er brauche das nicht. Und als ein Freund, den er respektierte, ihm ein Programm zur Stressbewältigung durch Achtsamkeit (MBSR) empfahl, reagierte er mit der Bemerkung, er hielte Achtsamkeit für einen Haufen Unsinn. Aber sein Leben funktionierte nicht. Er hatte eine Reihe von Abmahnungen bekommen, weil er Kollegen gegenüber ausgerastet war, und sein Job war in Gefahr. Dann hatte ihm seine Freundin gesagt, sie wüsste nicht, ob sie in der Beziehung bleiben könnte, wenn sich nicht etwas änderte. Er erinnerte sich an den Rat seines Freundes und er beschloss, sich für ein MBSR-Programm anzumelden.

Als er anfing, die Reise durch den Körper zu machen, konnte er seinen Körper nicht einmal spüren, weil er so von ihm getrennt war. Aber mit fortgesetzter Übung fing er an, wieder mit ihm in Kontakt zu kommen. In diesem Prozess begegnete er einer Menge muskulärer Spannung und Enge, und mit der Zeit brachte ihn diese Spannung zu seiner Wut. In seinem Alltag begann er zu sehen, dass die Schmerzen in Nacken und Schultern, die er bei der Reise durch den Körper entdeckt hatte, sich gewöhnlich dann meldeten, wenn er frustriert und ungeduldig war. Der angespannte und blockierte Kiefer stellte sich gewöhnlich ein, kurz bevor er ausrastete.

Als José bei der achtsamen Selbsterforschung in seine Wut hineinspürte, stieg ein Meer an Traurigkeit über sein Leben in ihm auf. Ihm wurde klar, dass er kaum Freunde hatte und dass die meisten Menschen ihn nicht mochten. Er merkte, dass er Menschen nicht traute und dass dies seine Ursprünge in seiner Kindheit hatte. José war für sein Alter klein gewesen, und die Kinder in seiner Nachbarschaft drangsalierten und hänselten ihn deshalb oft, wodurch er sich gedemütigt und unzulänglich fühlte. Vor dem Hintergrund dieser Erfahrungen war es kein Wunder, dass er sich fast nie sicher fühlte. Seit seiner Kindheit war José immer der Meinung gewesen, das Beste sei, einfach so stark wie möglich zu sein und sich immer zu verteidigen, wenn er sich bedroht fühlte. Aber jetzt machte er eine neue Erfahrung: Sein jüngeres Selbst tat ihm leid – und leidtat ihm auch der Mensch, der er als Folge dieser frühen Erfahrungen geworden war.

José sah, dass er sich verändern musste – dass er mit den unvermeidlichen Frustrationen im Leben mehr Geduld haben und dass er mehr Akzeptanz und Vertrauen in andere und in sich selbst lernen musste. Aber er wusste nicht, wo er anfangen sollte. Als er die Meditation Liebender Güte kennenlernte, fand er die Antwort. Schon seine allererste Erfahrung mit dieser Übung verschaffte ihm ein Maß an Frieden, wie er es lange nicht erlebt hatte. Als er weiter übte, entdeckte er Tiefen der Liebe und Verbundenheit, die er nicht für möglich gehalten hatte.

ACHTSAMKEITSÜBUNG

Meditation Liebender Güte

Wenn man über Liebende Güte meditiert und in sein Herz hineinfühlt, öffnet man sich für das, was im Leben wichtig ist, und vielleicht auch dafür, woran man arbeiten muss. Diese Meditation kann das Herz zu fast unfassbaren Gefühlen der Liebe erheben und vielleicht auch entdecken lassen, wo man zurückhält oder blockiert ist.
Nehmen Sie sich etwa 30 Minuten für die Übung. Wenn Sie anfangen, richten Sie Ihre Aufmerksamkeit auf die Übung. Lesen Sie die ganze Anleitung zu der Übung durch, bevor Sie anfangen. Weil diese Übung lang und besonders detailreich ist, müssen Sie vielleicht ab und zu noch einmal in den Text schauen. Sie können die Anleitung auch aufnehmen und die Aufnahme während der Übung abspielen. Oder Sie beschaffen sich bei www.yourheartwideopen.com eine CD mit der Anleitung. Sie werden bald mit der Übung vertraut sein und die Anleitung nicht mehr hören müssen. Sie können die Übung auch abwandeln. Sie können die Sätze verwenden, die unten aufgeführt sind, aber auch eigene

formulieren. Hier haben wir die Anleitung für diese Übung aus *Stressbewältigung durch Achtsamkeit* von Bob Stahl und Elisha Goldstein (Arbor Verlag, 2010) übernommen und angepasst.

Beginnen Sie Ihre Übung damit, dass Sie sich dazu beglückwünschen, dass Sie diese Zeit der Meditation Liebender Güte widmen.
Wenn Sie präsent werden, spüren Sie in sich hinein und nehmen Sie wahr, wie es Ihnen körperlich, mental und emotional geht. Lassen Sie einfach alles zu, was Sie fühlen und erkennen Sie es an. Lassen Sie es da sein, ohne es zu bewerten.
Verschieben Sie Ihre Aufmerksamkeit allmählich zur Atmung und atmen Sie normal und natürlich. Richten Sie Ihre Aufmerksamkeit auf die Nase, die Brust oder den Unterbauch und seien Sie sich dabei jedes einzelnen Atemzugs bewusst, eines nach dem anderen. Wenn Sie einatmen, seien Sie sich bewusst, dass Sie einatmen, und wenn Sie ausatmen, seien Sie sich bewusst, dass Sie ausatmen. Sie atmen ein und Sie atmen aus …
Gehen Sie mit Ihrer Aufmerksamkeit jetzt in Ihre Brust und in den Herzbereich. Spüren Sie mit Mitgefühl und Liebe in Ihr kostbares und empfindliches Leben. Wenn das zu Gefühlen von Minderwertigkeit oder Selbstvorwürfen führt, dann seien Sie sich bewusst, dass auch sie in dem offenen und nicht bewertenden Licht Liebender Güte anerkannt werden müssen. Manchmal kann es so aussehen, als wären die Gefühle Liebender Güte weit weg, und man weiß nicht, wie man dahin gelangen kann. Sehen Sie diese Übung als eine Reise. Gehen Sie immer weiter, Schritt für Schritt, und seien Sie sich bewusst, dass Sie den Weg bestimmen und mit jedem Ihrer Schritte der Liebenden Güte näher kommen. Versuchen Sie, sich in die Qualitäten Liebender Güte einzufühlen, einer grenzenlosen, selbstlosen Liebe, die wie die Sonne, der Mond oder die Sterne scheint und alle Lebewesen ohne Ausnahme und gleichermaßen erleuchtet.
Nehmen Sie diese Liebe in Ihr Herz, in Ihre Haut und Knochen, in Ihre Moleküle und in Ihr ganzes Sein. Mögen Sie sich für tiefe Freundlichkeit und Mitgefühl für sich so, wie Sie sind, öffnen.
Auch wenn es Überwindung kosten mag, sich liebevoll sich selbst gegenüber zu fühlen, nehmen Sie einfach weiter Ihre Probleme wahr und

versuchen Sie, sich für die Liebe zu öffnen. Mögen Sie unbegrenztes Mitgefühl mit sich für alle Gefühle der Minderwertigkeit haben. Mögen Sie die Weisheit besitzen zu verstehen, dass diese Gefühle nicht definieren, wer Sie sind.

Nehmen Sie sich jetzt ein wenig Zeit dafür, sich für jeden der folgenden Sätze zu öffnen. Nehmen Sie diese Sätze in Ihr Sein auf. Wenn Sie lieber eigene Sätze formulieren, dann tun Sie das bitte.

> *Möge ich mich für großes Mitgefühl für mich selbst öffnen.*
> *Möge ich mich mit dem weisen Verständnis, dass meine ganze Vergangenheit mich zu diesem Moment geführt hat, für tiefe Versöhnung mit meiner Vergangenheit öffnen.*
> *Möge ich mich ruhig, mit Mitgefühl, Freundlichkeit und Munterkeit halten.*
> *Möge ich meine Unvollkommenheiten akzeptieren und sehen, dass ich so, wie ich bin, unvollkommen vollkommen bin.*
> *Möge ich so gesund sein, wie ich sein kann.*
> *Möge ich Leichtigkeit in Körper und Geist haben.*
> *Möge ich in Frieden sein.*

Jetzt, da Sie begonnen haben, sich für die Liebende Güte zu öffnen, werden Sie an einem bestimmten Punkt dieses expansive Gefühl ganz von selbst nach außen auf andere ausweiten wollen. Fangen Sie damit an, dass Sie das Gefühl denen entgegenbringen, die leicht zu lieben sind, wie zum Beispiel weise und liebevolle Lehrer … denen, die Sie mit Liebe und Weisheit inspiriert und geführt haben. Spüren Sie in Ihr Herz mit Dankbarkeit für die, die Sie unterstützt haben, und wiederholen Sie ein paar Minuten lang die folgenden Sätze:

> *Mögen meine Lehrer vor innerem und äußerem Schaden sicher sein.*
> *Mögen meine Lehrer glücklich sein.*
> *Mögen meine Lehrer gesund sein.*
> *Mögen meine Lehrer zufrieden und unbeschwert sein.*
> *Mögen meine Lehrer in Frieden sein.*

Erweitern Sie jetzt das Feld Liebender Güte allmählich für die, die Ihnen nahe stehen, wie die Familie, die Freunde und die Gemeinschaft:

> *Mögen die, die mir nahe stehen und die ich liebe, vor innerem und äußerem Schaden sicher sein.*
> *Mögen die, die mir nahe stehen, glücklich sein.*
> *Mögen die, die mir nahe stehen, gesund sein.*
> *Mögen die, die mir nahe stehen, zufrieden und unbeschwert sein.*
> *Mögen die, die mir nahe stehen, in Frieden sein.*

Weiten Sie jetzt das Feld Liebender Güte weiter und auf die aus, für die Sie neutrale Gefühle empfinden, seien es Bekannte oder Fremde:

> *Mögen die, für die ich neutrale Gefühle empfinde, vor innerem und äußerem Schaden sicher sein.*
> *Mögen die, für die ich neutrale Gefühle empfinde, glücklich sein.*
> *Mögen die, für die ich neutrale Gefühle empfinde, gesund sein.*
> *Mögen die, für die ich neutrale Gefühle empfinde, zufrieden und unbeschwert sein.*
> *Mögen die, für die ich neutrale Gefühle empfinde, in Frieden sein.*

Nehmen Sie sich jetzt etwas Zeit und denken Sie an die, die zurzeit mit körperlichem Schmerz oder Leiden leben. Nehmen Sie sie in Ihr Herz und dehnen Sie Ihre Wünsche von Heilung und Liebender Güte auf sie aus:

> *Mögen die, die leiden, vor innerem und äußerem Schaden sicher sein.*
> *Mögen die, die leiden, glücklich sein.*
> *Mögen die, die leiden, gesund sein.*
> *Mögen die, die leiden, zufrieden und unbeschwert sein.*
> *Mögen die, die leiden, in Frieden sein.*

Stellen Sie sich jetzt vor, dass Sie Liebende Güte auch auf die ausdehnen, die Sie schwierig finden oder die Ihre Feinde sind. Versuchen Sie alle Gefühle des Grolls aufzuheben, denn sie sind für Ihr eigenes Wohlbefinden nur schädlich. Machen Sie sich klar, dass die verletzenden Handlungen anderer oft aus Angst, aus Verletztheit und aus Mangel an Bewusstheit entstehen. Bringen Sie denen, die Sie schwierig finden oder die Ihre Feinde sind, ruhig und langsam Liebende Güte entgegen:

Mögen die, die ich schwierig finde, einen Zugang zu
    ihrem Herzen finden, mögen sie bewusster werden
    und ihre Angst in Liebe verwandeln.
Mögen die, die ich schwierig finde, vor innerem und äußerem Schaden sicher sein.
Mögen die, die ich schwierig finde, glücklich sein.
Mögen die, die ich schwierig finde, gesund sein.
Mögen die, die ich schwierig finde, zufrieden und unbeschwert sein.
Mögen die, die ich schwierig finde, in Frieden sein.

Erweitern Sie den Kreis nun auf alle Lebewesen. Lassen Sie diese Liebende Güte so grenzenlos wie der Himmel werden. Beginnen Sie Liebende Güte auf alle Lebewesen auszustrahlen, bringen Sie sie allen Wesen auf der Erde, im Wasser und in der Luft entgegen und lassen Sie sie sich in alle Richtungen, in das ganze Universum ausbreiten:

Mögen alle Wesen vor innerem und äußerem Schaden sicher sein.
Mögen alle Wesen glücklich sein.
Mögen alle Wesen gesund sein.
Mögen alle Wesen zufrieden und unbeschwert sein.
Mögen alle Wesen in Frieden sein.

Kommen Sie langsam zur Atmung zurück und spüren Sie Ihren Körper, während Sie ein- und ausatmen. Spüren Sie, wie sich Ihr Körper bei jedem Einatmen hebt und ausdehnt und bei jedem Ausatmen senkt und kontrahiert. Spüren Sie Ihren Körper als einen einzigen, vollständigen Organismus, der in sich verbunden und ganz ist. Fühlen Sie den Frieden und die Liebende Güte in sich und um sich herum.
Mögen alle Wesen in Frieden sein.

Nehmen Sie sich jetzt ein wenig Zeit und halten Sie in Ihrem Tagebuch Ihre Erfahrungen mit dieser Übung fest. Lassen Sie sich dabei von diesen Fragen leiten:

- Welche Erfahrungen haben Sie bei der Meditation zu Liebender Güte gemacht?
- Gab es für Sie irgendwelche Widerstände, und wenn ja, wie sind Sie mit ihnen umgegangen?
- Wie können Sie mehr Liebende Güte in Ihr Leben bringen?

Die Meditation der Liebenden Güte kommt Ihnen zunächst vielleicht fremd vor, aber machen Sie sie dennoch regelmäßig weiter. Es ist eine Übung, die man wiederholen muss, um sie zu lernen. Gleich, wie zögernd oder ungeschickt Sie sich bei Ihren ersten Schritten vielleicht fühlen, fortgesetztes Üben wird einen Weg in Geist und Herz bahnen, der allmählich tiefer und zu Ihrer Lebensweise werden wird. Alte Wege, die Ihren Geist und Ihr Herz taub gemacht haben, sind auch einmal zu einer Lebensform geworden – dieser Weg aber führt Sie genau in das Hier und Jetzt. Dieser Weg lebt in jedem Atemzug und in jedem Herzschlag und hält Sie am Leben und erfüllt Sie mit Freundlichkeit und Mitgefühl für sich selbst. Wenn man so im Moment lebt und dabei von Liebender Güte erfüllt ist, wird es möglich, die Vergangenheit loszulassen, so dass man ganz im Moment leben und sein Herz für Versöhnung und Loslassen von Vorwürfen öffnen kann.

Wenn man sich nicht liebend fühlt

Manchmal fühlen Sie sich vielleicht nicht besonders liebend, wenn Sie die Meditation mit Liebender Güte machen. Manchmal empfinden Sie vielleicht sogar das Gegenteil, auch starke Gefühle von Wut, Bitterkeit, Traurigkeit, Groll oder Minderwertigkeit. Wir möchten Ihnen versichern, dass das normal ist. Sehen Sie solche Gefühle nicht als problematisch oder als einen Hinweis darauf, dass Sie irgendwie unzulänglich sind, weil Sie dies nicht „richtig" machen. Betrachten Sie sie vielmehr als Ihre Lehrer, die Ihnen zeigen, wo Sie stehen oder sich zurückhalten und worauf Sie Ihre Aufmerksamkeit richten sollten.

Es kann schwierig sein, mit diesen Aufgaben zu arbeiten. Unterstützen Sie sich daher mit Mitgefühl und vergessen Sie nicht, dass es immer möglich ist, weiterzugehen, wenn Sie sich zurückhalten. Wenn Sie nicht wüssten, was Sie zurückhält, wären Sie viel weiter davon entfernt, das Problem zu lösen. Wenn Sie die Ursachen Ihres Schmerzes identifizieren, wird Versöhnung vielleicht nicht lange auf sich warten lassen.

Ist Versöhnung möglich?

Wenn man Meditation Liebender Güte praktiziert, kann es sein, dass es sich sehr schwierig oder fast unmöglich anfühlt, sie auch Feinden entgegenzubringen. Vielleicht fragen Sie sich, warum man das überhaupt wollen sollte. Zugleich merken Sie vielleicht auch, dass es eine schwere Last und letztlich schädlich und kontraproduktiv für das eigene Wohlbefinden sein kann, wenn man mit einem verhärteten und von Groll erfüllten Herzen lebt. Der Psychologe Fred Luskin und seine Kollegen haben an der Stanford University die physiologischen und emotionalen Wirkungen von Vergeben und Verzeihen untersucht. Luskin fasst zusammen: „Verzeihen kann Stress, hohen Blutdruck, Wut, Depression und Schmerz verringern, und es kann Optimismus, Hoffnung, Mitgefühl und körperliche Vitalität steigern" (2010).

Eigentlich geht es beim Verzeihen und Vergeben darum, Frieden zu schließen – mit dem, was passiert ist, und mit den Beteiligten. Es ist typisch, Verzeihen als etwas zu sehen, was man anderen für begangene Fehler anbieten kann. Das ist aber nur ein Aspekt. Wenn man an sich arbeitet, um eine innere Haltung zu verändern und sein Herz weich werden zu lassen, muss man drei Aspekte der Versöhnung berücksichtigen und entwickeln: Frieden mit sich selbst, Frieden mit denen, die man selbst verletzt hat, und Frieden mit denjenigen, von denen man verletzt wurde. Beim Verzeihen geht es letztlich darum, sich zu befreien.

Frieden mit sich selbst
Wenn man mit Freundlichkeit und achtsam sein Leben anschaut, ist das aus vielen Gründen befreiend, nicht zuletzt, weil es hilft, die eigenen Fehler tiefer zu verstehen und aus ihnen zu lernen. Die größten Fehler sind die Stellen, wo man seine wichtigsten Lektionen über das Leben lernen kann. Statt zu versuchen, sie zu vergessen oder sie zu begraben, ist es also notwendig, zu verstehen, wie und warum man diese Fehler gemacht hat. Wenn man das nicht tut, muss man seine Fehler vielleicht oft wiederholen, bis man die Lektionen lernt, die man lernen muss. Zum Beispiel hat man sich vielleicht scheiden lassen und dann jemand anders kennengelernt, den man ganz wunderbar findet, aber schließlich entdeckt man, dass man anscheinend an dieselbe Person geraten ist – sie ist eben nur körperlich eine andere. Oder man verliebt sich immer wieder in Menschen, die dann einfach verschwinden und einen im Stich lassen, wie der Vater das vielleicht getan hat. Es gibt Momente, da kann es sich so anfühlen, als wäre man in einer Drehtür hängen geblieben und dazu verdammt, dieselben Fehler immer wieder zu machen.

Achtsamkeit kann aber helfen, die Geschichten und Gewohnheiten zu erkennen, die einen in seinem Leben dieselben Fehler immer wieder machen lassen. Es kann schmerzhaft sein, festzustellen, wie hart man mit sich selbst umgegangen ist – dass man sein strengster Kritiker und Richter ist und dass man niemals mit jemandem so reden würde, wie man mit sich selbst redet. (Wenn man das täte, hätte man wahrscheinlich keine Freunde.) Diese Einsichten können die Versuchung mit sich bringen, sich dafür zu kritisieren oder sich übel zu nehmen, dass man so ist. Wenn Sie die Ereignisse und Handlungen anerkennen, die Scham- und Schuldgefühle und Gefühle, mangelhaft oder minderwertig zu sein, bei Ihnen bestärkt haben, dann stehen Sie zu sich mit Anteilnahme und mit Mitgefühl. Dies ist entscheidend, dass man der Falle von Selbstvorwürfen entkommen und sich wirklich aus dem Kreislauf befreien kann.

Doch wie wir gesehen haben, sitzt der Mangel an Selbstmitgefühl ganz tief und ist überall spürbar, und es ist keine leichte Aufgabe, sich von dem Selbstbild zu befreien, minderwertig und unwert zu sein. Es kann sehr mühsam sein, Frieden mit sich zu schließen. Dazu braucht man Geduld, Freundlichkeit und Einsicht. Es ist aber eine edle und essentielle Arbeit, die Voraussetzung für den Heilungsprozess ist. Man kann mit anderen keinen Frieden haben, solange man nicht mit sich selbst Frieden geschlossen hat.

Wenn man achtsam zurückschaut und sieht, wo man gewesen ist und was alles zu den Geschichten, die man sich erzählt hat, beigetragen hat, kann man sein eigenes Verhalten und seine automatischen Reaktionen verstehen. Vielleicht sieht man dann: „Natürlich habe ich mich gehasst, als ich 12 war. Ich habe gedacht, ich wäre der Grund, weshalb meine Eltern sich scheiden ließen. Ich dachte, ich hätte ein besseres Kind sein sollen." Wenn man mit dem Wissen zurückschaut, das man im Rückblick hat, sieht man klarer, wo man damals war, warum man damals so gedacht und gefühlt hat und wie all das die selbst beschränkenden Geschichten geformt hat, mit denen man so lange gelebt hat. Wenn Selbstmitgefühl und Verständnis für das eigene Leiden zunehmen, fühlt man sich leichter, glücklicher und freier.

Lassen Sie daher, wenn Sie Liebende Güte üben und leben, Heilung und Versöhnung in sich beginnen. Möge sich Ihr Herz mit Freundlichkeit und Verständnis für die Verletzungen und die Gefühle öffnen, die Ihr Leiden verursacht haben. Mögen Sie Ihr Herz mit Feingefühl und Mitgefühl halten und sich all die Male vergeben, da Sie so kritisch und hart mit sich umgegangen sind. Mögen Sie sich öffnen für Frieden und Versöhnung mit sich selbst.

Frieden mit Menschen, die man verletzt hat

Nun, da Sie angefangen haben, Ihren inneren Kritiker zu verstehen und zum Schweigen zu bringen, können Sie die nachträgliche Sicht der Dinge nutzen, um zu verstehen, was Sie dazu gebracht hat, andere zu verletzen oder ihnen wehzutun. Sie werden verstehen, wo Sie mental und emotional waren und warum Sie so auf andere eingeschlagen haben. Wir alle haben anderen Schmerz zugefügt, mit Absicht oder nicht, und das kann einen bitteren Nachgeschmack hinterlassen.

Frieden mit Menschen schließen, die man verletzt hat, bedeutet nicht, dass man sich rechtfertigt. Es bedeutet, dass man Verantwortung für Entscheidungen übernimmt, die andere verletzt haben. Zu so einer Versöhnung gehört, dass man bei den Dingen ist, wie sie sind, und die Wirkung der eigenen Handlungen anerkennt. Nur dann kann man lernen, was man lernen muss, und loslassen, was man loslassen muss. Diese Art Versöhnung ist eine Möglichkeit, wie man aufhören kann, der angesammelten Last negativer Ereignisse und Erinnerungen immer mehr hinzuzufügen, was die Gefühle von Minderwertigkeit nur nährt. Wenn man diese Last ablegt und anfängt, im Hier und Jetzt zu leben, kann man Selbstvorwürfe und Selbstentwertung aufgeben. Man kann sich dann darauf konzentrieren, zu verstehen, was passiert ist oder wie man Fehler begangen hat – und sie künftig vermeiden.

Susans Geschichte

Als Susan ein intensives Meditationsretreat besuchte, wurde sie von reuevollen Erinnerungen verfolgt. Sie grübelte besonders darüber nach, wie sie vor vielen Jahren ihre Freundin Erica verletzt hatte. Sie hatte ihr gesagt, dass die Paarbeziehung, in der sie lebte, zu nichts führen würde, und sie gefragt, warum sie ihre Zeit verschwendete.

Susan sprach mit ihrem Achtsamkeitslehrer über diese Gefühle der Reue. Er schlug ruhig vor, sie sollte in ihre Scham hineinfühlen, wenn sie dazu bereit wäre, und wahrzunehmen, was immer körperlich, in

Gedanken und emotional auftauchen würde. Als Susan so bei ihren Gefühlen blieb und sie auftauchen ließ, begegnete sie ihnen mit einer Haltung und der Bereitschaft, sich selbst zu erforschen, und fing an, mehr zu verstehen. Sie erkannte, dass ihre bösen Bemerkungen auf ihre eigene Unsicherheit zurückgingen. Sie hatte eine Reihe gescheiterter Beziehungen hinter sich und hatte Zweifel, ob sie jemals wieder eine feste Beziehung haben würde. Sie hatte sich gefragt, ob sie vielleicht nicht gut oder liebenswert genug wäre. Sie sah jetzt auch, dass sie eifersüchtig gewesen war. Das waren schmerzhafte, schwierige Einsichten, aber jetzt begann Susan, mehr Selbstmitgefühl, und damit ein gewisses Maß an Akzeptanz und Frieden zu empfinden.

Frieden mit Menschen, von denen man verletzt wurde

Wie bei dem Frieden, den man mit sich selbst schließen kann, wenn man andere verletzt hat, ist es wichtig, zu verstehen, dass Verzeihen nicht bedeutet, dass das, was passiert ist, okay ist. Aber es gibt einen wichtigen Unterschied: Man kann Verantwortung dafür übernehmen, dass man andere verletzt hat, aber man kann andere nicht dazu bringen, Verantwortung dafür zu übernehmen, dass sie einen selbst verletzt haben. Vielleicht ist dies ein Grund, weshalb Versöhnung so schwierig sein kann. Es gibt gute Beispiele dafür, dass Menschen das gemacht haben – zum Beispiel hat Papst Johannes Paul dem Attentäter verziehen, der ihn töten wollte. Aber Sie denken vielleicht: „Ich bin nicht der Papst. Ich bin ein normaler Mensch." Sie fragen sich vielleicht, wie man so eine Versöhnung erreichen kann.

Der Buddha hat dies mit einer Verletzung durch einen Pfeil verglichen. Wenn das passiert, ist die instinktive Reaktion nicht, dass man herausfinden möchte, wer ihn abgeschossen hat oder was ihn dazu motiviert haben könnte. Man hält sich nicht mit Einzelheiten auf, was passiert ist und warum. Nichts davon ist wichtig, solange man den Pfeil nicht aus dem Körper entfernt hat. Genauso ist jemand, der mit Abneigung, Groll oder bösem Willen lebt, selbst derjenige, der leidet. Wenn man mit Achtsamkeit bei

Körper und Geist ist und wirklich spürt, wie es einem geht, wenn man voller Groll ist, dann merkt man, dass es sich schädlich auf Gesundheit und Wohlbefinden auswirkt, wenn man feindselige Gefühle hegt. Man vergleiche das damit, wie man sich körperlich fühlt, wenn man glücklich ist und anderen Gutes wünscht. Dieses Verständnis ist ein guter Ausgangspunkt für Arbeit an der Versöhnung mit Menschen, die einen verletzt haben, denn es bringt das eigene Wohlbefinden ins Bewusstsein. Daran, was andere getan haben – oder wie sie sind –, kann man nichts ändern, aber man verändern, wie man mit Groll umgeht, und den Schaden heilen, der damit angerichtet wurde.

Wenn man daran arbeitet, Groll zu entschärfen und aufzugeben, erkennt man oft, dass man andere in ähnlicher Weise verletzt hat, wie man selbst verletzt wurde, und zwar aus ähnlichen Gründen: aus Angst, Gier oder Unbewusstheit. Das kann eine schmerzhafte Einsicht sein, aber sie vertieft auch das Verständnis und Mitgefühl für diejenigen, die einen verletzt haben. Diese Einsicht erweitert die Fähigkeit für Versöhnung und macht möglich, dass man sich verändert und diese Last aus Angst und Groll ablegt. Es ist auch nützlich, darüber nachzudenken, worin die Kraft und die starke positive Wirkung von Versöhnung bestehen. Dabei kann die folgende Übung eine Hilfe sein.

ACHTSAMKEITSÜBUNG

Versöhnungsmeditation

Wenn man anfängt, mit Versöhnung zu arbeiten, macht man vielleicht die Erfahrung, dass es einem schwerfällt, sich für Mitgefühl zu öffnen, sei es Mitgefühl mit sich selbst oder mit anderen. Wenn das passiert, erkennen Sie ruhig und freundlich an, wo Sie stehen. Denken Sie daran, dass es eine Übung ist, und dass Sie lernen. Solche Schwierigkeiten zeigen einem wie bei der Meditation mit Liebender Güte, wo man emotional blockiert ist und wo man sich

zurückhält. Nehmen Sie das als etwas Gutes, denn wenn man seine Schwierigkeiten sieht, wird es möglich, daran zu arbeiten. Wenn Sie das Licht der Bewusstheit auf diese Stellen richten, an denen Sie blockiert sind, können Sie allmählich Frieden mit sich und mit anderen schließen.
Nehmen Sie sich für diese Übung mindestens 25 Minuten Zeit. Suchen Sie sich einen Platz zum Üben, an dem Sie sich sicher und ganz bei sich fühlen.

Nehmen Sie sich ein wenig Zeit, um Ihre Entschlossenheit wahrzunehmen, die Meditation zum Thema Versöhnung durchzuführen. Machen Sie sich bewusst, dass das ein mutiges und achtbares Vorhaben ist, und beglückwünschen Sie sich dafür, dass Sie diese schwierige Arbeit auf sich nehmen. Fangen Sie jetzt an, etwa fünf Minuten lang mit Achtsamkeit bei Ihrer Atmung zu sein. Spüren Sie die Empfindung des Atems, wenn er in die Nasenlöcher ein- und austritt, oder spüren Sie, wie sich bei jedem Einatmen Brust oder Bauch ausdehnt und bei jedem Ausatmen zusammenzieht. Atmen Sie bewusst ein und aus ...
Richten Sie Ihre Aufmerksamkeit jetzt auf das Innere Ihrer Brust und spüren Sie in Ihr Herz, wenn Sie ein- und ausatmen. Denken Sie an die Verletzlichkeit und Kostbarkeit des Lebens – dass für jeden von uns Atem Leben ist und dass unser Leben, wie wir es kennen, vorbei ist, wenn der Atem aufhört. Denken Sie daran, wie flüchtig jeder Atemzug ist und nur einen kurzen Moment dauert, und dass nichts das Vergehen der Zeit aufhalten kann.
Wenn Sie sich der Versöhnung zuwenden, sollten Sie sich zunächst bewusst machen, wie es sich anfühlt, wenn man an Groll festhält. Diese Last ist wie ein Dorn im Fleisch oder wie ein Stein im Schuh. Letztlich ist es in Ihrem Interesse, den Groll aufzugeben. Das Leben ist so kurz und so heilig – warum es damit verbringen, so eine Last mit sich herumzuschleppen? Öffnen Sie sich für Versöhnung ...
Wenden Sie sich jetzt in Ihr Herz und öffnen Sie sich für Mitgefühl mit all jenen Momenten, wenn Sie sich entwertet oder überkritisch beurteilt haben oder von Selbstablehnung erfüllt waren. Nutzen Sie Ihre weise Einsicht, die Ihnen im Rückblick zur Verfügung steht, um zu verstehen, warum Sie sich so verletzt haben. Wenn Sie jetzt in diesem Licht betrachten, wie Sie

in der Vergangenheit gewesen sind, können Sie sich vielleicht für tiefes Mitgefühl und Liebe für den öffnen, der Sie sind. Bleiben Sie mindestens fünf Minuten bei dieser Reflexion.

Denken Sie jetzt an eine Situation, als Sie jemanden verletzt haben. Schauen Sie die Ängste und die Unbewusstheit an, die Sie erfasst hatten, als Sie das taten, absichtlich oder unabsichtlich, und erkennen Sie Angst und Unbewusstheit an. Mögen Sie in tiefem Verständnis dessen wachsen, was Ihre Handlungen genährt hat, und möge es Versöhnung geben, wenn Sie Ihr Herz für Mitgefühl und Liebe öffnen. Bleiben Sie mindestens fünf Minuten bei dieser Reflexion.

Denken Sie dann an andere, von denen Sie verletzt wurden. Auch wenn es zuerst schwierig sein kann, ihnen zu vergeben, ist es wichtig, daran zu arbeiten, allen Groll aufzugeben, denn er wirkt sich unmittelbar auf Ihr Wohlbefinden aus. Mögen Sie die Leichtigkeit empfinden, die sich einstellt, wenn man die Last eines verhärteten Herzens abwirft. Bleiben Sie mindestens fünf Minuten bei diesen Gedanken.

Machen Sie sich bewusst, dass jeder von uns versucht, seinen eigenen Weg zu finden – dass wir alle mit Schwierigkeiten und Ungewissheiten leben und dass niemand vermeiden kann, andere zu verletzen oder verletzt zu werden. Mögen alle diese Wunden zu Orten der Heilung werden. Mögen wir alle Zugang zu unserem Herzen finden und uns für tiefes Mitgefühl für uns und für andere öffnen.

Schließen Sie die Übung damit ab, dass Sie zur Atmung zurückkehren und fünf Minuten lang achtsam atmen. Wenn Sie an das Ende dieser Meditation gekommen sind, beglückwünschen Sie sich dazu, dass Sie sich diese Zeit für die Übung genommen haben. Mögen alle Wesen in Frieden sein.

Nehmen Sie sich ein wenig Zeit und beschreiben Sie in Ihrem Tagebuch, was Sie bei dieser Übung entdeckt haben. Was haben Sie bei der Meditation über Versöhnung wahrgenommen und was für Erfahrungen haben Sie gemacht? Sind Sie Schwierigkeiten begegnet, und wenn ja, wie haben Sie mit ihnen gearbeitet? Überlegen Sie, ob Sie einen Plan machen und mit der Versöhnung mit mindestens einem Menschen beginnen möchten.

Versöhnung ist eine dauernde Übung und Praxis. Versuchen Sie deshalb, häufig damit zu arbeiten. In Wahrheit ist dies eine lebenslange Arbeit. Sich von Groll zu befreien, ist ein langsamer Prozess, aber mit der Zeit werden Sie freier, als Sie es jemals für möglich gehalten haben.

Empathische Freude

Empathische Freude ist eine wunderbare Qualität. Dazu gehört, dass man sich an der Freude eines anderen freut. Im Jiddischen bezeichnet das schöne Wort „kvell" diese Qualität. Es bedeutet, dass man Glück angesichts des Glücks anderer empfindet und sich zum Beispiel über ihre Erfolge freut. Empathische Freude ist das Gegenteil von Neid. Wir alle können uns an Momente erinnern, als wir uns so mit jemandem gefreut haben, der uns nahesteht.

Man kann empathische Freude auch lernen und üben, wie wir gleich beschreiben werden. Wir empfehlen Ihnen das sehr. Wenn man die Aufmerksamkeit auf das Glück anderer richtet, beschäftigt man sich nicht mit sich selbst, und das kann helfen, Gefühle der Minderwertigkeit zu zerstreuen. Außerdem hilft empathische Freude, Einfühlung und Resonanz mit anderen zu üben und steigert Gefühle der Freude und Lust und Verbundenheit mit Menschen. Dies ist ein mächtiges Mittel gegen Isolation und Beziehungslosigkeit, die so oft entstehen, wenn man in selbst beschränkende Definitionen eingesperrt ist.

ACHTSAMKEITSÜBUNG

Meditation empathischer Freude

Meditation über empathische Freude ist eine sehr wirksame Weise, wie man mit der zeitlosen Wahrheit in Berührung kommen kann, dass der Sinn der Liebe darin besteht, sie mit anderen zu teilen und zu leben. Nehmen Sie sich für diese Übung etwa 20 Minuten Zeit.

> Beginnen Sie damit, dass Sie Ihre Aufmerksamkeit auf die Atmung richten. Seien Sie achtsam bei jeder Einatmung und Ausatmung. Richten Sie Ihre Aufmerksamkeit auf die Stelle, an der Sie den Atem am deutlichsten spüren. Das kann Ihre Nase, die Brust, der Bauch oder auch eine andere Stelle sein. Fühlen Sie sich einfach in Ihre Atmung ein und nutzen Sie sie als Ihre Weise, präsent zu sein. Atmen Sie ein und aus. ... Bleiben Sie etwa fünf Minuten dabei und atmen Sie achtsam.
> Nehmen Sie nun Ihre Aufmerksamkeit von der Atmung, und wenden Sie sie und Ihr Herz jemandem zu, der Ihnen nahesteht und der Glück empfindet, weil ihm etwas Wunderbares passiert ist. Das kann Ihr Partner sein, der eine Anerkennung für eine bestimmte Leistung in seinem Beruf bekommen hat, oder Ihr Kind, das von seiner Katze begeistert ist, die es grade bekommen hat, oder ein Freund, der eben von einer ungewöhnlich interessanten Reise zurückgekommen ist. Was immer es ist, richten Sie Ihre Aufmerksamkeit auf diese Person und lassen Sie zu, dass sich Ihr Herz mit Freude für diesen Menschen füllt, der Ihnen nahesteht. Bleiben Sie ein paar Minuten lang bei diesem Gedanken.
> Halten Sie jetzt ein oder zwei Minuten lang inne und nehmen Sie die Freude wahr, die Sie empfinden, wenn Sie mit diesem Menschen mitfühlen. Sie erleben vielleicht, wie wunderbar es ist, diese Freude zu empfinden, die zur Befreiung von Neid und Feindschaft führt.
> Mit dieser Erfahrung empathischer Freude erleben Sie, dass Liebe den Sinn hat, gemeinsam gelebt zu werden. Lassen Sie Ihr Herz weit werden und wachsen und für diese Freude auch mit anderen Menschen offen sein. Nehmen Sie sich ein paar Minuten Zeit und lassen Sie empathische Freude auch mit anderen, die Ihnen nahestehen, mit Bekannten und sogar mit Fremden entstehen. Sie freuen sich über ihre Erfolge und über

ihr Glück – Sie freuen sich einfach darüber, dass sie auf dieser Welt sind. Lassen Sie diese Anteil nehmende Freude jetzt ein paar Minuten lang zu allen Kreaturen ausstrahlen, zu großen und kleinen. Mögen alle Wesen auf dieser Welt Glück und Frieden erleben.

Lassen Sie jetzt ein paar Minuten lang empathische Freude sich noch weiter ausbreiten, bis sie das ganze Universum umfängt. Mögen alle Wesen einander lieben und sich am Glück der anderen freuen. Mögen alle Wesen in Liebe gehalten und in Frieden sein.

Wenn Sie an das Ende dieser Meditation kommen, nehmen Sie sich ein paar Momente Zeit und bewegen Sie Ihre Zehen und Finger. Dann öffnen Sie die Augen und spüren Sie, wie Sie ganz im Hier und Jetzt da sind.

Nehmen Sie sich ein wenig Zeit und halten Sie in Ihrem Tagebuch fest, was Sie bei dieser Übung erfahren haben. Was für körperliche Empfindungen haben Sie wahrgenommen, als Sie die empathische Freude geübt haben? Was für Gedanken und Emotionen sind aufgetaucht? Gab es irgendwelche Schwierigkeiten, diese Übung zu machen?

Empfinden und Üben empathischer Freude wird Ihre eingeschränkten Definitionen von sich selbst allmählich zu einer Empfindung von wechselseitiger Verbundenheit und Glück hin verändern und sich ausbreiten. Wir empfehlen Ihnen, diese Übung zu einem Teil Ihres täglichen Lebens zu machen.

Dieser Abschnitt der Reise

In diesem Kapitel haben wir drei Achtsamkeitsübungen vorgestellt: die Meditation Liebender Güte, die Meditation zu Versöhnung und Meditation zu empathischer Freude. Bei diesen Übungen bringt man Menschen heilende Anteilnahme und Fürsorge entgegen, die Sie mit der Meditation über Selbstmitgefühl in Kapitel 5 entwickelt haben. Ein Aspekt der Meditation zu Versöhnung ist der Frieden mit sich selbst – ein weiterer Schritt auf der Reise, die zu Heilung, Selbstannahme und Ganzheit führt. Dadurch entsteht eine starke Grundlage, von der aus man auf andere mit Liebender Güte und einem Geist der Versöhnung zugehen kann. Damit heilen Sie Ihre Beziehungen und bieten anderen Gelegenheit, Erfahrung mit diesen Geschenken zu machen, die der Heilung und der Verwirklichung von Ganzheit dienen. Mit Zeit und fortgesetzter Übung wird die Meditation Liebender Güte und Versöhnung einen Zugang zu spontaner Erfahrung empathischer Freude öffnen.

Wir empfehlen Ihnen, die Meditation empathischer Freude häufig zu machen, und zwar solange, bis sie zu einer vertrauten Form geworden ist, sich anderen zuzuwenden. Üben Sie Versöhnung immer dann, wenn Sie das Gefühl haben, dass sich Ihr Herz gegen sich oder andere verhärtet. Überlegen Sie, ob Sie die Meditation Liebender Güte zu einer lebenslangen Praxis machen wollen, da sie Mitgefühl mit sich selbst fördern, Gefühle der Getrenntheit auflösen und Ihnen helfen kann, einen Geist der Versöhnung und empathischer Freude zu kultivieren.

7 Authentisch werden

Es gab eine Zeit, als Wiesen, Hain und Bach,
die Erde und jeder einfache Anblick
mir gekleidet schienen in himmlisches Licht,
in den Ruhm und die Frische eines Traums.
WILLIAM WORDSWORTH

Die Freude, authentisch zu werden, besteht darin, unsere Lebendigkeit und die Frische und Einzigartigkeit jedes neuen Moments zu entdecken. Wir kommen heim in die Welt zu einer Ganzheit und einem Gefühl der Zugehörigkeit, das immer da gewesen ist, auch wenn wir uns seiner nicht bewusst waren. In diesem Kapitel untersuchen wir, in welcher Form wir uns selbst und einander unterstützen können, um zu der köstlichen Lebendigkeit jedes einzelnen Moments zu erwachen.

Diese Art Erwachen ist für den Buddhismus grundlegend. Das Wort „Buddha" bedeutet sogar „einer, der wach ist", besonders im Sinn von Verstehen der Ursachen von Leiden und wie man es beendet. Der Buddha erkannte, dass die eigentliche Ursache des Leidens in der Identifikation mit einem Selbst besteht, das sich von allen und allem getrennt anfühlt. Auch Einstein erkannte diese fundamentale Wahrheit in einem Brief an, der in der *New York Post* (1972) zitiert wurde: „Wir erleben uns und unsere Gedanken und Gefühle als etwas von dem Rest Getrenntes – eine Art optischer Täuschung des Bewusstseins. Diese Täuschung ist für uns eine Art Gefängnis, das uns auf unsere persönlichen Begierden und auf Zuneigung für ein paar unserer Nächsten beschränkt."

Die Täuschung eines getrennten Selbst ist die Quelle von Lust, Wut und den vielen Kombinationen dieser Kräfte, die in unserem Leben so viel Not verursachen. In seinem Brief fuhr Einstein fort: „Unsere Aufgabe muss es sein, uns aus diesem Gefängnis zu befreien, indem wir den Kreis derer, mit denen wir Mitgefühl haben, erweitern, um alle Lebewesen und die ganze Natur in ihrer Schönheit einzubeziehen." Auch dies kennt die buddhistische Psychologie. Sie ist der Auffassung, dass man sich aus den Täuschungen konditionierten Denkens befreien und Ganzheit und Vollständigkeit in sich selbst und allen Dingen erreichen kann, wenn man den Kreis der Wesen, denen man mit Liebender Güte und Achtsamkeit begegnet, erweitert. Dies ist der Weg zum Erwachen zu einem weiteren Gefühl dafür, wer Sie sind.

Werden, wer Sie sind

Ein Meditationsmeister aus Sri Lanka hatte für den ehemaligen buddhistischen Mönch Jack Kornfield eine einfache Erklärung der Essenz des Buddhismus: Lachend sagte der Meister: „Kein Selbst, kein Problem" (Kornfield, 2004). Man kann fragen: „Wenn ich kein Selbst habe, wer bin ich dann?" Das ist eine gute Frage, eine, die seit Tausenden von Jahren in vielen Religionen und spirituellen Schulen gestellt wurde. Es ist eine zentrale Frage der Philosophie und auch der Psychologie, und es ist eine Frage, die sehr schwer mit Begriffen zu beantworten ist. Sobald man Begriffe oder Konzepte mit dem Selbst verbindet, riskiert man, es von allem und jedem abzusetzen oder abzutrennen. Das Selbst kann nicht in einem Begriff erkannt oder gewusst werden, es ist eine Erfahrung im Hier und Jetzt, die nur in der Unmittelbarkeit jedes einzelnen Moments existiert. Es ist kein Ding, es ist eine Erfahrung. Man bekommt für diese Unmittelbarkeit ein Gefühl, wenn man sich fragt: „Wer stellt diese Frage über das Selbst? Wer spricht Worte mit meinem Mund oder hört mit meinen Ohren?" Es gibt jemanden, der Handlungen motiviert und mit den Sinnen wahrnimmt. Aber bedenken Sie: Dies sind alles unmittelbare Erfahrungen, die nur im Erfahren existieren. Wir leben alle nur in diesem Augenblick. Wir leben oder sehen oder handeln in keinem anderen Moment.

In früheren Kapiteln haben wir besprochen, wie wir alle mit einem narrativen Selbst identifiziert werden. Sie haben Übungen zur Achtsamkeit kennengelernt, die Ihnen helfen können, dieses Selbst, das sozusagen hausgemacht ist, zu erkennen und die Identifikation mit ihm zu lösen. Dabei wächst das meditative Bewusstsein von Achtsamkeit auch dann, wenn man mit der Aufmerksamkeit und mit Neugier und Ichdistanz bei diesem konditionierten Selbst ist. Wenn man betrachtet, wie Gedanken und Emotionen kommen und gehen, wird man mehr zu dem Betrachten selbst als zu den Geschichten, denen man zuschaut. Auf diese Weise kann Achtsamkeit zu mehr werden als das, was man tut. Sie kann zu dem werden, wer und was man ist. So konnte Mahatma Gandhi sagen: „Mein Leben ist meine Botschaft" (Ghose, 1991, S. 386). Gandhi wird auch mit dem Satz zitiert: „Wir müssen die Veränderung sein, die wir erleben möchten" (Einhorn, 1991, S. 71). Man könnte auch sagen, dass real, authentisch sein bedeutet, die Wahrheit, Liebe, Weisheit und das Mitgefühl zu leben, die man in der Welt erleben möchte.

Momente des Erwachens

Die meisten von uns haben Momente des Erwachens an unwahrscheinlichen Stellen und zu unwahrscheinlichen Zeiten erlebt, zum Beispiel auf Flugplätzen oder an Straßenecken sowie an üblicheren Orten wie bei längeren Meditationsretreats oder beim Meditieren in der Natur. In diesen Momenten hat man plötzlich Zugang zu einer natürlichen Weisheit, die sich so anfühlt, als wäre sie immer in einem da gewesen. Doch typischerweise entdecken wir auch, wie schnell wir zu automatischem Funktionieren zurückdämmern und Kontakt mit der neuen Weisheit und Sichtweise verlieren können. Man kann ein Retreat mit dem Gefühl verlassen, dass man mit einer neuen Klarheit und mit einem neuen Verständnis lebt, und entdeckt dann, kurz, nachdem man in den Alltag und in die soziale Welt zurückgekehrt ist, dass man sich schon wieder in dem einen oder anderen Egotrip verloren hat. Wir alle entdecken sehr schnell, dass das konditionierte Selbst nicht verschwindet, wenn man erwacht. Es ist in größerem oder geringerem Grad immer da und muss einfach zu einem Teil unseres Reichtums werden, wenn wir uns in der Welt bewegen. Der Schlüssel besteht darin, mit den Entstellungen des konditionierten Selbst vertraut zu werden und zu erkennen, wenn man in ihren Bann gerät.

Barry, der schon lange Achtsamkeit praktiziert und viel Erfahrung hatte, erzählte eine Geschichte, die beleuchtet, wie leicht man in vertraute Täuschungen und eingefleischte Verhaltensweisen zurückfallen kann. Er war erst vor ein paar Tagen von einem Meditationswochenende zurückgekehrt. Er war schlechter Stimmung und beschloss, einen Spaziergang zu machen. Als seine Frau ihn den Vorgarten verlassen sah, rief sie ihm vom Küchenfenster aus zu: „Wohin gehst du, Schatz?" Seine Antwort fiel ihm aus dem Mund, wie eine Kröte: „Ich gehe zum Fluss zu den Klubratten!" warf er ihr zu. Sie lief ihm aus der Haustür nach und fragte: „Geht es dir gut?", denn sie wusste natürlich, dass es in der Nähe keinen Fluss und keine Ratten gab und dass er niemals so etwas tun würde, auch wenn es sie gäbe. Barry merkte, was passiert war, und entschuldigte sich: „Tut mir leid, Schatz. Ich bin grade so frustriert und wollte einen Spaziergang machen. Es tut mir leid, dass ich das gesagt habe. Ich habe dich einen Moment lang mit meiner Mutter verwechselt – wieder einmal."

Auch wenn man in der Achtsamkeitspraxis Fortschritte macht, kann es passieren, dass man sich ab und zu mit einem kleinen, kontrahierten Selbst identifiziert und von dieser unbewussten Stelle aus spricht oder handelt. Achtsamkeit und manchmal Menschen, die einem nahestehen, oder Freunde können einem wahrnehmen helfen, wann man wieder in die Täuschungen dieses konditionierten Selbst zurückgefallen ist. Nehmen Sie einfach mit Selbstmitgefühl und ohne sich Vorwürfe zu machen wahr, was passiert ist, und kommen Sie dann zum Hier und Jetzt zurück und leben Sie aus Ihrer Ganzheit und Klarheit. Es ist genauso wie bei formalen Achtsamkeitsübungen. In dem Moment, in dem man merkt, dass man sich verloren hat, ist man nicht mehr verloren. In dem Moment, in dem man erkennt, dass man nicht hier war, ist man wieder hier.

Vielleicht ist das einer der Gründe, weshalb der Anfängergeist so ein wichtiger Aspekt von Achtsamkeit ist. Zum Weg zum Erwachen gehört, dass man zahllose Male von vorn anfängt – manchmal Hunderte von Malen bei einer einzigen Meditationsübung. Doch Wiederholung ist eine altehrwürdige spirituelle Übung, und jedes Mal wacht man ein wenig mehr auf. Dies ist der Grund, weshalb man oft so lange braucht, um authentisch zu werden. Indem man immer wieder anfängt, schreitet man voran und kommt allmählich dahin, die Wahrheit seines Lebens zu leben und zu sprechen. Jedes Mal, wenn man zu Achtsamkeit und Mitgefühl zurückkehrt, werden diese Fähigkeiten gestärkt. Schließlich werden sie zu der Art und Weise, wie man voranschreitet und sich ausdrückt. Mit der Zeit können Achtsamkeit und Mitgefühl zu einer Lebensweise werden.

Persönlichkeitsmuster

Wenn man authentisch wird, kann einen das von den Gewohnheiten der Persönlichkeit befreien, mit denen man sich zu identifizieren gelernt hat. Wenn man von einem weit offenen Herzen aus spricht, ist man nicht von unbewussten Formen, sich auszudrücken, eingeengt. Wie in Kapitel 1 besprochen können unerfüllte Bedürfnisse einen dazu bringen – wenn man sehr jung ist –, unangepasste, hinderliche Persönlichkeitszüge zu entwickeln. Mit der Zeit werden diese Muster automatisch, und wir verkörpern sie, ohne uns bewusst zu sein, dass wir das tun. Was als ein Bemühen anfing, Bedürfnisse befriedigt zu bekommen, kann dysfunktional werden und viele unserer zwischenmenschlichen Beziehungen mit den Schattierungen eines verletzten Herzens färben. Es gibt einen interessanten Ansatz, wie man diese Persönlichkeitsmuster betrachten und verstehen kann. Dabei beschreibt man sie mit Schemata, wie sie von der Psychotherapeutin Tara Bennett-Goleman in ihrem Buch *Emotionale Alchemie* (2004) ausführlich besprochen werden. Sie beschreibt 10 Hauptschemata, die jeweils in mehreren Varianten auftreten, und beleuchtet die emotionalen Schattierungen jedes einzelnen Schemas. Die meisten von uns folgen in ihrem Leben ein oder zwei dieser primären Schemata:

- **UNTERWERFUNG** bedeutet, dass man die Wünsche und Bedürfnisse anderer über die eigenen stellt, um sich akzeptabel zu fühlen. Bei diesem Muster kann es sein, dass man sich chronisch herabsetzt und sich so fühlt, als besäße man nicht genug Wert, um andere zu führen. Dann meint man, anderen folgen und sich dem anpassen zu müssen, was sie wollen.

- **PERFEKTIONISMUS** ist ein Bemühen, die ersehnte Aufmerksamkeit und Anerkennung von anderen zu bekommen, indem man alles genau richtig macht. Dieses Muster sorgt dafür, dass man immer damit beschäftigt ist, die eigene Leistung und Erscheinung kritisch zu bewerten. Der innere Kritiker ist immer am Werk und treibt einen an.

- **ANGST VOR VERLASSENHEIT** zeigt sich als umfassende Unsicherheit in Beziehungen. Wenn Sie nach diesem Schema leben, spielt für Sie kaum eine Rolle, was Ihr Partner oder Ihre Geliebte oder nahen Freunde Ihnen sagen. Ihre Anteilnahme oder ihre Versicherungen kommen Ihnen hohl vor, und Sie leben mit der Angst, verlassen zu werden.

- **FRAGILITÄT** zeigt sich darin, dass man in relativ sicheren Situationen Angst hat und relativ unbedeutende Ereignisse in katastrophenähnlichen Dimensionen erlebt. Bei diesem Schema hat man Angst, man könnte leicht zerbrechen.

- **NICHT LIEBENSWERT** zu sein, ist die Angst, dass man von Grund auf fehlerhaft oder mangelhaft und deshalb nicht liebenswert ist. Bei diesem Muster hat man das Gefühl, dass einem etwas fehlt oder dass man so verkehrt ist, dass niemand einen lieben kann.

- **GRANDIOSITÄT**: Bei diesem Gefühl glaubt man, es zu verdienen, von anderen auf besondere Weise behandelt zu werden. Oberflächlich betrachtet ist dies das genaue Gegenteil von dem Muster, sich nicht liebenswert zu fühlen, aber in Wirklichkeit ist es das gleiche: Man fühlt sich minderwertig. Und um die vermeintliche negative Meinung der anderen zu widerlegen oder abzuwehren, verhält man sich grandios.

- **GEFÜHL EMOTIONALEN ENTZUGS** zeigt sich als das Gefühl, dass die emotionalen Bedürfnisse nie befriedigt werden. Wenn man in diesem Muster gefangen ist, spielt es keine Rolle, wie sensibel und nährend Freunde oder Partner sind. Man ist weiter der Überzeugung, dass man immer emotional frustriert sein wird.

- **SOZIAL AUSGESCHLOSSENSEIN**: Bei diesem Muster hat man das durchdringende Gefühl, dass man zu anderen einfach nicht dazugehört. Wenn man unter der Wirkung dieses Musters steht, fühlt man sich entfremdet und hält sich für ein hässliches Entlein oder ein schwarzes Schaf.

- **SKEPTIZISMUS** tritt als Paranoia und Misstrauen gegenüber anderen auf. Bei diesem Muster verdächtigt man alle und ist überzeugt, dass man niemandem trauen kann.

- Die **ÜBERZEUGUNG ZU VERSAGEN** ist ein Gefühl, mangelhaft zu sein und niemals Erfolg zu haben, ganz gleich was man eigentlich erreicht. Das kann zu einer Selffulfilling Prophecy werden. Was für einen Sinn macht es, sich anzustrengen, wenn man sowieso immer versagt?

Alle Schemata haben gemeinsam, dass sie uns in konditionierten Denkgewohnheiten gefangen halten, die tiefer Verbundenheit mit sich und mit anderen Menschen letztlich im Wege stehen. Liebevolle Intimität machen sie unmöglich. Außerdem bauen sie alle auf einer falschen Annahme auf: dass etwas mit einem nicht stimmt und dass man die Erfüllung oder Sicherheit bekommt, nach der man hungert, wenn man das irgendwie korrigieren kann. Aber das ist die Falle der Selbstoptimierung, die wir in Kapitel 5 besprochen haben und die einen nur in einem Gefühl der Mangelhaftigkeit festhält. Was ist also die Antwort? Es ist nützlich, wenn man seine eigenen Schemata erkennt. Wenn man sie sehen und sich sogar mit ihnen anfreunden lernt, kann man sich davor schützen, ihrem Bann zu erliegen.

Wenn man seine Schemata erkennt, kann man auch verstehen, warum man vielleicht dazu neigt, in Beziehungen bestimmte Muster zu wiederholen. Wenn man zum Beispiel dazu neigt, Partner zu wählen, die sich missbräuchlich verhalten, kann das ein unbewusster Versuch sein, frühe traumatische Erfahrungen zu reinszenieren, damit man sie jetzt meistern kann. Es widerspricht vielleicht der Intuition, aber Begegnungen mit Menschen, die einem Gelegenheit bieten, diese verhängnisvollen Beziehungsmuster zu wiederholen, sind gewöhnlich spannend. Dies ist der Grund, weshalb Menschen, die sich nach emotionaler Verbundenheit sehnen, dann doch oft Menschen heiraten, die eher kalt und unnahbar sind. Aber all das ist nicht umsonst. Es gibt eine Möglichkeit, wie man diese Beziehungsmuster transformieren kann: Wenn man achtsam die Geschichten und Motive betrachtet, die ihnen zugrunde liegen, und die Gefühle, mit denen sie einen konfrontieren, mit Mitgefühl annimmt. Die nächste Übung kann dabei eine Hilfe sein.

ÜBUNG
Ihre Schemata erkennen

Diese Übung kann Ihnen helfen, Schemata zu identifizieren, die an einschränkenden Selbst-Konzepten und gewohnten Mustern der Beziehung mit anderen beteiligt sind.

> Schauen Sie während der nächsten Woche in Beziehungen mit Menschen, die Ihnen wichtig sind, ob Sie Ihre gewohnten Muster erkennen können. Verwenden Sie dabei die Liste der zehn Schemata als Anleitung. Halten Sie in Ihrem Tagebuch jeden Tag Zeit und Ort fest, wann Sie solche Muster bei sich beobachtet haben. Notieren Sie auch, mit wem Sie zusammen waren, und die Situation und die Umstände, unter denen Sie sie wahrgenommen haben. Versuchen Sie in jedem Fall herauszufinden, welchem Ziel Ihr Schema dienen soll, und notieren Sie auch das in Ihrem Tagebuch. Wir empfehlen, dass Sie bei der Arbeit auch Hilfe und Begleitung durch einen Freund oder ein Familienmitglied nutzen, dem Sie vertrauen. Andere können unsere Schemata oft deutlicher erkennen als wir selbst. Gehen Sie die Liste der Schemata zusammen durch und schauen Sie, ob die andere Person bei Ihnen dieselben Muster erkennen kann wie Sie. Nehmen Sie sich dann etwas Zeit und halten Sie in Ihrem Tagebuch fest, was Sie bei diesen Gesprächen herausgefunden haben.

Wenn Sie Ihre Schema aufgeschrieben und erforscht haben, bleiben Sie ein wenig bei jedem von ihnen und schauen Sie, ob Sie bestimmen können, welche Kindheitserfahrungen bei ihrer Entstehung eine Rolle gespielt haben könnten. Halten Sie dann wieder in Ihrem Tagebuch fest, was bei Ihnen auftaucht.

Untersuchen Sie schließlich, wie gut Ihre Schemata bei Ihnen funktionieren. Sind dies Muster, die Sie in Ihrem Leben und in Ihren Beziehungen aufrechterhalten wollen? Welche Emotionen tauchen bei Ihnen unter dem Einfluss eines bestimmten Schemas auf? Wie können Sie sich aus ihnen befreien, wenn Sie diese Muster nicht aufrechterhalten wollen? Gibt es Anzeichen, an denen Sie erkennen können, dass Sie anfangen, unter den Einfluss eines bestimmten Schemas zu kommen? Nehmen Sie sich wieder ein wenig Zeit und halten Sie in Ihrem Tagebuch fest, was Sie hier über sich gelernt haben.

Sie können zu dieser Übung jederzeit zurückkehren, um bestimmte Muster, die Sie wahrnehmen, weiter zu untersuchen.

Sich so annehmen, wie man ist

Solange Sie in einem narrativen Selbstgefühl und den ganzen Einschränkungen und dem Leiden verwickelt sind, die es mit sich bringt, können Sie Ihr verwundetes Herz weder finden noch es heilen. Daher bleiben Sie ein Gefangener Ihrer Kindheit. Vorstellungen von sich selbst wie Minderwertigkeit und Unzulänglichkeit dienen oft als Ablenkung von den Gefühlen, die die Geschichte verbirgt. Um mit dem Herzen weit offen zu leben, muss man all seine Gefühle finden, fühlen und annehmen.

Ihre Weise, Emotionen zu empfinden, wird sich verändern, wenn Sie lernen, in ihnen zu sein und sie kommen und gehen zu lassen, ohne zu meinen, dass sie Sie definieren. Statt zu denken: „Ich bin immer so dumm und habe keine Kontrolle. Warum muss ich so sein?", könnte man es eher so sehen: „Mir ist peinlich, was ich gemacht habe, und es tut weh." Statt sich zu fragen: „Warum muss ich so ein wütender Mensch sein?", könnte man denken: „Meine Güte, ich bin wirklich wütend. Es hat mich verletzt, als sie das gesagt hat." Wenn man immer mehr mit dem unmittelbaren Selbst lebt, lernt man, offener bei seinen Emotionen zu sein und sie mehr anzunehmen, und sich nicht zu kritisieren oder zu meinen, dass die Emotionen Charakterfehler sind, die dann nur eine bekannte Geschichte darüber, wer man ist, bestätigen.

Man muss nicht lange suchen, um die Gefühle zu entdecken, die man fühlen muss. Ob Sie eben erst angefangen haben, mit den Übungen in diesem Buch zu meditieren, oder schon seit vielen Jahren dabei sind – Sie haben wahrscheinlich bemerkt, dass die Gedanken und Gefühle, mit denen Sie die meisten Schwierigkeiten haben, bei der Meditation auftauchen und Sie innerlich besetzen. Im Allgemeinen ist das das Gegenteil der Erfahrung, nach der Sie gesucht haben! Deshalb wird Meditation manchmal „Scheiße-Beschleuniger" (shit accelerator) genannt. Ob man will oder nicht, früher oder später wird man Gefühle entdecken, die aus dem einen oder anderen Grund unterdrückt wurden. Vielleicht hat man sie verdrängt, weil man in den Situationen, in denen sie zum ersten Mal auftauchten, keine Möglichkeit hatte, damit umzugehen. Vielleicht zeigt man jetzt seine Wut nicht, weil die Eltern damals die Wut nicht ertragen konnten. Oder vielleicht ergreift man nicht die Initiative, wenn es um Sex geht, weil man sich nicht wert genug fühlt, von jemandem gewollt zu werden.

Emotionen kommen an die Oberfläche, wenn man tief in die Geschichten hineinfühlt, in denen man sich verborgen hat. Dies bedeutet, dass diese Geschichten nützlich werden können, wenn man achtsam mit ihnen arbeitet. Dies scheint vielem von dem zu widersprechen, was wir darüber gesagt haben, wie Geschichten einen zu der Illusion eines festgelegten und stabilen Selbst verführen. Wenn man diese Geschichten aber mit der mitfühlenden Neugier der Achtsamkeit anschaut, wird man sehen, dass sie verdrängte Gefühle enthalten und bewahren, die von großem Wert sein können. Wenn man diese Gefühle annimmt, wird einen das aus den engen Grenzen des Selbst befreien, die von diesen Geschichten geschaffen werden. Das Entscheidende ist, dass man die Gefühle fühlt und ihren Ausdruck in seinem Körper spürt, ohne die Identität anzunehmen, die die Geschichten herstellen und anbieten. Fallen Sie nicht auf sie herein. Lauschen Sie auf sie mit Ihrem Herzen und wenden Sie sich den tieferen Gefühlen zu, die in ihnen verborgen sind. Wenn Ihre Toleranz und Akzeptanz für Ihre Emotionen zunimmt, werden Sie allmählich in der Lage sein, tiefer in die Gefühle hineinzufühlen, die Ihre Geschichten verborgen haben. Und wenn Sie sich öffnen und annehmen, was Sie fühlen, werden Sie entdecken, dass sogar eine schmerzhafte Geschichte wie eine Schatztruhe ist, die das Innerste Ihres Herzens enthält.

Der Wert radikalen Annehmens

Ein sehr großer Teil der Meditationspraxis besteht im Lernen, Ja zu dem zu sagen, was ist – lernen zu entspannen und in Geist und Körper Dinge einfach passieren zu lassen. Manchmal wird das als *radikales Annehmen* bezeichnet (Brach, 2006). Man könnte es als ein Weichwerden um das herum verstehen, was bei einem auftaucht, statt sich zusammenzuziehen. Dies ist besonders wichtig, wenn man entdeckt, dass die strengsten Bewertungen oft einem selbst gelten. Das ist nicht ungewöhnlich. Wenn man sich nach innen wendet, machen viele Menschen die Erfahrung, dass sie selbst strenger mit sich als andere sind, und dass sie auch strengere Maßstäbe an sich selbst anlegen als an andere. Schauen Sie, ob Sie um diese Selbstbewertungen herum weich werden können, und versuchen Sie wahrzunehmen, ob Ihnen das helfen kann, sich selbst mehr anzunehmen. Man kann lernen, alles da sein zu lassen, in sich selbst wie in der Welt um einen herum. Man kann lernen, einfach so zu sein, wie man ist, ohne irgendwie anders sein zu wollen. So kann man sich auch aus der subtilen Aggression des Anspruchs befreien, immer besser zu werden.

Bei der Arbeit mit aversiven Emotionen ist es nützlich, manchmal von der Intensität der Emotion wegzugehen und auf die körperlichen Empfindungen zu fokussieren, die mit ihr verbunden sind. Sie nehmen vielleicht wahr, dass sich Angst in Ihrem Körper anders ausdrückt als Scham oder Ärger. Schauen Sie, ob Sie mit unangenehmen Emotionen arbeiten können, indem sie um die Empfindungen, die mit ihnen verbunden sind, weich werden. Die Unmittelbarkeit Ihrer sinnlichen Erfahrung kann Ihnen helfen, im Hier und Jetzt geerdet zu bleiben. Auch bei sehr schwierigen Gefühlen wie Scham, Angst oder Kummer kann man anfangen, ihre explosive Ladung zu entschärfen und sie allmählich in das Leben zu integrieren, wenn man sein Bewusstsein im Körper erdet, wenn diese Gefühle da sind.

Sie müssen wissen, dass radikales Annehmen nicht bedeutet, dass es einem mit schrecklichen Dingen, die passiert sind, oder mit missbräuchlichen Situationen oder Beziehungen, mit denen man vielleicht aktuell beschäftigt ist, gut geht. Es bedeutet einfach, dass man anerkennt, dass, was auch immer passiert ist, passiert ist. Und wenn man mit einem Trauma arbeitet, ist es, wie schon bemerkt, nur vernünftig und angemessen, die Hilfe eines vertrauenswürdigen Lehrers oder Therapeuten in Anspruch zu nehmen, der einem bei diesem Prozess beistehen kann.

Die Gewohnheit, sich als Reaktion zu distanzieren oder anzuklammern, ist im konditionierten Selbst tief verwurzelt und kann automatisch und ohne nachzudenken passieren. Wenn Sie wahrnehmen, dass Sie sich plötzlich von einem Gedanken oder Gefühl distanzieren oder sich umgekehrt daran klammern, ist das der Moment, wenn es angebracht ist, radikales Annehmen zu praktizieren.

ACHTSAMKEITSÜBUNG

Radikales Annehmen

Der Sinn aller Achtsamkeitspraxis besteht darin, nichts mehr automatisch zu machen – zu lernen, auf alles, was einem begegnet, bewusst zu antworten, statt darauf zu reagieren. Wenn man aber nicht in der Lage ist, seine Erfahrung als das zu akzeptieren, was sie ist, wird man weiter Widerstand dagegen empfinden und darauf reagieren. Für den Weg der Achtsamkeit ist entscheidend, dass man lernt, bei den Dingen zu sein und sie anzunehmen, wie sie sind. Das ist eine mächtige Form und Möglichkeit, wie man mit seinem Herzen weit offen leben kann. Nehmen Sie sich für diese Übung radikalen Annehmens etwa 30 Minuten Zeit.

> Beginnen Sie damit, dass Sie mindestens 10 Minuten lang achtsam atmen. Lassen Sie Ihren Atem kommen und gehen, wie er will, und nutzen Sie die Empfindungen der Atmung als Ihre Weise, präsent zu sein.
>
> Öffnen Sie als Nächstes Ihr Bewusstsein für die Gedanken und Emotionen, die Sie als schmerzhaft oder unangenehm erleben – etwas, was Sie fürchten, hassen oder vermeiden möchten. Während der nächsten 10 Minuten nehmen Sie wahr, wogegen Sie Widerstand empfinden, und auch Ihre Reaktionen darauf, wenn entsprechende Gedanken und Emotionen auftauchen.
>
> Spüren Sie nacheinander in alle diese unangenehmen Gedanken und Emotionen hinein und erkennen Sie sie so einfach wie möglich an, zum Beispiel: „Angst, dass niemand mich liebt", „Angst, allein zu sein" oder „Hass auf meinen übergewichtigen Körper". Geben Sie mit einer Haltung der Akzeptanz und des Zulassens diesen Gefühlen Raum. Wenn es nützlich ist, sagen Sie zu jedem dieser Gedanken und zu allen Gefühlen Ja und lassen Sie sie dann da sein: „Ich war so wütend." „Ja." „Ich war so gemein." „Ja." Erkennen Sie an, dass Dinge so sind, wie sie sind. Etwas ist passiert oder es ist nicht passiert. Lassen Sie einfach alles da sein und sagen Sie Ja dazu. Wenn Sie aufmerksam bei diesen Gedanken und Gefühlen sind, dann nutzen Sie Ihren Atem, um sich im gegenwärtigen Moment zu verankern.

Zentrieren Sie sich wieder in Ihrem Körper und wenden Sie Ihre ganze Aufmerksamkeit den Empfindungen zu, wie der Atem kommt und geht. Erkennen Sie an, dass die Gedanken und Emotionen, die Sie hatten, jetzt Vergangenheit sind und dass Sie sie da sein lassen können. Sie waren manchmal angenehm und manchmal unangenehm, aber es waren alles vergängliche Ereignisse. Bleiben Sie noch 10 Minuten einfach mit Ihrer Aufmerksamkeit bei der Atmung und kommen Sie jedes Mal wieder zurück, wenn Sie merken, dass Sie abgeschweift sind.

Nehmen Sie sich ein wenig Zeit und schreiben Sie in Ihr Tagebuch, wie diese Übung in radikalem Annehmen für Sie war. Benennen Sie die Muster, die aufgetaucht sind, als Sie unangenehme Gedanken und Emotionen untersucht haben, und beschreiben Sie sie, zum Beispiel heftige Selbstvorwürfe wegen unrealistischer Erwartungen oder negative Bewertungen, die sehr wie das klingen, was Ihnen Ihre Eltern gesagt haben, wenn Sie Alkohol getrunken hatten. Oder Scham, die einer Sehnsucht und heftigem Verlangen nach Bestätigung und Angenommensein durch jemand auf dem Fuße folgt, zu dem Sie sich hingezogen fühlen. Halten Sie alles fest, wozu Sie besonders schwer Ja sagen konnten.

Ego ist eine gute Sache

Bei dem Aufwand an Zeit und der deutlichen Absicht, Ihnen zu helfen, Ihre Identifikation mit dem narrativen Selbst zu lösen und im Hier und Jetzt zu leben, meinen Sie möglicherweise, dass das Ego eine schlechte Sache ist und sie es loswerden müssen. Wir möchten klarstellen, dass das nicht das ist, was wir vermitteln wollen – und dass dies auch nicht möglich ist. Das Ego ist zwar ein schrecklicher Herr, aber auch ein guter Diener. Wenn man in achtsamer Bewusstheit Fortschritte macht, wird man immer besser verstehen, wie das Ego funktioniert und aus welchen Geschichten das Selbst entsteht. Je mehr man versteht, umso leichter wird es sein, diese Geschichten und das Ego selbst leicht zu nehmen. Bei einem Retreat, an dem wir vor ein paar Jahren teilgenommen haben, zitierte der Autor und Meditationslehrer Wes Nisker eine Anekdote über Ram Dass, die dies perfekt ausdrückt. Als dieser gefragt wurde, wie sich sein lebenslanges Meditieren auf seine Persönlichkeit ausgewirkt hatte, antwortete Ram Dass: „Oh, ich nehme meine Persönlichkeit nicht mehr so ernst. Ich betrachte sie jetzt eher wie ein Haustier."

Tatsache ist, dass man ein gesundes Ego haben muss, um sich von den Illusionen zu befreien, das das Ego erzeugt. Man braucht die Stärken des Egos wie Toleranz, Annehmen, Mitgefühl, Vergebung und emotionale Selbstregulierung. Sie helfen, sich anzuerkennen und sich aus dem engen Selbstgefühl, das so viel Leiden hervorgerufen hat, zu befreien. Niemand wird das Ego los – es ist ganz wesentlich dafür, dass wir uns im Leben orientieren und unseren Weg finden können. Aber wir werden hoffentlich geschickter darin, es zu gebrauchen und nicht von ihm benutzt zu werden. Wenn man das Ego mehr als ein Hilfsmittel und weniger als Identität sieht, kann das helfen, sich von Geschichten zu befreien, die das Leben einengen und einschränken. Dann wird es möglich, in seiner Lebensgeschichte mehr authentische und befreiende Elemente zu entdecken. Aus einer expansiveren Perspektive erkennt man möglicherweise, dass manche problematischen Teile der eigenen Geschichte notwendig gewesen sind, um der zu werden, der man in seiner Ganzheit ist. Sie sind wichtig dafür, anderen helfen zu können, die sich mit ähnlichen Themen auseinandersetzen müssen. Auf diese Weise kann man die Geschichten, die einen früher gefangen hielten, nutzen, um dem eigenen Erwachen und dem Erwachen anderer zu dienen.

Wahrhaftig mit sich selbst sein

Achtsamkeit ermöglicht uns, die Qualitäten des Egos und der Persönlichkeit zu sehen, die uns veranlasst haben, uns dieser Praxis überhaupt zuzuwenden: Gefühle intensiven Verlangens und von Abneigung, Festhalten und Täuschungen, die Dinge, die wir an uns oder an anderen hassen – all die Dinge, die so viel Leiden in unserem Leben hervorrufen. Aber jetzt wissen Sie, dass es nicht dasselbe ist, ob man diese Dinge lediglich sieht oder ob man sich mit ihnen identifiziert. So verstörend sie auch sein mögen, wenn man diese inneren Erfahrungen beobachtet und sie da sein lässt, ist das der Schlüssel zur Freiheit. Es ist das, was einem ermöglicht, diese Denkgewohnheiten zu erkennen und die Identifikation mit dem konditionierten Selbst zu lösen.

Mit der Zeit beherrscht das konditionierte Selbst nicht mehr das Leben. Es wird einfach zu einem weiteren Aspekt davon, wer man ist. Man nimmt es nicht mehr so ernst. Es kann sogar zu etwas werden, worüber man sich ab und zu amüsiert. Sobald dieses Selbst weniger vorherrschend wird, treten auch die Anhaftungen und Leiden, die mit ihm verbunden sind, in den Hintergrund. Dies gibt Ihrem unmittelbaren Selbst mehr Raum, sich zu entfalten. Auf diesem Weg wird deutlich, dass diese Geschichte sehr den Geschichten anderer ähnelt und dass man nicht so allein auf der Welt ist. Alle Menschen müssen eine Weise finden, mit Leiden in ihrem Leben umzugehen. Wenn man so lebt, dass man mit seinem Herzen für diese Einsicht offen ist, entdeckt man eine größere Verbundenheit und Mitgefühl mit allen und mit allem – auch mit sich selbst. So ermöglichen Achtsamkeit und Selbsterforschung, die authentischen Gefühle und die Wahrheit der eigenen einzigartigen Geschichte zu untersuchen und anzunehmen. Wenn man sich diesen Gefühlen öffnet, kann man mit Wahrhaftigkeit und Liebe seinen Weg heim zu sich selbst finden.

Brittanys Geschichte

Als Brittany anfing, während eines Meditationsretreats zu beobachten, was in ihr vor sich ging, war sie erschreckt, als sie entdeckte, wie sehr sie andere bewertete. Wie jemand seine Nase putzte, machte ihn für eine halbe Stunde zum Gegenstand ihrer Verachtung. Die Menge an Essen, die eine Frau beim Mittagessen nahm, stieß sie ab und während des Essens war sie voller bewertender Kritik. Am dritten Tag des Retreats wurde sie selbst zum Gegenstand ihrer Bewertungen und sie verbrachte den größten Teil des Tages damit, sich dafür zu verurteilen, dass sie ein so bewertender Mensch war. Je mehr sie diese Dinge wahrnahm, um so mehr litt sie. Sie beschloss, das Retreat zu verlassen, aber dann ergab sich eine Gelegenheit, mit einem Lehrer über ihre Hölle zu sprechen. Er half ihr zu sehen, dass es zu diesem inneren Elend nicht deshalb kam, weil sie meditierte – es passierte in ihrem Alltag andauernd. Weil sie meditierte, hatte sie nur angefangen, es wahrzunehmen. Brittany beschloss zu bleiben und mit mehr Akzeptanz und Mitgefühl mit dieser alten Gewohnheit zu arbeiten.

Auf den Vorschlag des Lehrers hin widmete Brittany sich während der restlichen Zeit des Retreats der Übung mit den Fünf Schritten. Sie machte die Erfahrung, dass sie jeden Tag Hunderte von Bewertungen entdeckte und benennen konnte. Jedes Mal orientierte sie sich neu mit mitfühlender Bewusstheit und dahin, einfach da sein zu lassen, was da war. Sie nahm diese Übung mit nach Hause und beschloss, jeden Tag mit ihr zu leben. Sie sollte für sie eine neue Weise sein, in der Welt zu sein. Während der nächsten Monate blieben die Bewertungen fast so zahlreich wie immer, aber sie nahm sie nicht mehr so ernst.

Mit anderen wahrhaftig sein

Es kann sehr aufschlussreich sein, und manchmal auch peinlich, wenn man sich in zwischenmenschlichen Beziehungen beobachtet. Wie man im Zusammensein mit anderen ist, passt oft nicht dazu, wer man ist, wenn man allein ist. Doch letztlich bedeutet authentisch sein, dass man immer der ist, der man ist – auch wenn man nicht allein ist. Das ist viel leichter gesagt als getan. Wir neigen dazu, die Angst vor der Meinung anderer zu sehr zu Herzen zu nehmen. Manchmal kann es nützlich sein, den Rat des Finanzexperten und Politikers Bernard Baruch zu bedenken: „Denjenigen, auf die es ankommt, macht es nichts aus, und die, denen es etwas ausmacht, zählen nicht" (Cerf, 1953, S. 249).

Und doch kann es schwer sein, in zwischenmenschlichen Beziehungen authentisch zu sein, besonders wenn man automatisch funktioniert. Wenn man den Weg der Achtsamkeit und der Selbsterforschung geht, ist es gut, mindestens einen Freund zu haben, dem man bereit ist, seine Wahrheit zu sagen, und der einem auch aufrichtig antworten kann (auf eine gute Weise, auch wenn man die Wahrheit nicht gern hört). So ein Freund kann inspirieren, beruhigen oder trösten und sogar daran erinnern, warum man angefangen hat zu meditieren. Wenn man sich wieder einmal in seinem konditionierten Selbst verloren hat, kann einem so ein Freund vielleicht helfen, wieder zur Achtsamkeit zurückzufinden. Und wenn die, die einem nahestehen und einem lieb sind, den Weg verloren haben, kann man ihnen vielleicht seinerseits helfen. Auf dieser Ebene des Gesprächs, wenn man einander die Wahrheit sagt, ist es besonders wichtig, die Qualitäten der Achtsamkeit, der Liebenden Güte und des Mitgefühls wirksam werden zu lassen.

Freundschaft ist auf diesem Weg des Erwachens lebenswichtig. Man braucht die Freundschaft anderer, wenn man wachsen und die Wahrheit und Liebe, die wir im Herzen finden, verwirklichen will. Jeder von uns entdeckt auf seinem Weg andere Dinge, und wenn man sie mitteilt, kann man zum Erwachen des anderen beitragen.

Wir brauchen einander auch auf vielerlei andere Weise. Wir entdecken darin, wer wir sind, wie wir in den Augen derer, die uns verstehen, annehmen und unterstützen, gespiegelt werden. Wir werden in ihrer Liebe authentisch. Ein Abschnitt aus der Geschichte *Das Samtkaninchen oder das Wunder der Verwandlung* illustriert das auf eine witzige skurrile Weise (Williams, 1997):

„Was ist *Wirklich?*", fragte das Kaninchen eines Tages. „Bedeutet das, dass man Dinge in sich hat, die Brummen und einen Griff herausgucken haben?"
„Wirklich bist du nicht gemacht", sagte das Spielzeugpferd. „Es ist ein Ding, das einem passiert. Wenn ein Kind einen lange, lange Zeit liebt, nicht nur um mit einem zu spielen, sondern einen *wirklich* liebt, dann wird man wirklich."
„Tut das weh?", fragte das Kaninchen.
„Manchmal", sagte das Spielzeugpferd, denn es sagte immer die Wahrheit. „Wenn man Wirklich ist, macht es einem nichts aus, wenn einem wehgetan wird."
„Passiert es ganz plötzlich, wie wenn man aufgezogen wird", fragte es, „oder allmählich?"
„Es passiert nicht ganz plötzlich", sagte das Spielzeugpferd. „Man wird. Es braucht lange Zeit. Das ist der Grund, weshalb es nicht oft Leuten passiert, die leicht zerbrechen oder die scharfe Kanten haben oder die sorgfältig aufgehoben werden. Im Allgemeinen ist zu der Zeit, wenn man Wirklich ist, das meiste Haar weggeliebt oder deine Augen fallen heraus oder man wird in den Gelenken locker und sehr schäbig. Aber diese Dinge spielen überhaupt keine Rolle. Denn wenn man Wirklich ist, kann man nicht hässlich sein, außer für Menschen, die nicht verstehen. … Wenn man einmal Wirklich ist, kann man nicht wieder unwirklich werden. Es ist für immer."

In der Kindheit findet man sich vielleicht darin, wie man in den Augen liebevoller Eltern gespiegelt wird. Als Erwachsene kann man so eine klare Spiegelung bei einem unterstützenden Partner, einem nahen Freund oder bei einem Therapeuten finden. Im Buddhismus kann man Wahrheit finden, wenn man mit einem Lehrer spricht oder im *Sangha*, der spirituellen Freundschaft einer Gemeinschaft von Menschen, die gemeinsam praktizieren. Im Christentum nennt man jemanden, mit dem man diese Art heilender Gemeinschaft pflegt, Bruder oder Schwester, im Hinduismus ist der *Satsang* eine Begleitung in Wahrheit. Jeder heilende und spirituelle Weg erkennt den Wert zwischenmenschlicher Beziehungen an, wo man authentisch sein, offen seine Wahrheit sagen und Zugang zu seinen echten Gefühlen bekommen kann.

Eine natürliche Vitalität zeigt sich, wenn man Gefühle, die man in der Kindheit in sich aufgenommen und seitdem immer verborgen hat, anerkennt und annimmt. Und wenn man in Beziehungen ist, in denen man diese Gefühle fühlen und aussprechen kann, hat das die Wirkung, dass man sich noch wirklicher oder authentischer und lebendiger fühlt. Martin Luther King hat das schön ausgedrückt: „Ich glaube, dass unbewaffnete, ungeschützte Wahrheit und bedingungslose Liebe in der Realität das letzte Wort haben" (1996).

Was bedeutet es, wenn man authentisch wird?

Wir haben bisher besprochen, wie Achtsamkeit helfen kann, die Prozesse, mit denen man sein normales Selbst verstärkt, aufzugeben und den Sinn dessen, was und wer man ist, zu erweitern. Wenn man nicht mehr mit selbsteinschränkenden Geschichten identifiziert ist, entdeckt man eine neue Freiheit und muss nicht mehr zu dem zurückkehren, der man zu sein gewohnt war. Diese Erweiterung des Selbst ist eine Art Transzendieren. Die Trance ist buchstäblich „zu Ende", und man ist nicht mehr mit einer Geschichte eines getrennten Selbst identifiziert. Man fühlt sich nicht mehr getrennt von allen anderen Menschen und ist nicht mehr in bewertenden Selbstdefinitionen mit sich selbst als Mittelpunkt und endlosen Sorgen darum, ob man irgendwie mangelhaft ist, kontrahiert. Wenn diese alte Geschichte wegfällt, kann sich das Herz weit öffnen und man kann seinen Platz in einer viel weiteren Geschichte entdecken – in der Familie aller Wesen und in der ganzen Natur. Wenn man wirklich, authentisch wird, bedeutet das, dass man zu seiner angeborenen Ganzheit und Verbundenheit mit allen Wesen erwacht.

Der Prozess, in dem man wirklich, authentisch wird, braucht viel Zeit, und manchmal tut er weh. Wenn man schließlich wirklich ist, kann man ziemlich mitgenommen, alt und schäbig geworden sein (wie das Spielzeugpferd im *Samtkaninchen* sagte). Auf diesem Weg müssen die meisten von uns viele zwischenmenschliche Katastrophen, Demütigungen und enorme Probleme durchmachen. Das ist der Grund, weshalb es Menschen, die zu zerbrechlich sind, oft nicht gegeben ist, wirklich zu werden. Meditation ist nichts für schwache Gemüter. Lernen, die Identifikation mit dem narrativen Selbst zu lösen, ist oft sehr mühsam und überwältigend. Nach einer Weile jedoch wird es weniger aufregend oder desintegrierend, wenn man sich wieder dabei ertappt, dass man sich von den alten Geschichten besetzen lässt ... manchmal kann es sogar ein bisschen komisch sein.

Natürlich sind manche Formen, wie man von Geschichten besessen sein kann, überhaupt nicht komisch. Wenn sie für uns oder andere schädlich sind, wie im Fall von offener Aggression, von sexuellem Missbrauch oder Sucht und bei anderem destruktiven Verhalten, ist es angebracht und notwendig, dass man darauf ernst eingeht und reagiert. In jedem Fall ist achtsame Bewusstheit entscheidend. Nehmen Sie wahr, wenn Sie beginnen, automatisch zu funktionieren. Wenn Sie das beobachten, treffen Sie die Entscheidung, bewusster zu leben. Seien Sie präsent. Bleiben Sie mit Ihrer inneren Haltung von Liebender Güte und Mitgefühl in Kontakt und nutzen Sie diese Stärken, um alle destruktiven Verhaltensmuster, an die Sie sich gewöhnt haben, aufzulösen. Jedes Mal, wenn Sie sich versucht oder getrieben fühlen, etwas impulsiv zu tun, oder merken, dass Sie auf eine automatische Weise reagieren, seien Sie auf der Hut. Gewohnte Verhaltensweisen, die auf alte Geschichten zurückgehen, sind oft von einer Art intensiven Verlangens oder von Angst getrieben. Wenn Sie anhalten, bevor Sie reagieren oder antworten, können Sie die Quelle dieser automatischen Reaktionen mit achtsamer Selbsterforschung untersuchen. Wo kommt dies jetzt her? Entsteht es aus Angst, aus Wut oder aus einem Begehren? Könnte ich jemandem schaden, wenn ich so handle? Muss ich in diesem Moment wirklich so handeln, weil ich dies jetzt fühle?

ACHTSAMKEITSÜBUNG

Selbsterforschung als Partnerübung

Ein gemeinsamer Freund begrüßt Anrufer auf seinem Anrufbeantworter mit einem sehr interessanten Text: „Wer sind Sie und was möchten Sie?" Er erzählt, dass es oft ein langes Schweigen gibt, bevor ein Anrufer antwortet. Es sind tiefe Fragen und eine tiefe persönliche Selbsterforschung wert. Eine gute Möglichkeit, wie man diesen Fragen nachgehen kann, ist die sehr wirkungsvolle folgende Übung achtsamer Selbsterforschung als Partnerübung. Suchen Sie sich jemanden, mit dem Sie diese Übung machen können, dem Sie sich nahe fühlen und dem Sie vertrauen. Zu dieser Übung gehört, dass man achtsam atmet. Wenn nötig erklären Sie Ihrem Partner die Übung achtsamer Atmung, bevor Sie anfangen. Sie können auch zusammen ein paar Mal achtsam atmen, bevor Sie die längere, komplizierte Übung ausprobieren. Wenn Sie bereit sind, Selbsterforschung in der Form einer Partnerübung zu machen, planen Sie zwei Sitzungen, jede etwa eineinviertel Stunde lang. Man kann die Übungen am selben Tag oder an zwei verschiedenen Tagen machen. Es ist nützlich, wenn man einen Timer verwendet, der Intervalle von 15 Minuten anzeigt, damit man sich ganz der Übung überlassen kann, ohne eine Uhr im Auge behalten zu müssen. Lesen Sie die Anleitung, bevor Sie anfangen, damit Sie eine Vorstellung davon bekommen, worum es geht, und vereinbaren Sie, wer anfängt.

ERSTE ÜBUNG: WER SIND SIE?

Sitzen Sie Ihrem Partner genau gegenüber und atmen Sie 15 Minuten lang achtsam.

Nehmen Sie, wenn die 15 Minuten vorbei sind, Blickkontakt auf und beginnen Sie dann mit der Selbsterforschung. Der Fragende fragt: „Wer bist du?" Wenn er eine Antwort bekommen hat, hält der Fragende einen Moment lang inne und wiederholt die Frage. Machen Sie das so 15 Minuten lang. Dann sitzen Sie ein paar Minuten lang nur und schweigen.

Wechseln Sie die Rollen und wiederholen Sie den Prozess.

Denken Sie fünf Minuten lang darüber nach, was bei Ihnen aufgetaucht ist, und konzentrieren Sie sich dann 10 Minuten lang auf die Atmung. Am Ende der stillen Meditation hat jeder von Ihnen fünf Minuten Zeit, um über diese Erfahrung zu sprechen.

ZWEITE ÜBUNG: WAS WOLLEN SIE?

Setzen Sie sich wieder einander gegenüber und praktizieren Sie 15 Minuten lang achtsames Atmen.

Nehmen Sie Blickkontakt auf, wenn die 15 Minuten vorbei sind, und beginnen Sie dann mit der Selbsterforschung. Der Fragende fragt: „Was willst du?" Wenn er eine Antwort bekommen hat, hält er einen Moment inne und wiederholt dann die Frage. Machen Sie das 15 Minuten lang und sitzen Sie dann ein paar Minuten lang still und schweigend.

Wechseln Sie die Rollen und wiederholen Sie den Prozess.

Denken Sie darüber nach, was bei Ihnen in der Selbsterforschung aufgetaucht ist, und konzentrieren Sie sich dann 10 Minuten lang still auf die Atmung. Am Ende der stillen Atembetrachtung hat jeder von Ihnen wieder fünf Minuten Zeit, um über diese Erfahrung zu sprechen.

Diese Fragen und Variationen des Themas können im Hinblick auf das konditionierte Selbst und das Ausmaß, in dem man mit ihm identifiziert ist, sehr aufschlussreich sein. Andere Fragen, denen man nachgehen kann, sind folgende: „Zu welchen Rollen neigen Sie in intimen Beziehungen?", „Welche Rolle spielen Sie bei Ihrer Arbeit oder in Ihrem Beruf?", „Was für eine Rolle spielen Sie als Elternteil?", „Was für eine Rolle spielen Sie, wenn Sie mit Ihren Eltern zusammen sind?", „Welche Rolle spielen Sie als Nachbar?", „Welche Rolle spielen Sie als Verbraucher oder Konsument?". Werden Sie kreativ. Es gibt viele Möglichkeiten, wie man mit einem Partner arbeiten kann, um zu erforschen, wer man ist und wie man ist. Ein fortgesetzter Dialog zwischen Ihnen und einem Partner bei der Meditation kann Ihnen helfen, viele Dinge über sich herauszufinden, die Sie allein so vielleicht nicht erkennen würden. Kommen Sie zu dieser Übung immer wieder zurück und schauen Sie, was Sie entdecken. Diese Übung wird viel reicher, wenn Sie mit einem Partner arbeiten, dem Sie Ihre Wahrheit offen sagen können. Es kann aber sein, dass Sie zurzeit niemanden haben, mit dem zusammen Sie tief in so einen Austausch eintauchen können. Man kann diesen Fragen aber auch als schriftliche Übung im Tagebuch nachgehen. Stellen Sie dieselben Umstände für sich her, als würden Sie mit einem Partner arbeiten, das heißt, verwenden Sie einen Timer und schreiben Sie aus der Unmittelbarkeit Ihrer Erfahrung auf, was immer diese Fragen bei Ihnen ans Licht bringen. Nehmen Sie sich für jede dieser Fragen mehr Zeit, weil Schreiben länger dauert als Sprechen.

Liebe als Seinsweise

In der islamischen Tradition heißt es, dass der göttliche Akt der Schöpfung dem Verlangen entsprang, gewusst oder gekannt zu sein. Es heißt, dass Gott sagte: „Ich war ein verborgener Schatz. Ich sehnte mich danach, gekannt und gewusst zu sein, deshalb erschuf ich die Welt, damit ich gewusst werden konnte" (Frager und Fadiman, 1999, S. 92). Manchmal spüren wir, dass Menschsein viel mehr bedeutet, als wir uns zu wissen erlaubt haben. Wir spüren, dass es eine tiefe innere Quelle von Weisheit, Mitgefühl und Liebe gibt, und dass es etwas gibt, was wir damit tun sollen. Man lernt diese Schätze in ihrem Ausdruck kennen – darin, wie sie sich ausdrücken und wie sie ausgedrückt werden. Ein Gedicht von Rūmī drückt dies schön aus (1997, S. 31):

> Heute, wie an jedem anderen Tag, wachen wir leer auf
> und ängstlich. Öffne nicht die Tür zum Studierzimmer
> und fang nicht an zu lesen. Nimm ein Musikinstrument.
> Lass die Schönheit, die wir lieben, sein, was wir tun.
> Es gibt Hunderte Möglichkeiten, zu knien und den Boden zu küssen.

Wir lieben Rūmī (und den begabten Übersetzer Coleman Barks), weil er so beredt aus einem weit offenen Herzen spricht. Man kann die Schätze des Friedens, der Liebenden Güte und der Sanftheit in sich finden, wenn man die Schönheit, die man liebt, das sein lässt, was man tut. Wenn Sie etwas über Liebe lernen und erfahren wollen, lieben Sie diesen Atemzug – diesen Ausdruck des Lebens, wie es in Ihrem Körper passiert und zum Ausdruck kommt. Tun Sie es jetzt. Denken Sie nicht über das Konzept nach – tun Sie es wirklich. Schließen Sie die Augen und lieben Sie diesen Atemzug, während Sie ihn fühlen. Liebe ist nicht das, was Sie denken, glauben oder meinen. Es ist das, was Sie tun. Es ist eine Weise, in der Welt zu sein. Entsprechend sind Achtsamkeit und Mitgefühl nicht nur etwas, worüber man lesen kann. Es sind Weisen zu sein. Wenn Sie die Gefühle finden, die in Ihrem Herzen begraben und verborgen sind, und sie annehmen, können Sie das Herz, das sie immer gehalten und enthalten hat, kennen und lieben lernen. Sie entdecken, wer Sie sind und immer gewesen sind, wenn Sie aus dem auftauchen, was Sie nicht sind und nie gewesen sind. Wenn die Blüte verblüht und abfällt, erscheint eine köstliche Frucht. Wenn Sie den Raupenkörper Ihrer Geschichte loslassen, bekommen Sie Flügel. Sie werden, wer Sie sind. Sie werden authentisch, real, wirklich. Dies ist der Grund, weshalb so viele Propheten und ekstatische Dichter von der Notwendigkeit sprechen, zu sterben, bevor man wiedergeboren werden kann.

Stellen Sie sich vor, dass Sie in einer ruhigen Nacht auf See sind und Ihr Schiff durch die Stille gleitet. Die Sterne leuchten so hell im Spiegel des Wassers wie am Himmel selbst, und man kann keine Linie zwischen dem finden, was oben ist, und dem, was unten ist. Hier aufgehoben werden Sie still und treiben irgendwo zwischen einer Weite unten und einer anderen Weite oben. Ihr Herz füllt sich mit Liebe. Sie suchen nach der Linie, die Sie von allem anderen trennt. Sie ist nicht da, und Sie werden zu einem Teil der Weite.

Wenn Sie mit einem Herzen leben wollen, das weit offen ist, dann werden Sie wie ein Fluss, der sich endlos mit dem Meer vereint. Dies bedeutet, durch Liebe real, authentisch, wirklich zu werden: Der Liebe erlauben, Sie so umfassend zu verändern, dass Sie wie der Fluss unendlich werden, wenn Sie sich vollkommen und endlos der Liebe und dem Mitgefühl hingeben – eine verkörperte Präsenz, die alle und alles als Teil eines großen Ganzen umfasst.

Dieser Abschnitt der Reise

In diesem Kapitel haben wir zwei Achtsamkeitsübungen vorgestellt: radikales Annehmen und Selbsterforschung als Partnerübung. Radikales Annehmen ist eine Erweiterung der Arbeit, die Sie mit achtsamer Selbsterforschung angefangen haben. Dabei ist das Bewusstsein der Achtsamkeit bei den Gedanken und Gefühlen, die für Sie am schmerzhaftesten und unangenehmsten sind. In dieser Phase Ihrer achtsamen Reise haben Sie schon viele Aspekte von Achtsamkeit entwickelt und geschärft, darunter das Benennen, das Kultivieren von Raum und Mitgefühl für sich selbst und Versöhnung. Dies kann Ihnen helfen, mit radikalem Annehmen auch bei diesen so schwierigen Gedanken und Emotionen zu sein. Dies ist der Schlüssel zu Gleichmut und essentiell dafür, weiter so zu leben, dass Ihr Herz weit offen sein kann, gleich, welche Umstände das Leben Ihnen bringen mag. Wir empfehlen Ihnen, dieses radikale Annehmen häufig als formale

Übung zu praktizieren, bis es sich für Sie ganz natürlich anfühlt. Dann können Sie diese Sichtweise leichter in Ihrem Alltag leben.

Selbsterforschung als Partnerübung ist eine Form, wie Sie Ihre Achtsamkeitspraxis erweitern und andere Menschen einbeziehen können. Wenn Sie Menschen begegnen, die daran interessiert sind, so mit Ihnen zu üben, dann nutzen Sie diese Gelegenheit häufiger oder sogar regelmäßig.

8 Erwachen zu Weisheit und Mitgefühl

Liebe hat Hafes so vollständig befreundet,
sie hat mich zu Asche gemacht und befreit
von jedem Konzept und Bild,
die mein Geist je gekannt hat.

HAFES

Es ist möglich, sich aus dem Zugriff der Gefühle der Minderwertigkeit, Unzulänglichkeit und Scham zu befreien. Hoffentlich hat Sie das, was Sie in diesem Buch und bei den Übungen mit Achtsamkeit gelernt haben, darin bestätigt. Es wird Momente geben, in dem Sie in den Modus automatischen Handelns gleiten und sich wieder in Ihrer Geschichte verfangen. Aber denken Sie daran, dass Sie in dem Moment, wenn Sie wahrnehmen, dass Sie nicht präsent sind, wieder da und präsent sind. In dem Moment, in dem Sie sich bewusst werden, dass Sie sich in der Falle Ihrer Gedanken und Emotionen befinden, können Sie anfangen, sich zu befreien. Achtsamkeit ist der Ort, an dem man klar sehen und bewusste intelligente Entscheidungen treffen kann – Entscheidungen, die vom gegenwärtigen Moment geprägt sind und nicht von der Vergangenheit oder einer vorgestellten Zukunft. Es geht nichts über den gegenwärtigen Moment. Das Gute ist, er ist in jeden Moment bei Ihnen, er ist immer da – wo immer Sie sind. Jeder Moment ist eine Gelegenheit, wieder neu anzufangen. Deshalb können Sie immer wieder mit feinem Mitgefühl präsent sein – gleich, wie oft Sie abwesend und nicht präsent sind.

Im vorigen Kapitel haben wir darüber gesprochen, was es bedeutet, authentisch zu werden. Wenn Sie mit den Übungen zu Achtsamkeit und Mitgefühl weiterarbeiten, werden Sie sich zunehmend aus der Enge des narrativen Selbst befreien. In dem Maß, in dem Sie achtsamer werden und immer mehr vom unmittelbaren Selbst aus leben, können Sie mit mehr Raum leben. Dieses Juwel des Erwachens ist Ihr Geburtsrecht, es steht Ihnen von Geburt an zu und existiert in uns allen. Der Zugang ist in Ihrem Herzen. Es besteht keine Notwendigkeit, nach außen zu schauen; alles, was man wissen muss, ist in einem selbst – es muss nur entdeckt werden. Der Prozess, in dem man sich selbst findet und authentisch und wirklich wird, erinnert an das, was Michelangelo tat, als er einen Marmorblock bearbeitete, um den David zu enthüllen oder freizulegen, der sich schon darin befand.

Denken Sie daran, dass Sie nicht „schlecht" oder irgendwie mangelhaft geboren wurden. Es ist wahrlich mehr richtig an Ihnen als falsch, und es ist nicht Ihr Fehler, dass Sie irgendwo auf Ihrem Weg Ihre Souveränität verloren haben.

Da dies das letzte Kapitel ist, möchten wir Ihnen ein großes Finale anbieten. Gehen Sie nicht davon aus, dass die Arbeit in diesem Kapitel der Schluss dieses Buches oder das Ende dieses Prozesses oder des Weges ist. Eher ist sie der nächste Schritt der Reise Ihres Lebens und ein weiterer Schritt zu größerer Freiheit. So wie wir es sehen, ist keine Arbeit edler als die innere Arbeit an sich selbst. Die Arbeit, die Sie auf sich nehmen, um sich zu heilen, heilt auch die Welt. Frieden für die Welt beginnt in Ihnen und in jedem Einzelnen von uns. In diesem Kapitel erforschen wir Möglichkeiten, was Sie für mehr Achtsamkeit, Weisheit und Mitgefühl tun können, damit Sie Ihre inneren Gaben in die Welt bringen können.

Die zweite Edle Wahrheit

Die buddhistische Psychologie spricht davon, dass vier Grundprinzipien – die Vier Edlen Wahrheiten – dazu gehören, wenn man sich von dem eingeschränkten Selbstverständnis befreien will. Die erste ist, dass Schmerz unvermeidlich ist. Jeder von uns ist mit schwierigen Situationen konfrontiert und niemand kann Alter, Krankheit und Tod entgehen. Die zweite ist, dass Leiden von Gier oder Habenwollen verursacht wird, die von Unwissenheit genährt werden. Die dritte ist, dass es einen Weg aus dem Leiden gibt, wenn man Gier aufgibt und Unwissenheit beendet. Die vierte ist eine Erklärung des Weges zur Freiheit aus dem Leiden. Man nennt sie den Achtfachen Pfad und sie beschreibt acht Lebensprinzipien, die einem helfen können, sich von Leiden, Anhaften und den engen Grenzen des narrativen Selbst zu befreien.

Betrachten wir das zweite Prinzip näher, die Ursache des Leidens, denn dies liegt an der Wurzel des Dilemmas, das dieses Buch anspricht. Ajahn Amaro hat eine kluge Übersetzung dieses Prinzips geliefert: „Dies ist die Edle Wahrheit der Ursache des Leidens: Es ist heftiges Verlangen, das zwingend und berauschend ist – das die Ursache dafür ist, dass man immer wieder in Dinge geboren wird und ewig Genuss jetzt hier, dann dort sucht, nämlich heftiges Verlangen nach sinnlichem Genuss, das Verlangen, etwas zu sein, und das Verlangen danach, nichts zu fühlen" (2010).

Dieses berauschende Verlangen in Form von Gier und von Vermeiden nährt das narrative Selbst. Wenn man mehr von dem will oder wegschiebt, was da ist, ist man selten zufrieden und führt ein Leben ewiger Unzufriedenheit. Die Wahrheit ist, dass alles vergänglich ist, so dass nichts andauert, gleich, wie befriedigend es ist.

Arbeit mit unseren Dämonen

Wir haben viel darüber gesprochen, wie und woraus das narrative Selbst entsteht. Und auch wenn Sie nicht für Ereignisse der frühen Kindheit verantwortlich sind, die dazu geführt haben, dass Sie Ihre Geschichte so hergestellt haben, können Sie doch entscheiden, wie Sie hier und jetzt reagieren oder handeln wollen. Zu einem mächtigen Wendepunkt in der Beziehung zu diesem Selbst kommt es, wenn man anfängt, für seine Handlungen und damit für sein Glück oder seine Traurigkeit Verantwortung zu übernehmen. Verstehen und Anerkennen, wie sehr eigene Handlungen zum Aufbau des narrativen Selbst beitragen, kann enorm befreiend sein. Der Weg dahin kann aber auch sehr viel Angst machen. Sie sehen vielleicht, dass Sie Ihre Lebensweise ändern müssen, und dem konditionierten Selbst gefällt das gar nicht.

Vielleicht haben Sie bemerkt, dass Sie manchmal lieber dysfunktional leben, als etwas Neues auszuprobieren. Oft bringen wir nicht die Bereitschaft zu Veränderung auf, bevor das Leiden groß genug ist. Doch Wagnis in das Unbekannte ist eine wunderbare Weise, mehr Freiheit zu entdecken. Man muss sich mit seinen Ängsten konfrontieren, wenn man sein Herz finden und öffnen will. Das ist kein neues Konzept. Man weiß das seit Tausenden von Jahren in verschiedenen Traditionen, und es spielte bei der Erleuchtung von Siddhārtha Gautama, der als der Buddha oder der Erwachte, bekannt wurde, eine entscheidende Rolle. Zu dieser Erleuchtung oder diesem Erwachen kam es durch die Überwindung von Gier, Abneigung und Unbewusstheit seines konditionierten Selbst.

Man sagt, dass Siddhārtha in der Nacht seiner Erleuchtung von Māra besucht und in Versuchung geführt wurde, den man als Manifestation der psychischen Aspekte der Gier, des Hasses und der Unwissenheit sehen könnte – dieser Stimmen, die man in seinem Inneren hört und die zu Festhalten, Ablehnung und Täuschung führen und Gefühle der Unzulänglichkeit, Scham und Minderwertigkeit hervorrufen. Sie sind es, die zu einem sprechen, wenn man sich sagt: „Ich werde nie gut genug sein" oder „Ich weiß nicht einmal, wo ich anfangen soll". Sie sprechen aus allen selbstentwertenden Dingen, die man sich sagt, wenn man in den Einschränkungen des narrativen Selbst gefangen ist.

In der Nacht des Erwachens berannte Māra Siddhārtha Gautama mit Heeren der Angst und lustvoller Versuchung und versuchte, ihn von seiner Suche abzulenken. Aber jedes Mal, wenn Māra ihn attackierte, reagierte Siddhārtha nicht. Stattdessen sagte er einfach: „Ich sehe dich, Māra." Sein klares Sehen und die klare Entscheidung, nicht zu reagieren, beraubte Māra jeder Macht, ihn zu beeinflussen. Damit löste sich Māras Zugriff auf seinen Geist und auf sein Herz.

Nach seinem langen Wachen dieser Nacht gewann Siddhārtha tiefe Einsicht in die Vier Edlen Wahrheiten (Leiden, seine Ursache, sein Aufhören und der Achtfache Pfad zur Freiheit) und wurde zum Buddha, dem Erwachten. Er durchschaute sein konditioniertes Selbst und erlangte das unkonditionierte oder unbedingte Selbst, das heißt die Erleuchtung. So können auch Sie lernen, bei Ihren eigenen Manifestationen von Festhalten, Ablehnung und Unwissenheit zu bleiben und anzufangen, sie zu benennen und anzuerkennen. Fangen Sie an, zu Ihren Begierden, Bewertungen und Geschichten zu sagen: „Ich sehe dich, Māra." Wenn Sie merken, dass Sie festhalten, verwirrt sind oder sich minderwertig fühlen, ist es sehr wirksam, wenn Sie alles benennen, was Sie erleben und wahrnehmen. Sagen Sie sich: „Ich sehe dich, Selbstablehnung", „Ich sehe dich, Scham", „Ich sehe dich, Gefühl der Minderwertigkeit", „Ich sehe dich, gieriges Festhalten daran, jemand anders sein zu wollen" oder was immer zu Ihrer Erfahrung passt.

Die Samen des Erwachens waren nicht allein dem Buddha gegeben. Sie sind in uns allen und warten nur auf günstige Bedingungen dafür, dass sie aufgehen und wachsen können. Wenn man Bewusstheit und Anerkennung zu dem bringt, was bisher unbekannt und unbenannt war, ist das so, als brächte man Wasser und Licht zu diesen Samen. Es ist ein entscheidender Teil des Erwachens zu Weisheit und Mitgefühl. Das Licht der Bewusstheit erlaubt einem, Festhalten und Ablehnung zu erkennen und hilft einem, durch den Nebel der Unbewusstheit hindurchzusehen, so dass man mehr Freiheit erleben kann.

Jasons Geschichte

Jason fing an, Achtsamkeitsmeditation zu praktizieren, weil er unglücklich war. Er hatte früh in seinem Leben gelernt, dass der Weg zu Glück und Erfolg darin bestand, Ziele zu erreichen, und seitdem hatte er diesen Weg unermüdlich verfolgt. Er war hervorragend in der Schule, schloss sein Ingenieurstudium an einer angesehenen Universität mit Auszeichnung ab und wurde von einem großen Unternehmen mit einem sechsstelligen Gehalt angestellt. Er heiratete, gründete eine Familie, besaß ein großes Auto und erwarb das ganze coole Techno-Spielzeug, das die Mode verlangt.

Von außen schien alles gut zu sein. Jason war ein guter Ehemann und Vater, und ihm wurden dauernd Komplimente für seine Leistungen gemacht. Doch tief in seinem Inneren gab es ein beunruhigendes, nagendes Gefühl. Er hatte nicht viel Freude an dem, was er besaß. Zuerst dachte er, er brauchte einfach mehr, deshalb kaufte er weiter die neuesten und tollsten Dinge – ein Boot, ein Heimkino, teure Weine und schließlich ein zweites Ferienhaus. Aber er fühlte sich immer noch ohne Boden und wusste nicht, was er mit seinem Leben machen sollte.

Diese Gefühle brachten ihn schließlich zu einem Kurs für Stressbewältigung durch Achtsamkeit (MBSR), den sein Unternehmen anbot. Er war es leid, sich so bodenlos zu fühlen und seine „Erfolge" nicht zu genießen. Er war entschlossen, sich selbst besser zu verstehen und besser zu verstehen, warum er sich so fühlte, wie er sich fühlte, . Das war für ihn ein ganz neues Gebiet, aber er war Ingenieur und war überzeugt, dass es für diese starken Gefühle eine Ursache geben musste.

Ein paar Wochen, nachdem er mit dem Programm begonnen hatte, war Jason auf einer Geschäftsreise und kam dabei auch durch die Stadt, in der er aufgewachsen war. Es sah ihm überhaupt nicht ähnlich, aber er machte einen langen, langsamen Spaziergang durch sein altes Stadtviertel. Er erzählte, er fühlte sich davon angezogen, seine alten Lieblingsplätze zu besuchen, um zu sehen und zu fühlen, was auftauchte. Als er an seiner Grundschule vorbeikam, sah er einen kleinen Jungen von etwa sieben Jahren, der auf dem gleichen Klettergerüst spielte, wie er selbst Jahrzehnte zuvor.

Als Jason seine alte Straße hinunterging und die ganzen Häuser seiner Kindheitsfreunde sah, auch das von John, der nur ein Jahr älter als Jason gewesen und ein Jahr zuvor gestorben war, wurde er von Erinnerungen überflutet. Er sah das Haus, in dem er einmal gelebt hatte, und hatte Lust, an die Tür zu klopfen und den Leuten, die da jetzt lebten, zu erzählen, dass er da einmal gelebt hatte. Aber er beließ es dabei, sich nur draußen umzusehen. Er sah den alten Grill aus Ziegelsteinen, den sein Vater gebaut hatte, und darüber freute er sich.

Doch dieser Spaziergang durch sein altes Viertel war auch ein bisschen so wie ein Besuch bei den Geistern der Vergangenheit, und viele schmerzhafte Erinnerungen tauchten auf – Dinge, an die er viele Jahre nicht gedacht hatte. Jason erinnerte sich daran, wie er gehänselt worden er, und wie andere Kinder ihn nicht mochten, weil er so intelligent war, und dass er anderen seltsam vorgekommen war. Er erinnerte sich daran, wie Erwachsene darüber sprachen, wer Erfolg hat und wer nicht, und wie sie Erfolg daran maßen, wer das größte Haus, Auto oder Einkommen hatte. Ihm wurde klar, dass er an dieser Stelle angefangen hatte, die Vorstellung zu entwickeln, Erfolg könnte Glück erkaufen. Als er über diese Einsicht nachdachte, erinnerte er sich daran, dass er sich in der Kindheit entschlossen hatte, er würde es allen zeigen: Er würde angesehen und reich und deshalb dann sehr, sehr glücklich werden.

Als Jason seine alte Straße weiter hinunterging, spürte er eine Bereitschaft, diese ganzen schmerzhaften Gefühle auftauchen zu lassen, sie anzuerkennen und sie da sein zu lassen – all die tiefen Schmerzen der Vergangenheit. Er erlaubte sich, das alles zu fühlen: nicht gemocht zu werden, den Schmerz, anders oder besonders sein zu wollen, und die Angst, er könnte vielleicht niemals erfolgreich genug sein, um wirklich glücklich zu sein. Er sah, wie aus all dem eine Geschichte entstanden war, die zu seiner gegenwärtigen Unzufriedenheit geführt hatte. Und er merkte auch, dass er viel mehr als diese alte Geschichte war. Dies vermittelte ihm erste Gefühle von Freiheit und Möglichkeiten, wie er sie seit sehr langer Zeit nicht gehabt hatte.

In den folgenden Wochen begann Jason, die Dinge anders zu sehen. Er sah, dass an materiellen Dingen an sich nichts schlecht war und dass er sie genießen konnte. Aber er begann auch zu verstehen, dass wahres Glück von innen kommt. Als er auf die Konflikte und Schwierigkeiten seiner Kindheit zurückschaute, bekam er sehr viel Mitgefühl mit dem Jungen, der er gewesen war, und er öffnete sein Herz dafür, Frieden mit sich zu machen. Nach all den Jahrzehnten, in denen er gedacht hatte, mehr sei immer besser, war es unglaublich befreiend, sich und alles, was er geleistet hatte, endlich als gut genug zu akzeptieren. Als Jason sich mehr mit sich verbunden fühlte, empfand er auch mehr Verbundenheit mit allem und mit allen, und seine Beziehungen veränderten sich. Als er mit seinem authentischen und echten Selbst auf seine Frau, seine Familie, seine Freunde und auf andere zuging, war er von einer Qualität von Freundlichkeit, Klarheit und Sinn durchströmt, die er nicht für möglich gehalten hatte. Sein Herz brach auf und er fing an, sich vor Liebe ganz leicht zu fühlen.

ÜBUNG

„Ah, auch das"

„Ah, auch das" ist eine andere Weise zu sagen: „Ich sehe dich, Māra." Es ist eine Möglichkeit, wie man die Bereitschaft fördern kann, sich alle schmerzhaften Gefühle einzugestehen und sie anzunehmen. Wenn man sie so anerkennt, kann man damit ihre schwere Last erleichtern.

Nehmen Sie Ihre Atmung bewusst wahr und atmen Sie ein paar Minuten achtsam.
Verschieben Sie dann den Fokus Ihrer Aufmerksamkeit und stellen Sie sich vor, dass Sie durch das Viertel oder die Gegend wandern, wo Sie früher gelebt haben. Schauen Sie sich das Haus an, in dem Sie gewohnt haben, und die Häuser Ihrer Freunde. Erinnern Sie sich an den Duft der feuerroten Blätter im Herbst, an die bellenden Hunde, an die Grillen an heißen Sommertagen – an Einzelheiten, die Sie besonders stark mit diesem Zuhause Ihrer Kindheit verbinden. Tauchen Sie ganz in die Szene ein.
Verschieben Sie jetzt wieder Ihren Fokus und reflektieren Sie ein paar Minuten über alle schmerzhaften Gefühle oder Erinnerungen, die diese Visualisierung des Ortes Ihrer Kindheit hervorruft. Spüren Sie, wie es Ihnen in Ihrem Körper, in Gedanken und mit Ihren Emotionen geht. Gleich, welche Gefühle Sie finden – erkennen Sie sie einfach an und versuchen Sie, sie da sein zu lassen. Nutzen Sie diesen einfachen Satz „Ah, auch das" als Hilfe, einen Geist der Offenheit für und Neugier in Bezug auf diese Gefühle zu fördern.
Wenn Sie diese so lange beiseitegeschobenen, verleugneten Gefühle willkommen heißen, überlegen Sie, ob sie Ihnen ein klareres Verständnis davon bieten, warum Sie die Welt so sehen, wie Sie sie sehen, und warum Sie dazu tendieren, in denselben Geschichten stecken zu bleiben und sich zu verhaken. Und nehmen Sie in genau diesem Moment wahr, wie es sich anfühlt, wenn Sie sich Ihres narrativen Selbst bewusst werden. Wie wirkt es sich in diesem Moment auf Ihre Erfahrung des unmittelbaren Selbst aus?

Wenden Sie sich jetzt ruhig Ihrem Herzen zu und nehmen Sie sich ein paar Minuten Zeit, um zu würdigen, worüber Sie eben nachgedacht haben. Es braucht Mut und Bereitschaft zu Verletzlichkeit, wenn man sein Herz schmerzhaften Gefühlen öffnen möchte. Seien Sie milde und haben Sie Mitgefühl für sich.
Kommen Sie ein paar Minuten zu achtsamer Atmung zurück.

Nehmen Sie sich Zeit und halten Sie in Ihrem Tagebuch fest, was für Erfahrungen Sie bei dieser Übung gemacht haben. Haben Sie Zugang zu Erinnerungen an Ihre Kindheit bekommen? Was ist bei Ihnen körperlich, in Gedanken und emotional aufgetaucht? Was haben Sie gelernt und erfahren, was Sie in diesem Moment in Ihr Leben einbringen können?

Welchen Hund füttern Sie?

Es gibt eine alte indianische Geschichte über einen alten Mann, der das Gefühl hatte, in seinem Kopf lebten zwei Hunde, ein böser und ein guter, freundlicher, die oft miteinander kämpften. Einmal fragte ihn jemand: „Welcher Hund gewinnt normalerweise?" Er antwortete: „Es hängt davon ab, welchen ich füttere."

Sagt Ihnen diese Geschichte etwas? Welche inneren Haltungen nähren Sie? Die buddhistische Psychologie bietet ein paar sehr sinnvolle und bodenständige Lehren, die einem entscheiden helfen können, welchen Hund man füttern soll. Man findet sie in der vierten Edlen Wahrheit, dem Edlen Achtfachen Pfad. Da werden acht miteinander verbundene Elemente beschrieben, die dem Erwachen dienen. Dieser Pfad ist eine Lebensform für die Welt, die günstige Bedingungen für Glück und Frieden schafft. Dieser Pfad hilft Mitgefühl, Weisheit und, psychologisch gesprochen, innere Stabilität zu verwirklichen.

Die acht Elemente dieses Pfades sind von immenser Bedeutung als Hilfe, die Trance des Gefühls der Minderwertigkeit, Unzulänglichkeit, der Scham und allen damit verbundenen Leidens aufzulösen. Daher werden wir sie alle besprechen. Manchmal ordnet man sie drei Aspekten zu, die einander gegenseitig unterstützen: Weisheit, Integrität und Konzentration. Man ist der Auffassung, dass diese drei Aspekte einen Pfad bilden, der mit Weisheit beginnt und endet. Weisheit bringt einen auf den Weg und leitet einen an, wie man sein Leben mit mehr Integrität lebt. Integrität ihrerseits unterstützt Konzentration oder Training des Geistes, was tiefere Weisheit wachsen lässt. Wenn man so wieder zu Weisheit zurückkommt, entsteht eine Spirale, die den Pfad zu einem tieferen Verständnis der Natur von Geist und Körper bringt.

Betrachten wir nun die acht Elemente des Edlen Achtfachen Pfades in diesen drei Gruppen: Weisheit, Integrität und Konzentration.

Weisheit

Weisheit besteht aus zwei Elementen: aus weisem Verstehen und aus weiser Absicht. Diese lebenswichtigen Elemente wecken Sie auf und inspirieren Sie dazu, auf dem Pfad des Friedens zu gehen. Sie helfen Ihnen zu erkennen, dass Sie ernten, was Sie säen, und regen Sie an, sich mehr nach innen zu wenden. Verstehen Sie diese Qualitäten oder Aspekte des Edlen Achtfachen Pfades nicht als Bedingungen oder Gebote. Betrachten Sie sie eher als Möglichkeiten oder Formen, wie Sie lernen können, weniger Leiden hervorzurufen, wenn Sie Ihr Leben leben. Haben Sie Mitgefühl für sich, wenn Sie diesen Pfad gehen. Es wird Momente geben, wenn Sie in dieses alte, gewohnte Gefühl der Minderwertigkeit, Unzulänglichkeit und Scham zurückfallen. Aber in dem Moment in dem Sie das merken, sind Sie wieder da und frei von der Falle Ihrer Konditionierung.

Mit weisem Verständnis können Sie anfangen, die Ursachen Ihres Gefühls der Scham, der Unzulänglichkeit und Mangelhaftigkeit zu erkennen, und auch sehen, dass es einen Ausweg gibt. Sie erkennen, dass Ihr Geist mittels Ihrer Gedanken der Schöpfer

Ihres Himmels und Ihrer Hölle ist. Sie fangen an zu verstehen, dass Ihre Handlungen Reaktionen hervorrufen, und Sie versuchen so zu leben, dass Sie sich und anderen keinen Schaden zufügen.

Mit weiser Absicht lernen Sie, Anhaften und Ablehnen aufzugeben – nicht weil das moralisch schlecht wäre, sondern weil sie Leiden in Ihrem Leben hervorrufen. Außerdem prägt weise Absicht Sie so und lädt Sie ein, „den guten Hund zu füttern", indem Sie eine gute Einstellung, Mitgefühl und Liebende Güte leben und „den bösen Hund hungern lassen", der Bewertungen, böse Absichten, Ärger und Wut und Elend verbreitet.

Probieren Sie die folgende Übung als eine Möglichkeit aus, diese Qualitäten zu entwickeln.

ÜBUNG

Kultivieren von weisem Verständnis und weiser innerer Orientierung

Nehmen Sie sich in der nächsten Woche jeden Tag etwas Zeit und beobachten Sie, was Ihnen durch den Kopf geht, wenn Sie etwas erleben und darauf reagieren, was Stress erzeugt oder unangenehm ist. Nehmen Sie wahr, ob Ihre Reaktion Ihr Gefühl von Wohlbefinden in Körper, Gedanken und Emotionen verstärkt oder verringert.

Achten Sie darauf, ob Sie mit der Zeit Muster auftauchen sehen. Nehmen Sie Handlungen wahr, die Gefühle der Minderwertigkeit, Scham oder Unzulänglichkeit hervorrufen? Was können Sie aus diesen Mustern über sich erfahren und lernen?

Entwickeln Sie in sich eine innere Orientierung und den Vorsatz, zu vermeiden, bei sich selbst oder anderen mit Gedanken, Worten oder Handlungen Schaden hervorzurufen. Nehmen Sie wahr, wie es sich anfühlt, wenn Sie diesen Vorsatz in die Tat umsetzen.

Nehmen Sie sich vor, sich selbst und anderen gegenüber guten Willen, Mitgefühl und Liebende Güte zu praktizieren. Und nehmen Sie wieder wahr, wie es sich anfühlt, wenn Sie diesen Vorsatz in die Tat umsetzen.

Integrität

Wenn weises Verständnis und weise innere Orientierung zunehmen, werden Sie erkennen, wie wichtig es ist, das Leben mit mehr Integrität oder Tugend zu leben. Sie verstehen die Wirkungen Ihrer Handlungen auf sich und auf andere. Ein Leben mit Integrität gilt als eine fundamentale Praxis für die Entwicklung von Konzentrationsfähigkeit oder innerer Stabilität, was seinerseits dafür essentiell ist, dass Weisheit wachsen kann. Was wir tun und wie wir es tun, hat einen mächtigen Einfluss auf unsere Beziehungen und darauf, wie es uns mit uns selbst geht und wie wir uns finden. Um mit Integrität zu leben, müssen wir darauf achten, was wir sagen und tun, und dazu gehört auch, wie wir unseren Lebensunterhalt verdienen. Dies sind genau die drei Elemente des Edlen Achtfachen Pfades, die zu Integrität gehören: weise Rede, weises Handeln und eine weise Form, wie man seinen Lebensunterhalt verdient.

Mit weiser Rede ist die alltäglich geübte Praxis und innere Haltung gemeint, achtsam mit seinen Worten umzugehen und in all seinen Beziehungen aufrichtig und freundlich zu reden – auch in der Beziehung mit sich selbst. Dazu gehört natürlich, dass man Worte vermeidet, die Gefühle verletzen und Schmerz verursachen können, wie üble Nachrede, Beleidigungen, Tratsch oder grobe Reden. Dazu gehört auch, dass man sinnloses Geplapper unterlässt. Unweises Reden verursacht Disharmonie und verursacht Trennung. Wenn man mit Achtsamkeit spricht, können Worte heilen und tiefe Verbundenheit bewirken. Worte haben Macht und können verletzen oder Narben hinterlassen. Machen Sie es sich zur Gewohnheit, auch achtsam zu sein, wenn Sie mit sich selbst sprechen. Wenn es dabei Selbstablehnung oder harte Kritik gibt, nehmen Sie wahr, wie damit ein Gefühl der Minderwertigkeit, Unzulänglichkeit oder Scham genährt wird.

Weises Handeln ist aus vielen Gründen wichtig, nicht zuletzt, weil Ihre Handlungen einen enormen Einfluss auf Ihre Stimmungszustände und Beziehungen haben. Weises Handeln bedeutet, so zu leben, dass man sich und anderen am wenigsten schadet. Dazu gehört, dass man mit Integrität lebt, da man damit Glück, Zufriedenheit und stillen Geist unterstützt. Absicht ist dabei, die Sicherheit für sich und für andere zu fördern, indem man genau darauf achtet, was man tut und nicht tut. Dies bedeutet natürlich, dass man andere nicht tötet, bestiehlt oder verletzt – weder physisch noch emotional. Es bedeutet auch, Alkohol und andere Rauschmittel zu meiden. Wenn der Geist umwölkt ist, ist es umso schwieriger, diesen Zielen entsprechend und mit Integrität zu leben.

Von Weisheit geleitet seinen Lebensunterhalt zu verdienen, kann man als eine Erweiterung weisen Handelns sehen. Es ist wichtig, dieselben Überlegungen bei dem walten zu lassen, was man für seinen Lebensunterhalt tut, und zu versuchen, einen Beruf zu finden, der für niemanden mit Schaden verbunden ist. Zugleich erkennen wir an, dass dies möglicherweise nicht immer machbar ist, wenn man damit kämpfen muss, sich über Wasser zu halten oder überhaupt irgendeine Arbeit zu finden. Man ist vielleicht nicht in der Lage, seinen Job zu wechseln und zu diesem Zeitpunkt den idealen Job zu finden, aber man kann darauf hinarbeiten, und in der Zwischenzeit kann man sich im Hinblick auf Arbeit und Beruf für weises Handeln entscheiden. Letztlich werden Sie die Erfahrung machen, dass nicht nur Sie davon profitieren, sondern auch die Menschen in Ihrer Umgebung, wenn Sie bei Ihrem Beruf, Ihren Worten und auch den unbedeutendsten Handlungen Entscheidungen im Dienst eines Lebens mit Integrität treffen.

ÜBUNG

Kultivieren weiser Rede, weisen Handelns und weiser Berufstätigkeit

Diese Übung soll Ihnen helfen, Ihre Rede, Ihr Handeln und die Art und Weise Ihrer Tätigkeit zu erforschen, mit der sie Ihren Lebensunterhalt verdienen. Wir schlagen Ihnen vor, in der kommenden Woche jeder dieser Facetten einen ganzen Tag mit der Absicht zu widmen, sich für weise Rede, weises Handeln und weisen Umgang mit Ihrer Arbeit zu Ihrem Lebensunterhalt zu entscheiden. Verhalten Sie sich, wenn Sie das tun, wie ein Wissenschaftler und schauen Sie sich an, wie es sich auf Sie und auf andere im Verlauf des Tages auswirkt, wenn Sie diesem Ziel entsprechend handeln.
Wählen Sie als Erstes einen Tag für weise Rede. Achten Sie an diesem Tag genau darauf, wie Sie Worte verwenden, und bemühen Sie sich aufrichtig, sich in allem, was Sie sagen oder schriftlich mitteilen, aufrichtig und freundlich auszudrücken, auch wenn Sie mit sich selbst sprechen. Am Ende des Tages nehmen Sie sich Zeit und halten Sie in Ihrem Tagebuch fest, was Sie entdeckt haben. Wie hat es sich für Sie und für andere angefühlt, weise Rede zu praktizieren?
Wählen Sie als Nächstes einen Tag, an dem Sie weises Handeln praktizieren. Achten Sie an diesem Tag genau auf alles, was Sie tun und wie Sie es tun, und bemühen Sie sich aufrichtig, mit Freundlichkeit zu handeln und weder sich selbst noch andere zu verletzen. Nehmen Sie sich am Ende des Tages Zeit und halten Sie in Ihrem Tagebuch fest, was Sie entdeckt haben. Wie hat es sich für Sie und für andere angefühlt, weise zu handeln?
Wählen Sie schließlich einen Tag aus, an dem Sie üben, weise mit der Tätigkeit umzugehen, mit der Sie Ihren Lebensunterhalt verdienen. Achten Sie an diesem Tag genau darauf, wie es Ihnen geht, wenn Sie Ihre Arbeit machen. Bemühen Sie sich den ganzen Tag lang, mit Freundlichkeit zu arbeiten und weder sich selbst noch andere auf irgendeine Weise zu verletzen oder jemandem zu schaden. Versuchen Sie, Ihren Kollegen Respekt entgegenzubringen und ihnen gegenüber freundlich zu sein, und machen Sie Ihre Arbeit effizient und seriös. Kultivieren Sie einen Geist der Kooperation statt der Konkurrenz, und versuchen Sie, sich fair zu verhalten. Nehmen Sie sich am Ende des Ta-

ges ein wenig Zeit und halten Sie in Ihrem Tagebuch fest, was Sie entdeckt haben. Wie hat es sich für Sie und auch für andere angefühlt, die Tätigkeit, mit der Sie Ihren Lebensunterhalt verdienen, weise auszuüben?

Konzentration

Leben mit Integrität und Freundlichkeit – auch sich selbst gegenüber – kann eine starke Wirkung haben, wenn man intensive Gefühle der Scham, Unzulänglichkeit und Minderwertigkeit auflösen möchte. Diese Übungen in integrem Leben stärken ein Gefühl der Sicherheit und werden Ihnen auch helfen, dass Ihr Geist ruhiger, klarer und konzentrationsfähiger wird. Das ist der dritte Teil des Edlen Achtfachen Pfades, und seine Elemente sind weises Bemühen, weise Achtsamkeit und weise Konzentration.

Weises Bemühen hilft einem, innere Zustände, die Leiden erzeugen, zu erkennen und zu beherrschen. Es gibt kein heißeres Feuer als Gier, kein Eis, das kälter ist als Hass, und keinen Nebel, der dichter ist als Unwissenheit. Mit weisem Bemühen kann man anfangen, innere Zustände zu entwickeln und aufrechtzuerhalten, die – aus der Sicht buddhistischer Psychologie – Erwachen fördern: Achtsamkeit, Forschergeist, Energie, Begeisterung, Ruhe, Konzentration und Gleichmut.

Weise Achtsamkeit ist etwas, womit Sie in einem großen Teil dieses Buches vertraut gemacht worden sind. Sie ist eine tägliche Praxis und eine Seinsweise, die einem ermöglicht, alle Aspekte der Erfahrung zu berücksichtigen, anzuerkennen und bei ihnen zu sein. Dies ist die unmittelbarste Weise, sich aus Verstrickung und Identifikation mit dem konditionierten Selbst zu befreien. Die vier Grundlagen weiser Achtsamkeit sind Bewusstheit des Körpers, Bewusstheit der Schattierungen und Nuancen des Gefühls (Erfahrungen von Körper und Geist von Moment zu Moment, die angenehm, unangenehm oder neutral sind), Bewusstheit innerer Zustände und Bewusstheit mentaler Objekte oder Phänomene. Alle vier Formen von Bewusstheit unterstützen Ihr Erwachen und helfen Ihnen verstehen, wie Sie mit den Hindernissen arbeiten können, die während der Meditation auftauchen. Wir haben in diesem Buch Übungen vorgestellt, die jede dieser vier miteinander zusammenhängenden Grundlagen entwickeln. Die Reise durch den Körper, achtsames Atmen und Achtsamkeit bei den alltäglichen Aktivitäten helfen, Körperbewusstsein zu entwickeln. Achtsamkeit für die Schattierungen des Gefühls bei jeder Erfahrung in Körper und Geist kann Ihnen helfen, sich Ihres Bauchgefühls bewusst zu werden. Die Übungen von Achtsamkeit bei Gedanken und Emotionen, Selbsterforschung und Wahrnehmen und Benennen helfen Ihnen, eine Bewusstheit innerer Zustände zu entwickeln. Und die Übung der Achtsamkeitsmeditation unterstützt beim Entwickeln von Bewusstheit mentaler Gegenstände oder Phänomene, die zu tieferer Weisheit führt. Diese Übungen haben zwar verschiedene Ziele, sie sind aber letztlich alle miteinander verbunden und alle fördern weise Achtsamkeit.

Weise Konzentration ermöglicht einem, einen ruhigen, stillen und heiteren Geist zu kultivieren. Durch die Übung, mit Bewusstheit bei einem einzigen Gegenstand (wie der Atmung) zu sein und sie da sein zu lassen, kann man innerlich gerichteter werden und tiefere Ebenen an Ruhe und innerer Stille erleben.

ÜBUNG

Kultivieren von weisem Bemühen,
weiser Achtsamkeit und weiser Konzentration

Diese Übung kann Ihnen helfen, während der nächsten Woche weises Bemühen, weise Achtsamkeit und weise Konzentration zu erforschen. Wie bei der vorigen Übung widmen Sie je einen ganzen Tag dem Üben von Aspekten dieser drei Facetten und der Beobachtung der Wirkung auf sich und auf andere. Und wie zuvor nehmen Sie sich am Ende jedes Tages Zeit und halten Sie in Ihrem Tagebuch fest, was Sie als Wirkung der Praxis an diesem Tag erlebt und erfahren haben.

Widmen Sie sich als Erstes zwei Tage lang dem Üben weisen Bemühens. Dazu gehören zwei Schritte: Der erste besteht darin, dass man innere Zustände erkennt, die Leiden hervorrufen, und sie kontrolliert, der zweite darin, innere Zustände zu kultivieren, die das Erwachen fördern, und alte, selbsteinschränkende Definitionen abzuwerfen.

- Am ersten Tag richten Sie Ihre Aufmerksamkeit ganz darauf, Gedanken, Emotionen und Handlungen zu erkennen, die in Ihrem Leben Leiden hervorrufen.

- Am zweiten Tag setzen Sie sehr viel Energie dafür ein, Gedanken, Emotionen und Handlungen zu fördern, die zu Gefühlen von Glück und Frieden führen.

Widmen Sie als Nächstes vier Tage dem Üben weiser Achtsamkeit. Richten Sie jeden Tage Ihre Aufmerksamkeit auf eine der vier Grundlagen weiser Achtsamkeit: Körperbewusstsein, Bewusstheit der Gefühle, der inneren Zustände und mentaler Gegenstände oder Phänomene.

- Achten Sie am ersten Tag dieser Übung den ganzen Tag lang auf Ihren Körper. Achten Sie auf Ihre Körperhaltung, darauf, wie sich Ihr Körper auf Ihre täglichen Aktivitäten einlässt und was Sie körperlich spüren.

- Verwenden Sie den ganzen zweiten Tag darauf, achtsam dabei zu sein, was Sie bei Ihrer Erfahrung von Moment zu Moment fühlen. Diese Gefühle sind nicht so voll entwickelt und differenziert wie Gedanken und Emotionen. Sie sind eher wie ein Bauchgefühl und sie können zwischen angenehm, unangenehm und neutral wechseln.

- Beobachten Sie am dritten Tag Ihre inneren Zustände und nehmen Sie wahr, wie Gedanken und Emotionen im Bewusstsein entstehen und vergehen. Nehmen Sie wahr, wie manche Gedanken und Emotionen Gefühle der Minderwertigkeit und der Angst und andere Gedanken und Emotionen Glücksgefühle und Frieden hervorrufen.

- Achten Sie während des vierten Tages auf mentale Objekte oder Phänomene, die mit Leiden verbunden sind oder es fördern, wie heftiges Verlangen, Ärger und Wut, Rastlosigkeit, Müdigkeit und Zweifel. Nehmen Sie umgekehrt auch wahr, wie Achtsamkeit, Stille, Konzentration und Gleichmut Leiden abschwächen. In dem Maß, in dem Sie diese Übung entwickeln, werden Sie das Wesen von Körper und Geist tiefer begreifen.

Am letzten Tag dieser Übung stärken Sie weise Konzentration, indem Sie die Aufmerksamkeit auf einen einzigen Fokus richten und da lassen. Wir schlagen vor, dass Sie sich auf die Achtsamkeit bei der Atmung konzentrieren. Machen Sie an diesem Tag zwei 30 Minuten lange Übungen, die darin bestehen, dass Sie mit Ihrer Aufmerksamkeit so gut Sie können ohne abzuschweifen bei der Atmung bleiben.

Eine neue Richtung

Die buddhistische Psychologie ist der Auffassung, dass man den Grenzen des narrativen Selbst entkommen und mit einem achtsameren, unmittelbaren Selbst leben kann, indem man Weisheit, Integrität und Konzentration entwickelt. Dies ist ein praktischer und bodenständiger Weg, und wir hoffen, dass Sie ihn einschlagen und mit mehr Freiheit und Freude leben können. Erinnern Sie sich bitte daran, dass das Wort „Übung" hier genau passt; es ist eine lebenslange Reise und Vollkommenheit ist nicht das Ziel – und sie ist auch nicht möglich. Es wird Zeiten geben, in denen Sie in gewohnte Denk- und Handlungsweisen zurückfallen. Es kann passieren, dass Sie manchmal in die Trance des Gefühls der Minderwertigkeit zurückfallen. Denken Sie aber daran, dass Sie in dem Moment, in dem Sie sich bewusst werden, dass Sie nicht präsent sind, schon wieder da und präsent sind. Mögen Sie mit Freundlichkeit, Geduld und immensem Selbstmitgefühl üben und diesen Weg gehen.

Wir haben alle ein Geburtsrecht, mit mehr Frieden und Verbundenheit und frei von dem Zugriff des Gefühls zu leben, minderwertig, unzulänglich und ohne Verbindung mit Menschen zu sein. Trotz der Tatsache, wie Sie in der Vergangenheit gelitten haben, sind die Gaben, die mit diesem Geburtsrecht verbunden sind, vielleicht nicht so fremd. Viele von uns haben Momente der Gnade erlebt, in denen wir uns eins mit der Welt gefühlt haben. Vielleicht hatten Sie das Gefühl, als Sie einmal einfach die Straße hinuntergingen oder als Sie etwas anscheinend Banales taten. Oft fühlt es sich an, als verginge die Zeit langsamer und die Temperatur wäre genau richtig. Man fühlt sich vollkommen sicher, angenehm und leicht – und so verbunden und eingebunden, dass es vielleicht nicht einmal eine Rolle spielt, ob man lebt oder stirbt, weil man das Gefühl hat, man wäre das Universum. Es ist vielleicht nur ein kurzer Moment, aber es ist ein kostbarer Moment – ein Moment außerhalb der Zeit.

Wäre es nicht wunderbar, wenn wir so leben würden, das heißt in einem Zustand, in dem Geist, Körper und Herz über begrenzte Definitionen des Selbst hinaus ausgedehnt sind? Wir sind vielleicht nicht in der Lage, in jedem Moment so zu leben, aber durch die Praxis von Achtsamkeit kann man häufiger solche Momente in sein Leben bringen. Wir hoffen, dass dieses Buch Ihnen geholfen hat, genau dies zu tun, und dass Sie, wenn Sie diesen Weg gehen, lernen, mit einem weit offenen Herzen zu leben. D. H. Lawrence hat diese Erfahrung in seinem Gedicht „Entkommen" (Escape) (1993, S. 482) gut erfasst:

Wenn wir die Glasflasche unseres Egos verlassen,
und wenn wir wie Eichhörnchen dem Drehen und Wenden in den
    Käfigen unserer Persönlichkeit entkommen
und wieder in den Wald gelangen,
werden wir vor Kälte und Angst zittern,
aber Dinge werden uns passieren,
so dass wir uns nicht kennen.
Kühles, unverlogenes Leben wird einströmen,
und Leidenschaft wird unseren Körper prall vor Kraft machen,
wir werden mit neuer Kraft mit den Füßen stampfen
und alte Dinge werden abfallen,
wir werden lachen, und Institutionen werden sich einrollen
    wie verbranntes Papier.

ACHTSAMKEITSÜBUNG

Meditation zur Integration

Wir möchten zum Schluss eine Meditation vorstellen, mit deren Hilfe Sie alles integrieren können, was Sie während der Arbeit mit diesem Buch gelernt haben. Sie kann Sie auch auf Ihrer weiteren Reise unterstützen. Die Länge dieser Meditation können Sie selbst bestimmen – und bleiben Sie bei jedem einzelnen Element, solange Sie möchten.

Sitzen oder liegen Sie bequem und nehmen Sie sich ein paar Momente Zeit, mit Achtsamkeit zu atmen. Sie brauchen sich nicht anzustrengen, atmen Sie einfach ganz natürlich, wie der Atem will. Seien Sie sich bewusst, wie Ihr Körper Sie atmet. Sie und der Atem, der Wind des Lebens, so kostbar und empfindlich.
Nehmen Sie sich diesen Moment, um wertzuschätzen, wer Sie sind, unvollkommen vollkommen, wie Sie sind – das Gute, das Schlechte und das

Hässliche neben den zehntausend Freuden und Sorgen. Lassen Sie alles in sich herein, lassen Sie alles da sein. ... Alles beobachten und zulassen, was immer Sie erleben ...

Beobachten Sie, wie Ihre Geschichten kommen und gehen wie der Wind, immer flüchtig und vergänglich. Es besteht keine Notwendigkeit, sie zu korrigieren oder etwas zu tun. Beobachten Sie sie nur, lassen Sie sie zu und da sein.

Allmählich werden Sie das Wesen aller Dinge verstehen lernen.

Sie öffnen sich dem Herzen von Mitgefühl und Liebender Güte für sich selbst ...

Sie öffnen sich dem Herzen von Mitgefühl und Liebender Güte für die Welt ...

Sie öffnen sich dem Herzen von Mitgefühl und Liebender Güte für das Universum ...

Mögen alle Wesen sicher sein.

Mögen alle Wesen unbeschwert sein.

Mögen alle Wesen in Frieden leben.

Quellen

Empfohlene Literatur zu Achtsamkeit

Anālayo. 2002. *Satipatthāna: The Direct Path to Realization*. Birmingham, UK: Windhorse. – Dt.: *Der direkte Weg. Satipatthāna*. Herrnschrot: Beyerlein/Steinschulte, 2010.

Bennett-Goleman, T. 2001. *Emotional Alchemy: How the Mind Can Heal the Heart*. Random House. New York. – Dt.: *Emotionale Alchemie: der Schlüssel zu Glück und innerem Frieden*. Frankfurt am Main: Fischer, 2004.

Brach, T. 2004. *Radical Acceptance*. New York: Bantam. – *Mit dem Herzen eines Buddha*. München: Knaur, 2006.

Brantley, J. 2007. *Calming Your Anxious Mind: How Mindfulness and Compassion Can Free You from Anxiety, Fear, and Panic*. Oakland, CA: New Harbinger Publications. – *Der Angst den Schrecken nehmen: Achtsamkeit als Weg zur Befreiung von Ängsten*. Freiburg: Arbor, 2009.

Chödrön, P. 2000. *When Things Fall Apart*. Boston: Shambhala. – *Wenn alles zusammenbricht: Hilfestellung für schwierige Zeiten*. München: Goldmann, 2001.

–. 2007. *The Places That Scare You*. Boston: Shambhala. – *Geh an die Orte, die du fürchtest: Buddhas Weg zu Furchtlosigkeit in schwierigen Zeiten*. Freiamt: Arbor, 2007.

Dalai Lama. 1998. „Training the Mind: Verse 1." www.dalailama.com.

Dalai Lama und H. C. Cutler. 1998. *The Art of Happiness: A Handbook for Living*. New York: Riverhead Books.

Epstein, M. 1995. *Thoughts Without a Thinker*. New York: Perseus Group. – *Gedanken ohne den Denker*. Frankfurt am Main: Fischer, 1998.

–. 2001. *Going on Being: Life at the Crossroads of Buddhism and Psychotherapy*. New York: Broadway Books.

Flowers, S. 2009. *The Mindful Path Through Shyness*. Oakland, CA: New Harbinger Publications. – Dt.: *Der achtsame Weg durch die Schüchternheit*. Freiburg: Arbor 2011.

Goldstein, J. 1983. *The Experience of Insight*. Boston: Shambhala. – *Vipassana-Meditation: die Entfaltung der Bewusstseinsklarheit*. Berlin: Schickler, 1978.

–. 2003. *Insight Meditation: The Practice of Freedom*. Boston: Shambhala. – *Vipassana-Meditation: die Praxis der Freiheit*. Freiamt: Arbor, 1999.

–. 2003. *One Dharma: The Emerging Western Buddhism*. San Francisco: Harper.

– *Ein Dharma: Buddhismus im Alltag*. München: Goldmann, 2004.

Goldstein, J., und J. Kornfield. 2001. *Seeking the Heart of Wisdom*. Boston: Shambhala.

– *Einsicht durch Meditation: die Achtsamkeit des Herzens*. Freiamt: Arbor, 2006.

Gunaratana, H. 2002. *Mindfulness in Plain English*. Boston: Wisdom. – *Die Praxis der Achtsamkeit*. Heidelberg: Kristkeitz, 2002.

Hanson, R., und R. Mendius. 2009. *Buddha's Brain: The Practical Neuroscience of Happiness, Love, and Wisdom*. Oakland, CA. New Harbinger

Publications. – *Das Gehirn eines Buddha: die angewandte Neurowissenschaft von Glück, Liebe und Weisheit.* Freiburg: Arbor, 2010.

Kabat-Zinn, J. 1990. *Full Catastrophe Living.* New York: Delta. – *Gesund durch Meditation: das große Buch der Selbstheilung.* München: Knaur, 2011.

–. 1994. *Wherever You Go, There You Are.* New York: Hyperion. – *Im Alltag Ruhe finden: Meditationen für ein gelassenes Leben.* München: Knaur, 2010.

–. 2005. *Coming to Our Senses.* New York: Hyperion. – *Zur Besinnung kommen: die Weisheit der Sinne und der Sinn der Achtsamkeit in einer aus den Fugen geratenen Welt.* Freiburg: Arbor, 2008.

–. 2007. *Arriving at Your Own Door: 108 Lessons in Mindfulness.* New York: Hyperion. – *108 Momente der Achtsamkeit: Auszüge aus Zur Besinnung kommen.* Freiburg: Arbor, 2008.

Kornfield, J. 1993. *A Path with Heart: A Guide Through the Perils and Promises of Spiritual Life.* New York: Bantam. – *Frag den Buddha und geh den Weg des Herzens: fernöstliche Lehren für den westlichen Alltag.* München: Kösel, 2009.

–. 2000. *After the Ecstasy, the Laundry.* New York: Bantam. – *Nach der Erleuchtung Wäsche waschen und Kartoffeln schälen: wie spirituelle Erfahrung das Leben verändert.* München: Goldmann, 2010.

–. 2008. *The Wise Heart.* New York: Bantam. – *Das weise Herz: die universellen Prinzipien buddhistischer Psychologie.* München: Goldmann, 2008.

Levey, J., und M. Levey. 2009. *Luminous Mind: Meditation and Mind Fitness.* San Francisco: Red Wheel.

Nhat Hanh, T. 1996. *The Miracle of Mindfulness.* Boston: Beacon. – *Das Wunder der Achtsamkeit: Einführung in die Meditation.* Bielefeld: Theseus, 2010.

–. 2005. *Being Peace.* Berkeley, CA: Parallax Press. – *Innerer Friede - äußerer Friede.* München: Knaur, 2011.

Nyanaponika. 1973. *The Heart of Buddhist Meditation.* Boston: Weiser Books. – Dt.: Geistestraining durch Achtsamkeit. Herrnschrot: Beyerlein/Steinschulte, 2000.

Rahula, W. 1974. *What the Buddha Taught.* New York: Grove Press. – *Was der Buddha lehrt.* Bern: Origo-Verlag, 1982.

Rosenberg, L. 1998. *Breath by Breath: The Liberating Practice of Insight Meditation.* Boston: Shambhala. – *Mit jedem Atemzug: Buddhas Weg zu Achtsamkeit und Einsicht.* Freiamt: Arbor, 2002.

–. 2000. *Living in the Light Of Death: On the art of being truly alive.* Boston: Shambhala.

Salzberg, S. 1997. *Lovingkindness: The Revolutionary Art of Happiness.* Boston: Shambhala. – *Metta-Meditation: Buddhas revolutionärer Weg zum Glück; geborgen im Sein.* Freiamt: Arbor, 2003.

Santorelli, S. 1999. *Heal Thyself: Lessons in Mindfulness in Medicine.* New York: Three Rivers Press. – *Zerbrochen und doch ganz: die heilende Kraft der Achtsamkeit.* Freiburg: Arbor, 2008.

Shunryu, Suzuki. 1970. *Zen Mind, Beginner's Mind.* New York. Weatherhill. – *Zen-Geist, Anfänger-Geist: Unterweisungen in Zen-Meditation.* Freiburg; Basel; Wien: Herder, 2009.

Siegel, D. 2007. *The Mindful Brain: Reflections and Attunement in the Cultivation of Well-Being.* New York: W. W. Norton. – *Das achtsame Gehirn.* Freiamt: Arbor, 2007, Korrigierte Neuaufl.

Stahl, B., und E. Goldstein. 2.010. *A Mindfulness-Based Stress Reduction Workbook.* Oakland, CA: New Harbinger Publications. – *Stressbewältigung durch Achtsamkeit: das MBSR-Praxisbuch.* Freiburg: Arbor, 2010.

Sumedho, A. 1995. *The Mind and the Way.* Boston: Wisdom.

–. 2007. *The Sound of Silence.* Boston: Wisdom.

Trungpa, C. 1991. *Meditation in Action.* Boston: Shambhala. – *Aktive Meditation: Lebenssituationben klar ekennen und geschickt damit umgehen.* Aitrang: Windpferd, 2006.

Dichtung und inspirierte Schriften

Eliot, T. S. 1963. *Collected Poems*. Orlando, FL: Harcourt Brace.

Gibran, K. 1923. *The Prophet*. New York. Alfred Knopf. – *Der Prophet*. Zürich; Düsseldorf: Walter, 2007.

Hafiz. 1999. *The Gift*. Translated by D. Ladinsky. New York: Penguin Group.

Hafis, *Die Liebe erleuchtet den Himmel*. Düsseldorf; Zürich: Benziger, 2002.

Kabir. 2004. *Kabir: Ecstatic Poems*. Translated by R. Bly. Boston: Beacon.

Kafka, F. 1946. *The Great Wall of China and Other Pieces*. London: Secker and Warburg. – *Franz Kafka: Sämtliche Erzählungen*. Hrsg. von Paul Raabe. Frankfurt: Fischer Taschenbuch, 1970.

Lawrence, D. h. 1993. *Complete Poems*. New York. Penguin.

Nelson, P. 1993. *There's a Hole in My Sidewalk: The Romance of Self-Discovery*. Hillsboro, OR: Beyond Words.

Oman, M. (Hrsg.). 2000. *Prayers for Healing: 365 Blessings, Poems, and Meditations from Around the World*. Berkeley, CA: Conari Press.

Rūmī. 1987. *We Are Three*. Translated by C. Barks. Athens, GA: Maypop.

–. 1995. *The Essential Rūmī*. Translated by C. Barks with J. Moyne. San Francisco: HarperCollins.

–. 1997. *The Illuminated Rūmī*. Translated by C. Barks. New York: Broadway Books.

–. 1999. *Open Secret*. Translated by J. Moyne und C. Barks. Boston: Shambhala.

–. 2002. *The Soul of Rūmī*. Translated by C. Barks. San Francisco: HarperCollins.

–. 2006. *A Year with Rūmī*. Translated by C. Barks. San Francisco: HarperCollins.

_. 2009. *Die Musik, die wir sind*. Nach den Versionen nach C. Barks, ausgewählt und übersetzt von Christoph Engen. Freiburg: Arbor Verlag

Stafford, W. 1998. *The Way It Is*. St. Paul, MN: Graywolf Press.

CDs und DVDs über Achtsamkeit

CDs und DVDs mit Meditationsanleitungen von Bob Stahl in englischer Sprache

Wenn Sie eine dieser CDs oder DVDs kaufen oder kennenlernen möchten, besuchen Sie *www.yourheartwideopen.com* oder *www.mindfulnessprograms.com/mindful-healingseries.html*

CDs und DVDs mit Meditationsanleitungen von Steve Flowers in englischer Sprache

Wenn Sie eine dieser CDs oder DVDs kaufen oder kennenlernen möchten, besuchen Sie *www.yourheartwideopen.com* oder *www.mindfullivingprograms.com*

CDs in deutscher Sprache

Ein Hörbuch von Bob Stahl zum Thema Angststörungen, Furcht und Panik erscheint Winter 2012 im Arbor Verlag.
www.arbor-verlag.de/bob-stahl

Meditationsretreats & Meditationszentren

Seminare und Meditationsretreats mit Bob Stahl im deutschsprachigen Raum

Arbor Seminare gGmbH
www.arbor-seminare.de

Deutsche Buddhistische Union
www.dharma.de

Seminare und Meditationsretreats mit Bob Stahl in den USA

Retreats zum Thema „Opening Your Heart"
www.yourheartwideopen.com

Insight Meditation Society
(Retreats in Massachusetts)
www.dharma.org/ims

Spirit Rock Meditation Center
(Retreats im Bereich der San Francisco Bay)
www.spiritrock.org

Wichtiger Hinweis

Die Ratschläge zur Selbstbehandlung in diesem Buch sind von der Autorin und vom Verlag sorgfältig erwogen und geprüft worden. Dennoch kann eine Garantie nicht übernommen werden. Sie brauchen psychotherapeutische Hilfe, wenn Sie sich durch die Übungen von Emotionen und Erinnerungen überwältigt fühlen. Bei ernsthafteren und/oder länger anhaltenden Beschwerden sollten Sie auf jeden Fall einen Arzt oder einen Heilpraktiker Ihres Vertrauens zu Rate ziehen. Eine Haftung der Autoren und des Verlages für Personen-, Sach-, und Vermögensschäden ist ausgeschlossen.

Literaturangaben

Amaro, A. 2010. Back cover copy. *Inquiring Mind* 26(2): back cover.

Anālayo. 2003. *Satipatthāna: The Direct Path to Realization.* Birmington, UK: Windhorse. – Dt.: *Der direkte Weg. Satipatthāna.* Herrnschrot: Beyerlein/Steinschulte, 2010.

Bennett-Goleman, T. 2001. *Emotional Alchemy: How the Mind Can Heal the Heart.* New York: Random House. – Dt.: *Emotionale Alchemie: der Schlüssel zu Glück und innerem Frieden.* Frankfurt am Main: Fischer, 2004.

Bowlby, J. 1988. *A Secure Base: Parent-Child Attachment and Healthy Human Development.* New York: Basic Books. – *Elternbindung und Persönlichkeitsentwicklung: therapeutische Aspekte der Bindungstheorie.* Heidelberg: Dexter, 1995.

Brach, T. 2004. *Radical Acceptance.* New York: Bantam. – *Mit dem Herzen eines Buddha.* München: Knaur, 2006.

Bradshaw, J. 1988. *Healing the Shame That Binds You.* Deerfield Beach, FL: Health Communications. – *Wenn Scham krank macht: Verstehen und überwinden von Schamgefühlen.* München: Knaur, 2006.

Brown, E. E. 2009. *The Complete Tassajara Cookbook: Recipes, Techniques, and Reflections from the Famed Zen Kitchen.* Boston: Shambhala.

Cerf, B. A. 1948. *Shake Well Before Using: A New Collection of Impressions and Anecdotes, Mostly Humorous.* New York: Simon and Schuster. – *Shake Well*

Before Using: A New Collection of Impressions and Anecdotes, Mostly Humorous [Schöninghs englische Lesebogen]. Paderborn; Mainz; Münster; Wuppertal–E.; Würzburg: Schöningh. 1953.

Dalai Lama und H. C. Cutler. 1998. *The Art of Happiness: A Handbook for Living.* New York: Riverhead Books.

Dalai Lama und P. Ekman. 2008. *Emotional Awareness: Overcoming the Obstacles to Psychological Balance and Compassion.* New York: Times Books. – *Gefühl und Mitgefühl: emotionale Achtsamkeit und der Weg zum seelischen Gleichgewicht.* Heidelberg: Spektrum, Akademie Verlag, 2011.

Davidson, R. J. 2009. Keynote address at the fourth annual scientific conference: Investigating and Integrating Mindfulness in Medicine, Health Care, and Society, Worcester, MA.

Davidson, R. J., J. Kabat-Zinn, J. Schumacher, M. Rosenkranz, D. Muller, S. F. Santorelli, F. Urbanowski, A. Harrington, K. Bonus, und J. F. Sheridan. 2003. Alterations in brain and immune function produced by mindfulness meditation. *Psychosomatic Medicine* 65(4): 564–570.

Einhorn, L. 1991. *Forgiveness and Child Abuse: Would You Forgive?* Bandon, OR: Robert D. Reed.

Einstein, A. 1972. Letter quoted in the *New York Post.* November 28, 12.

Ellis, A. 1969. Sex, sanity, and psychotherapy (Kassettenaufnahme). New York: Institute for Rational Emotive Therapy.

Farb, N. A, Z. V. Segal, H. Mayberg, J. Bean, D. McKeon, Z. Fatima, und A. K. Anderson. 2007. Attending to the present: Mindfulness meditation reveals distinct neural modes of self-reference. *Social, Cognitive, and Affective Neuroscience* 2(4): 313–322.

Fénelon, F. 2002. *The Spiritual Letters of Archbishop Fénelon: Letters to Women.* Translated by H. L. S. Lear. London: Longmans, Green, and Co.

Frager, R., und J. Fadiman (eds.). 1999. *Essential Sufism.* New York: HarperCollins.

Ghose, S. 1991. *Mahatma Gandhi.* Bombay: Allied Publishers.

Gilbert, P., und S. Proctor. 2006. Compassionate mind training for people with high shame and self-criticism: Overview and pilot study of a group therapy approach. *Clinical Psychology and Psychotherapy* 13(6): 353–379.

Goldstein, J. 2003. *One Dharma: The Emerging Western Buddhism.* San Francisco: Harper. – Dt.: *Ein Dharma: Buddhismus im Alltag.* München: Goldmann, 2004.

Goleman, D. 2003. *Healing Emotions: Conversations with the Dalai Lama on Mindfulness, Emotions, and Health.* Boston: Shambhala. – Dt.: *Die heilende Kraft der Gefühle: Gespräche mit dem Dalai Lama über Achtsamkeit, Emotion und Gesundheit.* München: Deutscher Taschenbuchverlag, 2001.

Hanson, R., und R. Mendius. 2009. *Buddha's Brain: The Practical Neuroscience of Happiness, Love, and Wisdom.* Oakland, CA: New Harbinger Publications. – Dt.: *Das Gehirn eines Buddha: die angewandte Neurowissenschaft von Glück, Liebe und Weisheit.* Freiburg: Arbor, 2010.

Harlow, H. F. 1959. Love in infant monkeys. *Scientific American* 200(6): 68–74.

James, W. 1890. *The Principles of Psychology.* New York: Henry-Holt and Co.

Killingsworth, M. A., und D. T. Gilbert. 2010. A wandering mind is an unhappy mind. *Science* 330(6606): 932.

King, M. L. 1992. Nobel Prize acceptance speech (1964), in *I Have a Dream: Writings and Speeches That Changed the World.* New York: Harper Collins. – *Ich habe einen Traum: Texte und Reden.* Wuppertal; Gütersloh: Kiefel, 1996.

Kornfield, J. 1993. *A Path with Heart: A Guide Through the Perils and Promises of Spiritual Life.* New York: Bantam Books. – *Frag den Buddha und geh den Weg des Herzens.* Berlin: Ullstein, 2004.

Lawrence, D. h. 1993. *Complete Poems.* New York: Penguin Classics.

Luskin, F. 2010. The choice to forgive. In *The Compassionate Instinct: The Science of Human Goodness.* Edited by D. Keltner, J. Marsh, und J. Smith. New York: W. W. Norton.

Narada Thera (übers.). 2004. *The Dhammapada.* Whitefish, MT: Kessinger Publications. – Dt.: *Dhammapada.* Von Paul Dahlke aus dem Pāli übers. Berlin: Zeh, 2009.

– Nyanatiloka, *Dhammapada und Kommentar.* Uttenbühl: Jhana, 1992.

Neff, K. D., und P. McGehee. 2008. Self-compassion among adolescents and young adults. Paper presented at the 38th annual meeting of the Jean Piaget Society, Quebec City, Canada.

Oman, M. (ed.). 2000. *Prayers for Healing: 365 Blessings, Poems, and Meditations from Around the World.* Berkeley, CA: Conari Press.

Pattakos, A. 2008. *Prisoners of Our Thoughts: Viktor Frankls Principles for Discovering Meaning in Life and Work.* San Francisco: Berrett-Koehler. – *Gefangene unserer Gedanken: Viktor Frankls 7 Prinzipien, die Leben und Arbeit Sinn geben.* Wien: Linde, 2., erg. und aktualisierte Auflage 2011.

Rūmī. 1995. *The Essential Rūmī.* Translated by C. Barks with J. Moyne. New York: Harper Collins.

Rūmī. 1997. *The Illuminated Rūmī.* Translated by C. Barks. New York: Broadway Books.

Rūmī. 2009. *Die Musik, die wir sind.* Nach den Versionen nach C. Barks, ausgewählt und übersetzt von Christoph Engen. Freiburg: Arbor Verlag

Rūmī. 2010. *Rūmī: The Big Red Book: The Great Masterpiece Celebrating Mystical Love and Friendship.* Translated by C. Barks. New York: Harper Collins.

Siegel, D. 2007. *The Mindful Brain: Reflections and Attunement in the Cultivation of Well-Being.* New York: W. W. Norton. – *Das achtsame Gehirn.* Freiamt: Arbor, 2007.

Siegel, R. 2010. *The Neurobiology of Mindfulness: Clinical Applications.* Teleconference, National Institute of the Clinical Application of Behavioral Medicine.

Stahl, B., und E. Goldstein. 2010. *A Mindfulness-Based Stress Reduction Workbook.* Oakland, CA: New Harbinger Publications. – *Stressbewältigung durch Achtsamkeit: das MBSR-Praxisbuch.* Freiburg: Arbor, 2010.

Thoreau, H. D. 2006. *Thoreau and the Art of Life: Precepts and Principles.* Edited by R. Maclver. North Ferrisberg, VT: Heron Dance Press.

Trungpa, C. 1991. *Meditation in Action.* Boston: Shambhala. – *Aktive Meditation: Lebenssituationen klar erkennen und geschickt damit umgehen.* Aitrang: Windpferd, 2006.

Wheatley, M. 1999. Consumed by either fire or fire: Journeying with T. S. Eliot. *Journal of Noetic Science*, November, 1–5.

Williams, M. 1922. *The Velveteen Rabbit, or, How Toys Became Real.* New York: Doran. – *Das Samtkaninchen oder das Wunder der Verwandlung.* München: Lentz, 1997.

Winnicott, D. W. 1996. *Maturational Processes and the Facilitating Environment.* London: Karnac Books. – *Reifungsprozesse und fördernde Umwelt. Studien zur Theorie der emotionalen Entwicklung.* Giessen: Psychosozial-Verlag, 2002.

Die Autoren

Steve Flowers hat das Programm für Stressbewältigung durch Achtsamkeit (MBSR) am Enloe Medical Center gegründet und an der Einführung des internationalen MBSR-Online-Programms mitgearbeitet. Zusammen mit Bob Stahl leitet er Programme für achtsames Leben und Achtsamkeitsretreats für Angehörige der Berufe der Bereiche Medizin und Gesundheit, für Paare und für alle, die Achtsamkeit und Mitgefühl in ihrem Leben kultivieren möchten. Er leitet und organisiert Wellness-Programme und Workshops für Unternehmen, für Angehörige des öffentlichen Dienstes und für medizinische Zentren und Universitäten. Er engagiert sich sehr dafür, in Gesundheitswesen und Gesellschaft das Bewusstsein für die Bedeutung der Arbeit an Achtsamkeit zu wecken und zu stärken.

Bob Stahl gründete und leitet Programme für Stressbewältigung durch Achtsamkeit (MBSR) in drei medizinischen Zentren in der San Francisco Bay Area. Er praktiziert Achtsamkeit seit langer Zeit und hat über acht Jahre in einem buddhistischen Kloster gelebt. Er arbeitet als freier Mitarbeiter und Lehrer in Oasis, dem Institut für achtsamkeitsbasierte berufliche Ausbildung und Innovation am Center for Medicine, Health Care, and Society an der Medical School der University of Massachusetts. Er ist Mitautor von *Stressbewältigung durch Achtsamkeit: das MBSR-Praxisbuch*.

Tara Brach, die Autorin des Vorworts, praktiziert Meditation seit 1975 und leitet Retreats für buddhistische Meditation an Zentren in ganz Nordamerika. Sie ist klinische Psychologin und Autorin von *Mit dem Herzen eines Buddha* und *True Refuge*.

Danksagung

Uneingeschränkte Anerkennung gebührt meinen freundlichen und liebevollen Eltern Marilyn und Alvan Stahl, die beständig und mit so tiefer Liebe ein volles Leben verkörpert haben.

Ich möchte meine Großeltern würdigen, Nettie und Ben und Ida und Samuel, die für so viel Liebe in unseren Familien den Boden bereitet haben.

Viel Dank gebührt auch meinem Bruder Berry und meiner Schwester Kim und ihren Familien für ihre liebevolle Unterstützung.

Worte können meine tiefe Dankbarkeit gegenüber meiner geliebten Frau Jan und unseren Söhnen Ben und Bodhi nicht ausdrücken. Sie sorgen dafür, dass ich demütig und aufrichtig bleibe, und halten mir die Wichtigkeit von Familie und Liebe vor Augen.

Tief verneige ich mich vor meinen Dharmalehrern, Taungpulu Sayadaw, Hlaing Tet Sayadaw, Pakokhu Sayadaw und Rina Sircar. Ohne sie wäre ich nicht auf diesem Weg der Achtsamkeit.

Ich möchte meinen lieben Freund, den schönen ‚wild man extraordinaire' Steve Flowers nennen, der hier mein Mitautor ist. Ich habe viel Achtung vor seinem wunderbaren Herzen und seinem scharfen Intellekt.

Schließlich möchte ich all meinen Schülern sowie meinen Dharmafreunden danken, die mir sehr lieb sind und das Beste in mir ans Licht bringen: Mary Grace Orr, Dan Landry, Jill und Bruce Hyman, Marcy Reynolds, Jason Murphy, Skip Regan, Tom Williams, Karen Zelin, Bruce Eisendorf, Melissa Blacker, Florence Meleo-Meyer, Elisha Goldstein, Richard Shankman, Jon Kabat-Zinn, Saki Santorelli und Vesarajja.

BOB

Dieses Buch enthält die Weisheit, das Mitgefühl und die Liebende Güte vieler Lehrer, vor allem die meiner besten Freundin und meiner liebevollen Frau Mary. Ihre Liebe und ihr großzügiger Geist haben mein Leben verändert. Sie begegnen auf diesen Seiten viel von ihrer Weisheit und ihrem Mitgefühl. In diesem selben Geist möchte ich meine zwei Söhne Todd und Terry sowie meine Schwester Kim anerkennen und würdigen, die mich den Wert guten Glaubens und die Macht der Liebe gelehrt haben, und wie man in den Stürmen des Lebens standfest bleibt.

Dankbar bin ich auch meinen Klienten, Schülern und den Teilnehmern an den Retreats des Mindful Living Programs für die vielen Geschichten, die von Mut, Erlösung und Versöhnung erzählen und diese Seiten füllen. Ich möchte hier besonders Andrea Redamonte, Anne Anderson, Lorraine Van Elswyk, Rob Moore, Carrie Leontis, Kate Bartholomew, April Grossberger und Diane Fratas erwähnen. Sie haben mir gezeigt, wie man die Wahrheit seines Lebens annehmen und sich mit Mut und Selbstmitgefühl seinem Schicksal stellen kann. Sie haben mich die Kraft und die

Resilienz menschlichen Geistes gelehrt, und wie man mit einem offenen Herzen leben kann, gleich, was das Leben einem beschert.

Ich bin auch von Herzen meinem lieben Freund und Dharmabruder Bob Stahl für seine Freundschaft und Liebe und dafür dankbar, dass er seine erstaunlichen Gaben der Weisheit und des Mitgefühls so großzügig mit mir teilt. Seine Anwesenheit in meinem Leben ist mir sehr lieb. Bob hat mich gelehrt, was es bedeutet, ein wahrer Freund zu sein. Er verkörpert das Gutsein und die Liebende Güte, nach denen sich die ganze Welt sehnt.

Schließlich möchte ich meine Dharmafreunde und -lehrer nennen: Jon Kabat-Zinn, Saki Santorelli, Bill Knight, Nancie Brown, Gregory Kramer, Ferris Buck Urbanowski, Melissa Blacker und Florence Meleo-Meyer sowie meine vielen Freunde und Kollegen in der Gemeinde der Lehrer von Stressbewältigung durch Achtsamkeit (MBSR). Ihr seid für mich Modelle dafür, alles zu sein, was ich sein kann.

STEVE

Wir möchten Tara Brach für ihr schönes Vorwort und Rick Hanson, Jack Kornfield, Stephen Levine, John Robbins, Zindel Segal und Dan Siegel für ihre umsichtige Unterstützung bei diesem Buch unsere aufrichtige Dankbarkeit ausdrücken und uns tief verneigen. Danke.

BOB UND STEVE

Weitere Literatur aus dem Arbor Verlag

Steve Flowers
Der achtsame Weg durch die Schüchternheit

Schüchternheit kann uns vor den Urteilen und den Feindseligkeiten anderer schützen. Doch wenn wir uns zu sehr mit ihr identifizieren, passiert es leicht, dass wir in einen Teufelskreis aus Befangenheit, Hemmung und Selbstanklage geraten.

Sind Sie bereit, den eisernen Griff der Schüchternheit zu lockern und den Kreislauf des Vermeidens sozialer Interaktionen zu durchbrechen?

Der achtsame Weg durch die Schüchternheit zeigt Ihnen, wie das geht. Methoden der Achtsamkeitsbasierten Stressbewältigung (MBSR) und der Kognitiven Verhaltenstherapie machen es möglich, unseren gewohnten Gedankenmustern klarer zu begegnen, so dass wir mit der Zeit fähig werden, die „Trancen der Angst und Unzulänglichkeit" zu durchbrechen und mitfühlender uns selbst gegenüber zu handeln.
Wir können lernen, das direkt anzugehen, was uns wirklich wichtig ist – trotz und inmitten unserer Schüchternheit.

Mit Hilfe dieses Buches können Sie entdecken, ob Achtsamkeit dazu beitragen kann, Ihr Leben glücklicher und erfüllter zu machen, und ich empfehle Ihnen, es griffbereit zu halten. Genießen Sie die Lektüre und arbeiten Sie damit.
Jeffrey Brantley

ISBN 978-3-86781-043-2

Bob Stahl & Elisha Goldstein
Stressbewältigung durch Achtsamkeit
Das MBSR-Praxisbuch

Stress und Schmerzen sind im täglichen Leben fast unvermeidbar, sie sind Teil unseres menschlichen Seins. Doch Stress führt oftmals dazu, dass wir uns gereizt, angespannt, überwältigt und ausgebrannt fühlen.
Es geht auch anders!
Lernen Sie in Stressbewältigung durch Achtsamkeit, wie Sie ungesunde Gewohnheitsmuster durch achtsame Gewohnheiten ersetzen können – eine Fähigkeit, die Sie ein Leben lang begleiten kann. Der Schlüssel zur Wahrung der Balance liegt darin, auf Belastungen nicht mit Frustration und Selbstkritik zu reagieren, sondern mit einem achtsamen nichturteilenden Gewahrsein unseres Körpers und der Aktivitäten unseres Geistes. Unmöglich? Tatsächlich ist es viel einfacher, als es scheint!

Mit einem Vorwort von Jon Kabat-Zinn

ISBN 978-3-86781-017-3

Sameet Kumar
Der achtsame Weg durch Sorge und Grübelei

Wie wir Seelenruhe finden und Angst und
depressive Gedanken hinter uns lassen

Grübeln Sie häufig über Dinge nach, die nicht in Ihrer Macht liegen? Denken Sie andauernd an das, was noch zu erledigen wäre? Sorgen Sie sich oft?

Wenn wir einmal angefangen haben, zu grübeln und uns Sorgen zu machen, kann es schwierig sein, damit wieder aufzuhören. Die Angewohnheit, beklommen in die Zukunft zu schauen oder Vergangenes unentwegt zu überdenken, kann sich lähmend verfestigen. Ohne Intervention bedroht die Neigung zu zwanghaftem Grübeln unsere geistige Gesundheit und kann sogar in eine Depression oder eine generelle Angststörung münden.

Doch bevor Zukunftsängste und sorgenvolle Grübeleien überhandnehmen, können wir gegensteuern.
Der achtsame Weg durch Sorge und Grübelei verbindet westliche Wissenschaft, buddhistische Praxis und psychotherapeutische Methoden und weist uns so Wege aus der Grübelfalle – hin zu einem erfüllteren, glücklicheren Leben.

ISBN 978-3-86781-044-9

Online.

Umfangreiche Informationen zu unseren Themen, ausführliche Leseproben aller unserer Bücher, einen versandkostenfreien Bestellservice und unseren kostenlosen Newsletter. All das und mehr finden Sie auf unserer Website.

www.arbor-verlag.de

Mehr zu den Autoren:

www.arbor-verlag.de/steve-flowers
www.arbor-verlag.de/bob-stahl